suhrkamp taschenbuch 5255

AF198240

Maya ist zu früh Mutter geworden, sie hat die Südstaaten, ihre Großmutter, den Krämerladen hinter sich gelassen. In Kalifornien will sie
ihre Träume verwirklichen, sie will Freiheit, sie will Unabhängigkeit,
eine Karriere als Tänzerin, die große, große Liebe. Als arme, alleinerziehende, Schwarze junge Frau scheinen die Widerstände unüber-
windbar, doch Maya glaubt felsenfest an das Gute und an sich selbst.

Maya Angelou, geboren 1928, war Tänzerin, Calypso-Sängerin, erste
Schwarze Straßenbahnschaffnerin San Franciscos, alleinerziehende
Mutter, Pimp, Schauspielerin, Theaterregisseurin, Filmregisseu-
rin, Journalistin, Prosaschriftstellerin, Lyrikerin, Bürgerrechtlerin,
engste Vertraute von Martin Luther King und Malcolm X, und das
alles vor ihrem vierzigsten Geburtstag. Als sie 2014 verstarb, trauerte
ganz Amerika. *Was für immer mir gehört* ist nach *Ich weiß, warum
der gefangene Vogel singt* der zweite Band ihres Memoires in sieben
Teilen und erschien erstmals 1974.

Melanie Walz wurde für ihre Neuübersetzungen moderner Klassiker
vielfach ausgezeichnet. Sie übersetzte u. a. Jane Austen, Honoré de
Balzac, A. S. Byatt, Charles Dickens, Michael Ondaatje, R. L. Steven-
son und Virginia Woolf.

# Maya Angelou

## Was für immer mir gehört

Aus dem amerikanischen Englisch
von Melanie Walz

Mit einem Nachwort von
Verena Lueken

Suhrkamp

Die amerikanische Originalausgabe erschien 1974
unter dem Titel *Gather Together in My Name*
bei Random House, New York.

Erste Auflage 2022
suhrkamp taschenbuch 5255
© der deutschsprachigen Ausgabe
Suhrkamp Verlag AG, Berlin, 2020
© 1974 by Maya Angelou
Alle Rechte vorbehalten.
Wir behalten uns auch eine Nutzung des Werks
für Text und Data Mining im Sinne von § 44b UrhG vor.
Umschlagfoto: Deborah Jaffe/Getty Images
Umschlaggestaltung: hißmann, heilmann, hamburg
Druck und Bindung: CPI books GmbH, Leck
Printed in Germany
ISBN 978-3-518-47255-2

www.suhrkamp.de

# Was für immer
# mir gehört

*Dieses Buch widme ich meinem Blutsbruder Bailey Johnson und den anderen echten Brüdern, die mich ermutigt haben, so tollkühn zu sein, mein eigenes Leben täglich zu erfinden: James Baldwin, Kwesi Brew, David Du Bois, Samuel Floyd, John O. Killens, Vagabond King, Leo Maitland, Vusumzi Make, Julian Mayfield, Max Roach.*

*Mit besonderem Dank an meine Freundin Dolly McPherson*

Es war eine Party nach dem Motto »kein Kleiderzwang« und »jeder ist willkommen«. Brachte man was zu trinken mit, wurde erwartet, dass man es teilte, und wenn nicht, dann war das auch okay, jemand würde seine Flasche mit einem teilen. Jeder war ein Held. Hatten wir uns nicht alle zusammengetan, um *de Gruber* und diesem fetten Itaker die Hölle heiß zu machen und den kleinen Reisfresser Tojo an seine Stelle zu setzen?

Schwarze aus dem Süden, die keine komplizierteren Geräte als Pflüge gewohnt waren, hatten gelernt, Drehmaschinen, Bohrer und Schweißpistolen zu benutzen, und hatten ihren Beitrag zur Kriegsmaschinerie geleistet. Frauen, die nur Hausmädchenuniformen und von der Mama gefertigte Kleider kannten, hatten die unbequemen Männerhosen angezogen und sich Stahlhelme aufgesetzt und hatten dafür gesorgt, dass in den Schiffsausrüstungshallen für ihre Freunde gesungen wurde. Selbst die Kinder hatten Papier gesammelt und auf den Rat Älterer, die sich an den Ersten Weltkrieg erinnerten, die Aluminiumfolie aus den Zigarettenpackungen mit Kaugummi zu kopfgroßen Bällen geknetet. Oh, war das eine Zeit.

Soldaten und Seeleute und die wenigen schwarzen Marineinfanteristen, gerade zurück, nachdem sie auf einem sandigen Strand am Südpazifik Tote begraben hatten, standen da und blickten stolz aus kriegsklugen Augen.

Schwarzmarkthändler hatten keine Mühen gescheut, die

Gegend mit Zucker, Zigaretten, Lebensmittelmarken und Butter zu versorgen. Prostituierte nahmen sich nicht einmal die Zeit, ihre fünfundsiebzig Dollar teuren Schuhe auszuziehen, um es einem für zwanzig Dollar zu besorgen. Jeder nahm teil am Krieg gegen den Krieg.

Und zuletzt hatte es sich für die Schwarzen ausgezahlt. Wir hatten gewonnen. Zuhälter stiegen aus ihren polierten Autos und wanderten etwas unsicher über die ungewohnte Gymnastik die Straßen von San Francisco entlang. Spieler dachten nicht an ihre empfindlichen Finger und gaben Schuhputzern die Hand. Von den Kanzeln tönte es: »So habe ich es vorausgesagt«, von Geistlichen, die wussten, dass Gott auf der Seite der Gerechten war und nicht zulassen würde, dass ihnen Unrecht geschah oder ihre Kinder um Brot betteln mussten. Frisöre unterhielten sich mit den Werftarbeitern, die sich wiederum mit den Damen vom Straßenstrich unterhielten. Und jedermann trug ein lässiges Lächeln zur Schau, das hieß, man sei bereit zu lächeln.

Ich dachte mir, wenn der Krieg nicht mit Toten verbunden wäre, hätte ich nichts dagegen, jeden Tag einen zu erleben. Etwas wie ein großes Fest.

Alle Opfer hatten uns den Sieg gebracht, und nun würden die guten Zeiten anbrechen. Ganz klar, wenn wir schon mehr verdienten, als die Rationierung in Kriegszeiten uns auszugeben erlaubt hatte, würde es ab dem Moment, ab dem es keine Beschränkungen mehr gäbe, noch besser werden.

Es gab keinen Anlass, über Rassenvorurteile zu sprechen. Hatten wir nicht alle, Schwarze und Weiße, die überlebenden Juden eben erst aus der Hölle der Konzentrationslager gerettet? Rassenvorurteile waren von gestern. Ein Irrtum in einem jungen Land. Etwas so Verzeihliches wie das unerfreuliche Handeln eines Freundes im Drogenrausch.

Während der Krise hatten Schwarze in einem Monat oft mehr Geld gemacht, als sie in ihrem ganzen Leben gesehen hatten. Schwarze Männer verließen ihre Frauen nicht wie früher, getrieben von dem Unvermögen, ihre Familien zu ernähren. Sie fuhren in öffentlichen Verkehrsmitteln nach dem Motto »Wer zuerst kommt, sitzt zuerst«. Und öfter als nicht wurden sie als Mister und Missus in ihrer Arbeit oder von Verkäufern angesprochen.

Zwei Monate nach dem V-Day wurden nach und nach die kriegsbedingten Fabriken stillgelegt und sie entließen ihre Angestellten. Manchen Arbeitern wurden Fahrkarten für die Rückfahrt nach Hause in den Süden angeboten. Zurück zu den Mauleseln, die sie auf der Hinterwäldlerfarm von ole Mistah Doo am Baum angebunden gelassen hatten. Scheiße auch. Ihr erweiterter Horizont konnte sich nie wieder in diese engen Grenzen einpferchen lassen. Sie waren frei oder wenigstens freier als je zuvor und würden nicht zurückgehen.

Diese militärischen Helden von vor wenigen Monaten, die in der Stadt, die wusste, wie das geht, entlassen wurden, sah man bald an den Ecken im Ghetto herumhängen wie vergessene Wäsche am Zaun eines Hinterhofs. Ihre einst gestärkten Khaki-Uniformen wurden allmählich unansehnlich. Ihre wasserfesten Armeejacken samt Medaillen, aber ohne Streifen, wurden zu unmodischen Angeberhosen getragen. Über den schmucken Armeehosen mit ihren symmetrischen Falten hingen kreischend bunte Hawaiihemden. Die Schuhe blieben. Die Armee hatte diese Schuhe für die Ewigkeit produziert. Und, verdammt, so war es.

So durchlebten wir einen größeren Krieg. Die Frage im Ghetto war, ob wir auch einen kleineren Krieg überstehen konnten?

Ich war siebzehn, sehr alt, peinlich jung, mit einem zwei Monate alten Sohn, und wohnte immer noch bei meiner Mutter und meinem Stiefvater.

Sie boten mir an, auf mein Baby aufzupassen, damit ich wieder zur Schule gehen konnte. Das lehnte ich ab. Erstens dachte ich – mit der selbstgerechten Ernsthaftigkeit junger Menschen –, dass ich nicht Daddy Clidell Jacksons leibliche Tochter war und mein Kind nur so lange sein Enkel sein würde, wie die Verbindung zwischen Daddy und Mutter anhielt, und ich hatte bereits viele Schwachstellen in ihrer Ehe ausgemacht. Zweitens überlegte ich mir, dass ich zwar das Kind meiner Mutter war, sie mich aber bis zum Alter von dreizehn Jahren anderen Leuten überlassen hatte, und warum sollte sie für mein Kind mehr Verantwortung empfinden als für ihre Tochter? Das waren die Bruchstücke, aus denen meine Weigerung sich zusammensetzte, doch der Kern der Sache war schmerzlicher, stärker und wahrer. Eine inhärente Schuld war mein privater Dämon, mein Bettgefährte, dem ich den Rücken gekehrt hatte. Mein täglicher Gefährte, dessen Hand ich nicht halten wollte. Die christliche Lehre, die mir in der Kleinstadt in Arkansas in die Ohren gehämmert worden war, ließ sich von dem Lärm in der Großstadt nicht übertönen.

Mein Sohn hatte keinen Vater – und was hieß das für mich? Nach der Glaubenslehre hatten Bastarde in der Gemeinde der Rechtgläubigen nichts zu suchen. So war das. Ich würde einen Job finden und ein eigenes Zimmer und meinen schönen Sohn in die Welt mit hinausnehmen. Ich dachte mir, ich könnte sogar in eine andere Stadt ziehen und uns einen neuen Namen aussuchen.

In den Monaten, in denen ich mit meiner Zukunft und

der meines Sohnes kämpfte, begann das große Haus, in dem wir wohnten, zu sterben. Arbeitslose Mitbewohner, die ihre Koffer mit Erinnerungen ausschmückten, bevor sie massenhaft Enttäuschungen einpackten, verließen San Francisco und gingen nach Los Angeles, Chicago oder Detroit, wo »es hieß«, man suche händeringend nach Arbeitern. Das laute Krachen der Haustür wurde immer seltener, und die Küche im Obergeschoss, wo die Mitbewohner kochen durften, ließ immer weniger exotische Düfte wahrnehmen, die dazu geführt hatten, dass ich voller Appetit in unsere Küche gelaufen war.

Die Spieler und die Prostituierten, die Schwarzhändler und die Zukunftsgläubigen, all diese Schmarotzer, die sich an der Unterwelt des Krieges dick und fett gefressen hatten, waren die Letzten, die merkten, dass es enger wurde. Sie hatten Unmengen Geld angesammelt, das in keine Bank kam, sondern unter ihresgleichen zirkulierte wie zügellose Frauen, und ihr Beruf hatte sie an die Treulosigkeit der Dame Glück und die Unzuverlässigkeit des Lebens gewöhnt. Es tat mir leid, dass die Tänzerinnen gingen – diese wundervollen Frauen, nur unwesentlich älter als ich, die pfundweise Max Factor Nr. 31 aufgetragen hatten, künstliche Wimpern trugen und aus dem Mundwinkel redeten, wobei ihre Stimmen sich um Zigaretten wanden, die an ihren Lippen baumelten. Sie hatten ihr Auftreten oft in der Küche unten im Haus geübt. Das B.-S.-Tanzgruppen-Programm. Die richtigen Schritte, Gleiten, Springen und Pausieren, und all das die ganze Zeit rauchend. Ich war mir ziemlich sicher, dass man rauchen musste, wenn man in einer Tanzgruppe tanzen wollte.

Nicht mit dem fleißigsten Üben in Wunschdenken hätte man meine Mutter als nachsichtig bezeichnen können.

Großzügig war sie, aber nie nachsichtig. Freundlich ja; aber nie nachsichtig. In ihrer Welt paddelten Leute, die sie akzeptierte, das eigene Kanu, hoben die eigenen Gewichte, stemmten die Schulter an den eigenen Pflug und ackerten wie die Wahnsinnigen, und ich saß hier in ihrem Haus und weigerte mich, wieder zur Schule zu gehen. Verschwendete keinen Gedanken ans Heiraten (na ja, niemand hätte sich um mich bemüht) und dachte nicht daran zu arbeiten. Niemals forderte sie mich auf, mir Arbeit zu suchen. Jedenfalls nicht in Worten. Aber der Stress ihrer Abende am Kartentisch und die Verantwortung für das viele Geld, das sie im Schlafzimmerschrank bunkerte, strapazierten ihr ohnehin zornmütiges Temperament.

In früheren unbeschwerteren Zeiten hätte ich ihre Übellaunigkeit vielleicht lediglich zur Kenntnis genommen, doch nun befeuerten meine Schuldgefühle, die ich wie ein rohes Ei mit mir herumtrug, meine Paranoia, und ich fühlte mich zunehmend als Störenfried. Wenn mein Baby weinte, beeilte ich mich, seine Windeln zu wechseln, es zu füttern, mit ihm zu schmusen, ihm letzten Endes den Mund zu stopfen. Meine Jugend und meine ängstlichen Selbstzweifel machten mich unfair gegenüber dieser lebenstüchtigen Frau.

Sie war mächtig stolz auf ihr wunderschönes Enkelkind, und wie die meisten Egozentriker sah sie in allem, was es auszeichnete, ein Spiegelbild ihrer selbst. Er hatte niedliche Hände ... »Ja, genau wie meine.« Seine Füße waren makellos, mit hohem Spann, genau wie ihre. Sie war mir nicht böse; sie spielte wie immer das Blatt aus, das das Leben ihr zugeteilt hatte, und das tat sie fantastisch.

Die Mischung aus Arroganz und Unsicherheit ist so entzündbar wie Alkohol und Benzin, die dafür berüchtigt sind.

Der Unterschied ist nur, dass im ersten Fall ein langes inneres Brennen vorausgeht, das in der Regel in eine selbstzerstörerische Implosion mündet.

Ich würde ausziehen, mir einen Job suchen und der ganzen Welt (dem Vater meines Sohns) beweisen, dass ich meinem Stolz gewachsen war und mehr zu bieten hatte als meine Anmaßung.

## 1

Ich war zutiefst gedemütigt. Eine dumme weiße Kuh, die vermutlich ihre Zehen zum Zählen benutzte, sah mich an und sagte, ich sei durchgefallen. Die Prüfung hatten Schwachsinnige für Idioten zusammengestellt. Natürlich hatte ich sie im Eiltempo absolviert, ohne mir groß Gedanken zu machen.

Ordnen Sie diese Buchstaben neu an: ASU – AGR – ATS.

Okay. Aus. Arg. Ast. Und?

Sie stand hinter ihrem Make-up und ihren toupierten Haaren und manikürten Fingernägeln und Kommodenschubladen parfümierter Angorapullover und Jahren weißer Ignoranz und sagte, ich sei durchgefallen.

»Die Telefongesellschaft gibt Tausende von Dollar für die Ausbildung von Telefonistinnen aus. Wir können es uns nicht leisten, jemanden einzustellen, der solche Ergebnisse erzielt hat. Bedaure.«

Sie bedauerte? Ich war platt. In meiner Verblüffung überlegte ich, ob meine ausgeprägte intellektuelle Überheblichkeit mich dazu verführt haben konnte, die Prüfung für ein Kinderspiel zu halten. Und vielleicht hatte ich die Abreibung dieser anmaßenden Hexe verdient.

»Darf ich den Test noch mal machen?« Das zu fragen war schmerzlich.

»Nein, bedaure.« Wenn sie das noch einmal sagen würde, war ich bereit, sie an ihren bedauernden Schultern zu packen und einen Job aus ihr herauszuschütteln.

»Aber es gäbe eine Möglichkeit« – offenbar hatte sie meine unausgesprochene Drohung gespürt – »als Hilfskraft in der Cafeteria.«

»Was hat eine Hilfskraft zu tun?« Ich war mir nicht sicher, ob ich die Arbeit tun konnte.

»Das erklärt Ihnen der Küchenjunge.«

Nachdem ich den Antrag ausgefüllt hatte und von einem Arzt für gesund erklärt worden war, marschierte ich in die Cafeteria. Der Küchenjunge, ein Opa, wies mich ein: »Du räumst das Geschirr ab, wischst die Tische ab, überprüfst, ob Salz- und Pfefferstreuer sauber sind, und hier ist deine Uniform.«

Das weiße Kleid und die weiße Schürze waren mit Beton gestärkt worden und viel zu lang. Ich stand an der Wand der Cafeteria und wartete darauf, die Tische abzuräumen. Viele der Telefonistinnen in Ausbildung waren mit mir in die Schule gegangen. Jetzt standen sie vor vollbeladenen Tischen und warteten darauf, dass ich oder eine andere der dämlichen Hilfskräfte das schmutzige Geschirr abräumten, damit sie ihre Tabletts abstellen konnten.

Den Job machte ich eine Woche lang, und der Lohn war mir so verhasst, dass ich ihn an dem Nachmittag verpulverte, an dem ich aufhörte.

2

**K**önnen Sie kreolisch kochen?«

Ich sah der Frau in die Augen und verpasste ihr eine Lüge, so weich wie schmelzende Butter. »Ja, klar. Anders kann ich gar nicht kochen.«

Das Creole Café hatte im Fenster ein Pappschild, das angeberisch verkündete: KOCH GESUCHT. Fünfundsiebzig Dollar Wochenlohn. Sobald ich das Schild sah, wusste ich, dass ich kreolisch kochen konnte, egal wie.

Die verzweifelte Suche nach einer Küchenkraft muss die Besitzerin für mein Alter geblendet haben oder der Umstand, dass ich ziemlich groß war und ein Auftreten hatte, das nicht meinen siebzehn Jahren entsprach. Sie fragte mich nicht über Rezepte und Menüs aus, aber ihr langes braunes Gesicht verlief in Falten nach unten, und Zweifel machten sich in ihren Fragen bemerkbar.

»Können Sie am Montag anfangen?«

»Mit Vergnügen.«

»Sie wissen, dass wir eine Sechs-Tage-Woche haben. Sonntags ist geschlossen.«

»Das ist mir recht. Ich gehe sonntags gerne in die Kirche.«

Es ist ein scheußlicher Gedanke, dass der Teufel mir diese Lüge eingab, aber sie kam wie von allein und wirkte wie Dollarscheine. Argwohn und Zweifel waren wie weggewischt, und sie lächelte. Ihre Zähne waren alle gleich groß, ein kleiner weißer Pfahl aus Zähnen als Halbkreis in ihrem Mund.

»Ich seh schon, wir werden uns verstehen. Sie sind eine gute Christin. Das mag ich. Ja, Ma'am, das tu ich.«

Ich brauchte den Job und widersprach ihr nicht.

»Um wie viel Uhr am Montag?«

»Sie kommen um fünf.« Du lieber Himmel!

Fünf Uhr morgens. Die schäbigen Straßen, bevor die Verbrecher ins Bett gehen und sich auf anderer Leute Träume betten. Bevor die Straßenbahnwaggons zu rattern beginnen und ihr beleuchtetes Innere wie vornehme Häuser im Nebel wirkt. Fünf Uhr!

»In Ordnung, ich werde Montag früh um fünf hier sein.«

»Sie kochen das Essen und stellen es auf die Wärmeplatte. Extrabestellungen müssen Sie nicht machen. Die mach ich.«

Mrs Dupree war eine untersetzte dicke Frau um die fünfzig. Ihre Haare waren von Natur aus glatt und dicht. Wahrscheinlich Cajun-Indianer-Afrikaner-Weiße und natürlich schwarz.

»Und wie heißen Sie?«

»Rita.« Marguerite war zu feierlich und Maya zu exotisch. »Rita« klang nach dunklen feurigen Augen, scharfen Peperoni und kreolischen Abenden und Gitarrengeklimper. »Rita Johnson.«

»Das ist ein richtig netter Name.« Und wie manche Leute, die ihre Vertraulichkeit beweisen wollen, kürzte sie den Namen sofort ab. »Ich nenn Sie Reet. Okay?«

Natürlich okay. Ich hatte einen Job. Fünfundsiebzig Dollar die Woche. Also war ich Reet. Reet, Reet. Reet mit dem Kartoffellied, und fertig. Alles Reet. Jetzt musste ich nur noch kochen lernen.


# 3

Ich bat den alten Papa Ford, mir das Kochen beizubringen. Er war erwachsen gewesen, als das 20. Jahrhundert auf die Welt kam, und hatte eine große Familie von Brüdern und Schwestern in Terre Haute in Indiana (immer als Ostküste bezeichnet) verlassen, um herauszufinden, was die Welt einem »gutaussehenden jungen Schwarzen ohne Bildung im Kopf, aber mit einer Menge diebischer Gedanken im Herzen« zu bieten hatte. Er arbeitete in Reisezirkussen, »Elefantenscheiße wegschaufeln«. Dann würfelte er in Frachtzügen und spielte in allen nördlichen Bundesstaaten in Hinterzimmern Glücksspiele und Shanties.

»War nie in Hang'em High. Die weißen Hungerleider hätten mich umgebracht. Ich war hübsch genug, dass die weißen Weiber immer hinter mir her waren. Und die weißen Jungen hatten immer was gegen einen hübschen Nigger.«

Als ich ihn 1943 kennenlernte, war sein gutes Aussehen so zerbrechlich wie das Gedächtnis eines alten Mannes, und die Enttäuschung saß auf seiner Miene wie ein Reiter ohne Sattel. Seine Hände waren ruiniert. Die Spielerfinger waren während der Depression geschwollen, und sein einziger ehrbarer Beruf, das Tischlern, hatte seine »Geldmaschine« noch schwieliger gemacht. Mutter rettete ihn von einem Job als Putzmann in einem Spiellokal und nahm ihn mit zu uns nach Hause.

Er sortierte und zählte die Wäsche, wenn der Wagen der Wäscherei sie abholte und zurückbrachte, und händigte dann widerstrebend den Untermietern frische Sachen aus. Er kochte üppige und köstliche Mahlzeiten, wenn Mutter zu tun hatte, und saß in der Küche mit der hohen Decke und trank eimerweise Kaffee.

Papa Ford liebte meine Mutter (wie fast jedermann) mit kindlicher Hingabe. Er beherrschte sogar seine Ausdrücke in ihrer Anwesenheit, weil er wusste, dass sie es nicht leiden konnte, wenn geflucht wurde, außer sie war die Fluchende.

»Warum verdammt willst du in einer verschissenen Küche arbeiten?«

»Papa, ich kriege dafür fünfundsiebzig Dollar die Woche.«

»Dreckige Brühe aus verschissenen Töpfen waschen.«

»Papa, ich bin zum Kochen angestellt, nicht zum Geschirrspülen.«

»Farbige Frauen haben so lange gekocht, ich dachte, du wärst es jetzt langsam leid.«

»Wenn du mir einfach –«

»Hast alles in der Schule gelernt. Warum findest du keine verschissene Arbeit, wo du dich sehen lassen kannst?«

Ich probierte es mit einer anderen Methode. »Wahrscheinlich könnte ich sowieso nicht lernen, kreolisch zu kochen. Es ist zu schwierig.«

»So ein Kack. Ist nix als Zwiebeln, grüne Peperoni und Knoblauch. Wenn du das überall reintust, hast du kreolisches Essen. Wie man Reis kocht, weißt du ja wohl?«

»Ja.« Ich konnte Reis kochen, bis jedes Reiskorn strammstand.

»Mehr ist nicht nötig. Dieses Gullahpack kann ohne den Fraß aus den Sümpfen nicht leben.« Er kicherte über seinen Scherz, wurde wieder ernst. »Gefällt mir trotzdem nicht, dass du eine verschissene Köchin sein willst. Geh heiraten, dann musst du für niemand anderen kochen als für deine Familie.«

# 4

**I**n dem Creole Café dampfte der Geruch von Zwiebeln und Knoblauch, Tomatennebel und Peperonisprühregen. Ich kochte und schwitzte in den erdrückenden Dünsten und fand es großartig. Endlich hatte ich die Autorität, nach der ich mich immer gesehnt hatte. Mrs Dupree bestimmte das

tägliche Menü und legte mir einen Zettel auf die Wärmeplatte, der mich über ihre gastronomischen Entscheidungen
unterrichtete. Aber ich, Rita, Chefköchin, beschloss, wie viel
Knoblauch an die geschmorten Rippchen à la Creole kam
und wie viele Lorbeerblätter die gedämpften Kutteln à la
Shreveport würzen würden. Über einen Monat war ich in die
Mysterien der Küche verwickelt mit der Erwartung eines Al-
chemisten, im Begriff, die geheime Zusammensetzung von
Gold zu ergründen.

Eine lederhäutige alte Frau, die Mutter ausfindig gemacht hatte, kümmerte sich um mein Baby, wenn ich in der
Arbeit war. Ich hatte ihn nur ungern ihrer Obhut überlassen,
aber Mutter hatte mich daran erinnert, dass sie ihre weißen,
schwarzen und Filipino-Kinder alle gleich gut behandelte.
Ich dachte mir, dass ihr hohes Alter sie wohl über die Hür-
den rassistischer Probleme hinweggetragen hatte. Jemand,
der so lange lebte, war zweifellos damit beschäftigt, müßige
Augenblicke damit zu verbringen, über den Tod und das Leben im Jenseits nachzudenken. Sie konnte einfach nicht die
Zeit erübrigen, sich mit Vorurteilen auseinanderzusetzen.
Der größte Trost für das Übel der Jugend ist die völlige Ahnungslosigkeit über den Ernst des Leidens.

Erst nachdem das Geheimnis des Kochens zur Alltäglich-
keit geschrumpft war, begann ich die Gäste wahrzunehmen.
Es waren in der Hauptsache hellhäutige, glatthaarige Kreolen aus Louisiana, die ein französisches Patois sprachen, das
kaum weniger kompliziert war als der Inhalt meiner Koch-
töpfe und nicht weniger würzig. Ich fand es angemessen
und überhaupt nicht ungewöhnlich, dass ihnen mein Essen
schmeckte. Ich befolgte Papa Fords Vorschriften ziemlich
lässig und fügte eigene künstlerische Akzente hinzu.

Unsere Gäste beschränkten sich nie darauf, zu essen, zu bezahlen und zu gehen. Sie saßen auf den hohen Stühlen ohne Rückenlehne und tauschten Klatsch oder teilten die geduldige Philosophie des schwarzen Südens.

»Greasy, immer mit der Ruhe, nimm's leicht.«

Mit der Toleranz von Jahrhunderten gaben sie Ratschläge und ließen sich Ratschläge geben.

»Nimm's leicht, aber nimm es hin.«

Ein massiger Mann mit roten Backen, dessen Namen ich nie erfahren habe, stützte sich an der Theke mit den zwölf Stühlen auf seine Ellbogen und erzählte Geschichten über den Hafen von San Francisco. »Haben da Hafenratten, denen es nix ausmacht, einen Mann anzufallen.«

»Echt?« Eine ungläubige, aber neugierige Stimme.

»Hab gesehn, wie eins dieser Dreckviecher eines Nachts einen weißen armen Schlucker gegen eine Frachtkiste gedrängt hatte. Und wenn ich und zwei andere, Farbige« – selbstverständlich – »uns nicht eingemischt hätten, wär es ihm in den Hals gesprungen und auf seiner Leber rumgehopst.«

In der Nähe der Wärmeplatte mischten sich die weichen Töne schwarzer Unterhaltung, lautes Gelächter und das Schlurfen von Füßen auf dem gefliesten Boden mit dem Essensdunst, und ich war zufrieden.

# 5

Ich hatte in einem großen beeindruckenden Haus im San-Francisco-viktorianischen Stil ein Zimmer gemietet (mit Erlaubnis zu kochen) und meine ersten Möbel und einen weißen Bettüberwurf aus Chenille gekauft. Mein Gott, er sah aus wie ein Beet winziger Christrosen. Ich hatte ein wunderschönes Kind, das lachte, wenn es mich sah, eine Arbeit, die ich gut machte, eine Babysitterin, der ich vertraute, und ich war jung und so verrückt wie eine Eidechse in der Sonne am Straßenrand. Zweifellos war ich auf dem Weg zum Erfolg.

Eines nebligen Abends an meinem freien Tag hatte ich meinen Sohn abgeholt und trug ihn mit der beiläufigen Lässigkeit einer erfahrenen Mutter die vertrauten Straßen entlang. Er schlummerte in meinem angewinkelten Arm, und ich dachte an das Abendessen, das Radioprogramm und nächtliche Lektüre. Zwei ehemalige Klassenkameradinnen kamen den Hügel hinauf mir entgegen. Sie zählten zu der seltenen Sorte in San Francisco geborener Schwarzer. Im Gefühl meiner Überlegenheit geborgen, kam ich nicht auf die Idee, mich noch weiter zu bewaffnen. Ich hatte die kugelsichere Weste erwachsenen Selbstvertrauens und ließ sie einfach näher kommen.

»Lass uns das Baby sehen ... Hab gehört, er sei süß.« Sie war dick, hatte einen habsüchtigen Blick und war für ihren begrenzten, aber boshaften Geist bekannt. Ihre Freundin Lily war schon als Teenager uralt und ewig gelangweilt.

»Ja. Heißt, du hättest ein hübsches Baby fabriziert.«

Ich lüpfte die leichte Decke vom Gesicht meines Sohns

und trat zur Seite, sodass sie meinen ganzen Stolz sehen konnten.

»Mein Gott, den hast du gemacht?« Das Gesicht der Dicken öffnete sich zu einem verletzten Grinsen.

Ihre schwermütige Freundin sagte düster: »Du lieber Himmel, er sieht aus wie ein Weißer. Könnte man ihn glatt für halten.« Ihre Worte schlängelten sich in mein Gefühl von Bewunderung und Erstaunen. Ich zuckte zusammen, dass sie so etwas Schreckliches von meinem Baby sagen konnte, aber ich war nicht in der Lage, meinen Schatz zuzudecken und wegzugehen. Ich stand nur da, ratlos und sprachlos.

Die kleine Dicke lachte heiser und stieß mir das Messer noch tiefer zwischen die Rippen. »Er hat eine Stupsnase und schmale Lippen.« Ihre Überraschung machte mich rasend. »Solange du lebst und es Ärger gibt, solltest du den Mann dafür bezahlen, dass er dir dieses Baby gemacht hat, haha. Eine Krähe gebiert ein Täubchen. Das muss das Vogelreich ganz schön verblüfft haben.«

Es gibt einen Moment im Zorn, der einen hilflos macht. Reglos. Ich erstarrte, wie es Lots Frau ergangen sein muss, nach einem letzten Blick auf diese geballte Böswilligkeit.

»Und wie hast du ihn genannt? Dank dem Allmächtigen?«

Ich hätte ihn dort hinlegen können, in seinem Tuch und mit seinen Sachen, und jemandem mit mehr Anmut, Eleganz und Schönheit überlassen. Der Stolz auf die Selbstbeherrschung erlaubte mir nicht, den Mädchen meine Gefühle zu zeigen, und ich packte mein Baby ein und ging nach Hause. Keine Abschiedsworte – ich verließ sie, als wollte ich über das Ende der Welt hinausgehen. In meinem Zimmer legte ich mein fünf Monate altes Ein und Alles auf die Chenille-

Tagesdecke und setzte mich daneben, um seine Vollkommenheit zu bewundern. Sein Köpfchen war kugelrund, und das weiche Haar ringelte sich zu schwarzen Locken. Arme und Beine waren entzückende rundliche Wunder, und sein Oberkörper war so gerade wie ein Blick zwischen Liebenden. Aber worum es mir ging, war sein Gesicht.

Zugegebenermaßen waren die Lippen schmal und unter der kleinen Nase kaum zu erkennen. Aber er war ein Baby, und wenn er wuchs, würden diese Abnormitäten fleischiger werden, richtig werden und die Gleichmäßigkeit meines Aussehens annehmen. Selbst geschlossen richteten seine Augen sich schräg zu den Schläfen. Er sah aus wie ein kleiner Buddha. Und dann sah ich mir seinen Haaransatz an. Er entsprach meinem in jeder Einzelheit. Und das würde sich nicht auswachsen oder verändern, und es bewies, dass er unstreitig zu mir gehörte.

# 6

**B**utterbraun, honigbraun, zitronen- und olivenfarben. Schokolade und Pflaume, Pfirsich und Sahne. Sahne. Muskat und Zimt. Ich fragte mich, warum meine Leute unsere Farbskala in Begriffe wohlschmeckender Nahrungsmitteln fassten. Und dann wurde der schönste Mann auf Erden Gast in unserem Restaurant.

Er saß neben den hellhäutigen Kreolen, und sie verblichen, erblassten und verschwanden. Seine dunkelbraune Haut glänzte, und das reflektierte Licht erschwerte den Blick in meine geheimnisvollen Töpfe. Wenn er mit der Kellnerin sprach, erzeugte seine Stimme ein dumpfes Dröhnen in meinen Achseln. Ich konnte seine Anwesenheit nicht aushalten, weil sie mich nervös machte, aber ich konnte es nicht ertragen, wenn er ging, und es kaum erwarten, dass er wiederkam.

Die Kellnerin und Mrs Dupree nannten ihn »Curly«, aber ich dachte mir, dass dieser Name nicht von viel Fantasie kündete. Wenn er die vom Kochdampf bedeckte Tür des Restaurants öffnete, war das zweifellos Christi Wiederkehr.

Seine Tischsitten gefielen mir. Er aß manierlich und langsam, als wäre ihm wichtig, was er in den Mund nahm. Er lächelte mich an, aber die nervösen Grimassen, mit denen ich reagierte, konnte man kaum als Lächeln bezeichnen. Er war freundlich zu den anderen Gästen, zur Kellnerin und zu mir, denn er kam immer allein. Ich fragte mich, warum er keine Freundin hatte. Jede Frau würde wer weiß was geben, um mit ihm auszugehen, oder angerannt kommen, um bei ihm zu sitzen und mit ihm zu plaudern. Ich wäre nie auf den Gedanken gekommen, er könnte mich interessant finden, höchstens, um sich über mich lustig zu machen.

»Reet.« Das war es. Ich tat, als hätte ich ihn nicht gehört.

»Reet. Du hast mich gehört. Komm her.«

Ich habe gesehen, wie läufige Hündinnen sich auf dem Boden schlängeln, locken und sich darbieten. Ich würde gerne sagen können, dass ich so natürlich zu ihm ging. Leider aber nicht. Ich spielte die Gleichgültige und quetschte meiner Stimme einen verächtlichen Ton ab.

»Haben Sie mit mir gesprochen?«

»Komm her, ich beiße nicht.« Ich erwog seine Aufforderung und gab nach. War er schön aus der Entfernung, war er in der Nähe die Vollkommenheit in Person. Tiefschwarze Augen mit schweren Lidern. Seine geschwungene Oberlippe fiel über weiße Zähne, in der Mitte von einer leisen Spur gelben Golds zusammengehalten.

»Seit wann kannst du so kochen?«

»Seit ewigen Zeiten.« Ich brachte die Lüge fast nicht über die Lippen.

»Verheiratet?«

»Nein.«

»Du musst aufpassen, dass nicht jemand herkommt und dich mitnimmt.«

»Danke.« Warum tat er es nicht? Natürlich hätte er mich niederschlagen, fesseln und knebeln müssen, aber nichts anderes wünschte ich mir.

»Möchten Sie ein Glas Soda?«

»Nein, danke.« Ich drehte mich um und ging zu der Wärmeplatte zurück. Schweiß zwickte mich über der Oberlippe und unter den Achseln. Ich wünschte ihn weg, spürte aber seinen Blick in meinem Rücken. Ich hatte so viele Jahre damit verbracht, jemand anders als ich selbst zu sein, dass ich weiter rührte und mischte und die Gasflammen kleiner stellte, als wäre nicht jeder Nerv meines Körpers an den dritten Hocker an der Theke gebunden.

Die Tür wurde geöffnet und geschlossen, und ich drehte mich um in dem Wunsch, seinen Rücken beim Gehen zu sehen, und stellte fest, dass ein anderer Gast gegangen war. Ich sah mich sofort nach ihm um und begegnete seinem ernst auf mich gerichteten Blick. Ich hatte keinen anderen Wunsch, als mich hinzugeben.

Er nickte mir zu, dass ich kommen solle.

»Wann hast du frei?«

»Um eins.«

»Soll ich dich nach Hause bringen?«

»Ich geh mein Baby holen.«

»Du hast ein Baby? Das muss dir jemand zu Weihnachten geschenkt haben. Ein Puppenbaby. Wie alt bist du?«

»Neunzehn.« Manchmal war ich zwanzig oder achtzehn. Hing von meiner Stimmung ab.

»Neunzehn in Richtung siebzehn.« Sein Lächeln war nicht ironisch. Nur eine Spur nachsichtig.

»Okay. Ich bringe dich zu deinem Baby.«

Er fuhr seinen Pontiac Jahrgang 1941 völlig unangestrengt. Ich saß an die Wagentür gedrückt und versuchte verzweifelt, nicht zu ihm hinzusehen.

»Wer ist der Daddy von dem Kleinen?«

»Weiß ich nicht.«

»Er wollte dich nicht heiraten, wie?« Seine Stimme wurde bei dieser Frage härter.

»Ich wollte ihn nicht heiraten.« Teilweise wahr.

»Na ja, in meinen Augen ist er ein dreckiger Bastard und hat es verdient, dass man ihm in den Arsch tritt.« In diesem Augenblick begann ich ihn zu lieben.

Ich bewegte mich etwas, um ihn anzusehen. Mein rächender Engel. Mutter und mein Bruder hatten sich so viel Mühe gegeben, mir Mut zu machen und mich zu unterstützen, dass beide nicht daran gedacht hatten, ich könnte Rachegelüste hegen. Ich glaube, ich hatte selbst noch nie daran gedacht. Und jetzt war die Wut eine Injektion, die meinen Körper durchströmte und mich wärmte und erregte.

Es stimmt, er war ein elender Bastard. Er hätte mir die Möglichkeit geben müssen, seinen Heiratsantrag abzulehnen. Aus meinem Kopf und ins Vergessen wanderte die Erinnerung daran, dass ich selbst meine erste sexuelle Erfahrung provoziert hatte. Meine privaten Gründe und mein aggressives Vorgehen hatte ich selbstgerecht bemäntelt. Selbstmitleid in seinem frühen Stadium ist so gemütlich wie eine Federkernmatratze. Nur wenn es sich verhärtet, wird es unbequem.

Curly stand mitten im Wohnzimmer der Babysitterin und sagte all die mütterlichen Dinge wie: »Was für ein hübsches Kerlchen ... Sieht dir ganz ähnlich ... Wird ein großer Junge werden ... Und die goldigen Füßchen.«

Wieder im Wagen zeigte ich keinen Widerstand, als er sagte, wir würden in sein Hotel gehen. Ich wollte tun, was er tun wollte, und saß ruhig da.

Als wir das Hotelfoyer durchquerten, merkte ich zum ersten Mal, dass sich Widerstand in mir regte. Halt mal, Augenblick. Was hatte ich hier zu suchen? Wofür hielt er mich? Er hatte nicht einmal gesagt, er liebe mich. Wo blieb die sanfte Musik, die ich hören sollte, als er mein Ohrläppchen küsste?

Er spürte mein Zögern und nahm meine Hand, um mich über den Teppich des Flurs zu führen. Seine Berührung und sein Selbstvertrauen beflügelten meine Zweifel. Aber offenbar konnte ich nicht mehr zurück.

»Mach es dir bequem.«

Er zog seinen Mantel aus, und ich saß ruhig in dem großen Sessel seines Zimmers. Auf dem Toilettentisch stand neben Karten und Toilettengegenständen eine Flasche Whiskey.

»Kann ich einen Drink haben?« Ich hatte noch nie etwas Stärkeres als Dubonnet getrunken.

»Nein. Ich glaube nicht. Aber ich nehme mir einen.« Er schenkte den Whiskey in ein Glas ein, das er von einem Regal über der Waschschüssel nahm. Wasser gurgelte, und er spülte seinen Drink runter. Im nächsten Augenblick beugte er sich über mich. Ich wollte zu ihm aufsehen, aber mein Kopf weigerte sich.

»Komm her, Reet. Steh auf.« Das wollte ich, aber meine Muskeln waren wie gelähmt. Ich wollte für ihn nicht eine sein, die Männer heißmacht und sich vor den Konsequenzen drückt. Unehrlich. Aber mein Körper wollte mir nicht gehorchen.

Er beugte sich zu mir herunter, ergriff meine Hände und stellte mich hin. Er schloss mich in die Arme.

»Du bist fast so groß wie ich. Ich mag große Mädchen.« Dann küsste er mich zärtlich. Und langsam. Als er aufhörte, hatte mein Körper seinen eigenen Weg gefunden. Mein Herz raste, und meine Knie waren steif. Mein Zittern war mir peinlich.

»Komm zum Bett.« Er zog mich geduldig von dem Sessel weg.

Wir saßen beide auf dem Bett, und ich konnte ihn fast nicht sehen, obwohl er so nah war. Mit seinen großen dunklen Händen hielt er mein Gesicht.

»Ich weiß, dass du Angst hast. Das ist normal. Du bist jung. Aber wir feiern hier eine Party. Stell es dir einfach so vor. Wir feiern eine Liebesparty.«

Meine früheren Begegnungen mit Sex waren nichts weiter als das gewesen. Begegnungen. Einmal heftig, einmal indifferent, und nun fand ich mich in den Händen und Armen eines liebevollen Mannes wieder.

Er streichelte mich und redete. Er küsste mich, bis mir die Ohren dröhnten, und er brachte mich zum Lachen. Er unterbrach seine Leidenschaft, um kleine Scherze zu machen, und sobald ich darauf reagierte, war er wieder zärtlich.

Danach lag ich in seinen Armen und weinte.

»Glücklich?« Das Gold in seinem Mund glitzerte wie ein kleiner Stern.

Ich war so glücklich, dass ich am nächsten Tag zu einem Juwelier ging und ihm einen Onyxring mit einem Diamantensplitter kaufte. Ich ließ die Rechnung auf das Konto meines Stiefvaters anschreiben.

# 7

**D**ie Liebe war das, worauf ich gewartet hatte. Ich hatte aus kindlicher Ignoranz oder jugendlichem Übermut erwachsene Dinge getan, aber nun begann ich zu reifen. Mir gefiel mein Körper, weil er mir solches Vergnügen bereitete. Zum ersten Mal suchte ich meine Kleidung sorgfältig aus. Sorgfältig, anstatt einfach das Erstbeste von der Kleiderstange zu nehmen. Leider war mein Geschmack so neu wie mein Interesse. Als Curly mich einmal zum Abendessen ausführte, hatte ich ein schickes Kleid aus gelbem Seidenkrepp mit einem Muster von schwarzen Rosen, schwarze Ballerinas, deren Riemchen mir tief in die Knöchel schnitten, und einen schmucklosen breiten Kegelhut mit Schleier gekauft. Ich steckte mir ein kleines Bukett von gelben Rosenknospen an den Busen und war zu allem bereit.

Er bat mich nur, das Sträußchen abzunehmen.

Zu Beginn unserer Affäre hatte Curly gesagt, dass er eine Freundin hatte, die in einer Werft in San Diego arbeitete und bald aufhören würde. Dann wollten sie nach New Orleans zurückgehen und heiraten. Diese Information verstaute ich hastig in dem unerreichbaren Teil des Gehirns, in dem man die Erinnerung an Leid und andere Unannehmlichkeiten unterbringt. Für den Augenblick sollte mir das keine Sorgen machen, und das tat es nicht.

Er war aus der Navy entlassen und musste noch ein paar Monate warten, bis mit seinen Papieren alles geregelt sein würde. Das Aufwachsen im Süden und die Schrecken des Krieges ließen ihn viel älter wirken als seine einunddreißig Jahre.

Wir machten lange Spaziergänge im Park mit meinem Sohn; wenn Leute uns zu unserem Kind gratulierten, spielte er dankbar den stolzen Papa. In dem Freizeitpark am Strand fuhren wir Riesenrad und Achterbahn und stopften uns mit Salzwasser-Toffee voll. Am späten Nachmittag brachten wir den Kleinen zur Babysitterin zurück und gingen in sein Hotel, wo wir eine, zwei oder drei weitere Liebespartys feierten. Ich wünschte, es würde nie enden. Ich kaufte ihm Sachen. Eine Uhr (er hatte schon eine), einen Trenchcoat (zu klein), noch einen Ring, und bezahlte alles selbst. Auf seine Einwendungen hörte ich nicht. Ich kaufte nicht irgendwas. Ich kaufte mir Zeit.

Eines Tages fuhr er mich nach der Arbeit zur Babysitterin. Er saß da und hielt das Baby auf dem Schoß. Sein Schweigen hätte mir etwas sagen müssen. Vielleicht tat es das, aber ich wollte es nicht wahrhaben. Wir gingen ohne viel Aufhebens. Er sagte nur: »So einen Kleinen wünsche ich mir. Genau so einen.«

Da wir nicht zu seinem Hotel fuhren, fragte ich, wohin es ging.

»Ich bringe dich nach Hause.«

»Warum?«

Keine Antwort.

Einen halben Block entfernt fand er einen Parkplatz. Die Straßenbeleuchtung wurde gerade eingeschaltet, und ein dämmriger Nebel hüllte die Welt ein. Er langte auf den Rücksitz und holte zwei große Kartons hervor. Er reichte sie mir und sagte: »Gib mir einen Kuss.«

Ich versuchte zu lachen, so zu tun, als wäre der Kuss die Bezahlung für das Geschenk, aber das Lachen blieb mir in der Kehle stecken. Er küsste mich flüchtig und sah mich lange an.

»Reet. Meine Freundin ist gekommen, und ich ziehe heute Abend aus dem Hotel aus.«

Ich weinte nicht, weil ich keinen klaren Gedanken fassen konnte.

»Du wirst eine wundervolle Frau für irgendeinen Mann sein. Das meine ich ernst. Diese Sachen sind für dich und für das Baby. Ich sage dir nicht gerne Adieu, aber ich muss es.«

Wahrscheinlich sagte er noch mehr, aber ich kann mich nur daran erinnern, dass ich von seinem Wagen zur Haustür ging. Und alle Kraft aufbringen musste, den gefährlichen Aufruhr in meinem Magen unter Kontrolle zu halten. Mich bemühen musste, aufrecht zu gehen und dabei die unförmigen Kartons zu tragen. Die Kartons musste ich absetzen, um nach dem Türschlüssel zu suchen, und die Gewohnheit half mir, ihn ins Schloss zu stecken. Ich trat in den Flur, ohne zu hören, dass der Wagen angelassen wurde.

Weil er mich nicht belogen hatte, durfte ich nicht wütend sein. Weil er mich geduldig und zärtlich in der Liebe unterwiesen hatte, konnte ich den Schmerz nicht mit Wut betäuben. Ich musste ihn ertragen.

Im Lauf der Zeit bin ich mir sicher geworden, dass er

mich geliebt hat. Vielleicht weil ich einsam und heimatlos war. Vielleicht aus Mitleid mit der jungen Mutter und ihrem vaterlosen Kind, und deshalb hatte er beschlossen, uns zwei Monate lang zu geben, was wir brauchten. Ich weiß es nicht. Ich bin mir nur sicher, dass er mich aus irgendeinem Grund geliebt hat und dass er ein guter Mensch war.

Der Verlust der ersten Jugendliebe ist so schmerzlich, dass es ans Lächerliche grenzt.

Ich war mir selbst peinlich. Nachdem Charles gegangen war, stolperte ich wochenlang in San Francisco herum und versuchte mich im Vertrauten zurechtzufinden. Die schöne Stadt verschwand in meinem Nebel. Nichts, was ich mit den Lebensmitteln anfing, weckte mein Interesse. Die Musik wurde besonders unerträglich, denn alle Liedtexte waren offenbar nur für mich verfasst.

*Gonna take a sentimental journey*
*Gonna set my heart at ease …*

Charles hatte diese Reise unternommen und mich ganz allein zurückgelassen. Ich war eine einzige offene seelische Wunde. Seelisch herumgeschubst zu werden, war nichts Neues, nur die Intensität und der Grund dafür waren neu. Der neue Schmerz und das neue Unbehagen waren körperlicher Natur. Mein Körper war geweckt und ernährt worden, und ich entdeckte mit einem Mal, dass ich einen gewaltigen Hunger hatte. Meine Zurückhaltung und meine gewohnte Selbstbeherrschung hielten mich davon ab, nach anderer Befriedigung zu suchen, selbst wenn ich sie hätte finden können.

Ich nahm ab, was bei meiner Körpergröße und meiner

dünnen Figur nicht ratsam war. Der Energieausbruch, der mich in Schönheitssalons und Kleidergeschäfte geschickt hatte, war jetzt so abwesend wie mein verlorener Liebhaber. Ich verging vor Sehnsucht und grämte mich, seufzte und jammerte und schlich durch die Gegend, fühlte mich elend und verlassen. Mit achtzehn brachte ich es fertig, heruntergekommen auszusehen, wenn nicht gar völlig erledigt.

Mein Bruder Bailey war wieder mein Retter, eine Rolle, die er in meiner frühen Jugend meistens gehabt hatte.

Er kam nach einigen Monaten auf einem Munitionsfrachter in die Stadt zurück und besuchte mich in dem Restaurant.

»My. Was zum Teufel ist mit dir passiert?« Mein Aussehen schien ihn eher zu verärgern, als ihm Sorgen zu machen. Ich stellte ihn meiner Chefin vor. Sie sagte: »Ihr Bruder. Ganz schön klein, wie? Ich meine, als Ihr Bruder.«

Bailey dankte ihr höflich und ließ nur die kleinste Spur Sarkasmus aufblitzen. Sie merkte es nicht.

»Sag mal, was ist los mit dir? Bist du krank gewesen?« Ich hielt die Tränen zurück, die sich in die Hände meines Bruders ergießen wollten.

»Nein. Alles in Ordnung.«

Damals dachte ich, es sei edel, das eigene Leid schweigend zu ertragen. Aber nicht so schweigend, dass die anderen nicht merkten, dass man es ertrug.

»Um wie viel Uhr hast du frei?«

»Um eins. Morgen habe ich den ganzen Tag frei und kann den Kleinen abholen.«

»Ich komm zurück und hol dich ab. Dann können wir reden.«

Er wandte sich an Mrs Dupree. »Und Ihnen wünsche ich

einen guten Tag, Madam.« Kleine Gesten machte er immer sehr weltmännisch. Er hätte der Graf von Monte Christo sein können oder Cyrano, der sich von der schönen Roxanne verabschiedet.

Nachdem er gegangen war, verzog Mrs Dupree ihre Lippen zu einem Lächeln. »Er ist so süß wie ein kleiner Käfer.«

Ich machte mir mit den Kochtöpfen zu schaffen. Wenn sie dachte, es würde mir gefallen, meinen großen Bruder mit einem Kerbtier verglichen zu wissen, würde sie nochmal länger nachdenken müssen.

Das Baby krabbelte auf dem Boden in meinem Zimmer herum, als ich Bailey von meiner großen Liebesgeschichte erzählte. Von dem Schmerz, Schmerz zu entdecken. Er nickte zum Zeichen des Verständnisses und schwieg.

Ich dachte mir, wenn ich schon seine Aufmerksamkeit hatte, könnte ich gleich noch meinen anderen Kummer zur Sprache bringen. Ich sagte ihm, weil meine alten Schulkameradinnen mich ausgelacht hatten, fühlte ich mich einsamer als jemals in Stamps, Arkansas.

Er sagte: »Klingt nach einem feinen Kerl«, und: »Ich glaube, es wäre Zeit für dich, aus San Francisco wegzugehen. Du könntest es mit Los Angeles oder San Diego probieren.«

»Aber wo soll ich da wohnen? Und einen Job finden?« Obwohl ich mich in San Francisco elend fühlte, fürchtete ich mich vor der Vorstellung, an einen anderen Ort zu ziehen. Ich dachte an Los Angeles, und die Stadt war ein graues großes Meer ohne Schiffe und ohne Leuchtturm.

»Ich kann Guy nicht losreißen. Er ist an die Frau gewöhnt, die sich um ihn kümmert.«

»Aber sie ist nicht seine Mutter.«

»Ich habe hier einen guten Job.«

»Du willst doch nicht im Ernst für den Rest deines Lebens kreolisch kochen.«

Darüber hatte ich nicht nachgedacht. »Ich habe hier ein schönes Zimmer. Findest du nicht auch?«

Er sah mir in die Augen, zwang mich, mir meine Ängste einzugestehen. »Also, My, wenn es dich glücklich macht, dich elend zu fühlen, dann viel Spaß dabei, aber verlang nicht, dass du mir leidtust. Suhl dich drin und jammer rum. Koste es gründlich aus, aber von mir musst du kein Mitgefühl erwarten.«

Er kannte mich einfach zu gut. Er hatte recht. Ich gefiel mir in der Rolle der verstoßenen Geliebten. Verlassen, aber ungebrochen. Ich sah mich als die Heldin, einsam, im weichen gelben Licht einer Straßenlaterne. Wartend. Wartend. Wenn der Nebel aufkommt, fällt leichter Regen, aber er durchnässt sie nicht. Gerade genug Regen, dass sie in ihrem weißen Regenmantel (mit aufgestelltem Kragen) fröstelt. Oh, er kannte mich einfach zu gut.

»Wenn du hier herumhängen willst und aussehen wie der Tod mit einem Sodacracker, dann ist das deine Sache. Es gibt ein paar Rechte, die einem keiner wegnehmen kann. Das ist das eine. Und was willst du jetzt tun?«

An diesem Abend beschloss ich, nach Los Angeles zu gehen. Zuerst dachte ich, ich wollte noch einen Monat länger arbeiten und jeden Penny sparen. Aber Bailey sagte: »Wenn man sich für eine Veränderung entscheidet, muss man sich von seinem Entschluss leiten lassen.« Er versprach mir zweihundert Dollar aus seinem bevorstehenden Salär und schlug vor, dass ich meiner Chefin sagte, ich würde in einer Woche aufhören.

Ich hatte noch nie zweihundert Dollar besessen. Es klang wie genug Geld, von dem man ein ganzes Jahr lang leben konnte.

Die Aussicht auf eine Fahrt nach Los Angeles brachte mir meine Jugend zurück.

Meine Mutter hörte meine Pläne, ohne sich überrascht zu zeigen. »Du bist eine Frau. Du musst wissen, was du willst.« Sie hatte nicht die leiseste Ahnung, dass ich nicht nur keine Frau war, sondern dass das, was als mein Verstand galt, nur ein primitiver Instinkt war. Wie ein Baum oder ein Fluss reagierte ich lediglich auf Wind und Gezeiten.

Das hätte sie erkennen können, aber ihren eigenen Verstand vernebelte das Wissen um eine scheiternde Ehe und das Entschwinden des vielen Geldes, das sie geliebt hatte und für ihre gerechte Belohnung hielt. An ihren Fingern glitzerten immer noch Diamanten, und sie war wöchentliche Kundin im teuersten Schuhgeschäft der Stadt, aber ihr hübsches Gesicht hatte seinen sorglosen Ausdruck verloren und ihr Lächeln erinnerte mich nicht mehr an einen Tagesanbruch.

»Sei am besten in allem, was du tun kannst. Wenn du eine Hure sein willst, ist das dein Leben. Aber sei eine verdammt gute Hure. Mach keine halben Sachen. Alles, was zu haben sich lohnt, ist wert, dass man dafür arbeitet.«

Das war ihre Fassung von Polonius' Worten zu Laertes. Mit diesen Weisheiten ausgerüstet, war ich nun auf dem Weg, meine Zukunft zu erkaufen.

# 8

Der Bahnhof Los Angeles Union Railway Terminal war ein Wunderwerk maurischen und spanischen Prunks. Der allgemeine Wartesaal war riesig, und die Decke wölbte sich zu den Wolken hoch. Lange geschwungene Sitzbänke standen in dunklem hölzernem Glanz, und außerhalb der gebogenen Türen wedelten Palmen an hübschen Spazierwegen mit ihren Kronen. An allen Wänden waren blaue und gelbe Kacheln in munteren exotischen Mustern angebracht.

Es war leicht, unter den aussteigenden Fahrgästen die Leute aus San Francisco auszumachen. Die Frauen aus San Francisco trugen immer und unter allen Umständen Handschuhe. Tagsüber kurze weiße elegante und abends lange schwarze oder weiße aus Ziegenleder. Die Leute aus Südkalifornien und die Touristen waren viel lässiger gekleidet. Die Männer trugen Hawaiihemden, und die Frauen wanderten in Baumwollkleidern umher, die in San Francisco höchstens für ein spätes Frühstück durchgegangen wären, und lümmelten auf den beeindruckenden Sitzbänken.

Da ich aus der Großstadt kam, hatte ich mich für die Reise herausgeputzt. Ein erstklassiges Kleid aus schwarzem Krepp, das sich verzog und fältelte, zwickte und mich einzwängte, bis es eine völlig neue Form angenommen hatte. Für meine Verhältnisse war es teuer und elegant genug für einen Hochzeitsempfang. Meine kurzen weißen Handschuhe hatten während der zehnstündigen Busfahrt ihre morgendliche Frische eingebüßt, und Guy, dessen Unerschöpflichkeit seiner Energie entsprach, hatte das Kleid zu einer ganz neuen Symmetrie verwuschelt, zerdrückt und gebündelt. Er war noch kein Jahr alt, aber eigensinnig. Er wollte unbedingt vom Schoß und zu dem lächelnden Fremden gegenüber und im nächsten Augenblick auf meinen Schoß zurück und sich an der Strassbrosche zu schaffen machen, die den Kragen meines Kleids funkelnd zusammenhielt.

Trotz des zerknitterten Kleids und des Kosmetikköfferchens voll stinkender verdreckter Windeln verließ ich den Zug mit meinem Sohn als Inbild selbstbewusster Würde. In meinem Büstenhalter steckten mehr als zweihundert Dollar in kratzenden Bündeln, in meiner Handtasche weitere siebzig Dollar, und wir besaßen zwei Koffer voll sorgfältig ausgewählter Kleidung. Los Angeles würde merken, dass ich gekommen war.

Meine Tante antwortete auf meinen Anruf.

»Ritie, wo bist du?«

»Wir sind am Bahnhof.«

»Wer ist wir?«

Wie die ganze Familie hatte sie von meiner Schwangerschaft gehört, aber das Ergebnis noch nicht gesehen.

»Mein Sohn und ich.«

Kurzes Zögern, dann: »Nimm ein Taxi und komm her. Ich zahle das Taxi.« Ihre Stimme triefte nicht vor Begeisterung, von mir zu hören, aber die Baxters waren dafür bekannt, keine Gefühle zu zeigen. Außer heftigen Gefühlen.

Der Wilshire Boulevard war breit und glänzte im Regen. Große Gebäude standen hinter winzigen Vorgärten in einer Privatheit, die von Geld und leisen Stimmen und weißen Leuten kündete.

Das Haus an der Federal Avenue hatte nichts Besonderes an sich. Es war ein Musterbild von Mittelklasse-Dezenz.

Ein einstöckiges solide gebautes Gebäude mit drei Schlaf-zimmern, guten haltbaren Möbeln und Stickmustern an den Wänden, die einen ermahnten, »Sei dankbar für dieses Heim«, und warnten, dass »Hochmut vor dem Fall« kommt.

Die Sippschaft hatte sich versammelt, offenbar von meiner Tante benachrichtigt, um meine neue Erweiterung der Familie zu begutachten und mich von ihrer gesammelten Weisheit profitieren zu lassen. Onkel Tommy saß wie immer mit gespreizten Beinen da und brummte: »Hey, Ritie. Hast ein Baby, wie ich seh.«

Guy lag in meinen Armen, redete, gestikulierte und lach-te, und die Bedeutung Onkel Tommys Aussage lag nicht in den Worten. Er hatte mich nur begrüßt und gesagt, obwohl ich ein Kind ohne den Segen der Ehe hatte, werde er jeden-falls weder mich noch den Kleinen ignorieren.

Meine Familie sprach ihre eigene geheimnisvolle Sprache. Die Frauen und Männer meiner Blutsverwandten reichten meinen Sohn herum, als überlegten sie, ihn ihrer Sammlung einzuverleiben. Sie zogen ihm die Schühchen aus und unter-suchten seine Zehen.

»Hat schöne Füße.«

»Hm, hm. Hohen Spann.«

Eine Tante befühlte seinen Kopf und zeigte sich zufrieden. »Runder Kopf.«

»Runder Kopf, wie?«

»Ganz sicher.«

»Das ist gut.«

»Hm, hm.«

Dieses körperliche Merkmal war mehr als ein Schönheits-beweis. Es bewies die Kraft der Blutsverwandtschaft. Jeder Baxter hatte einen runden Kopf.

»Sieht Bibbi ziemlich ähnlich, nicht?« Bibbi wurde meine Mutter von den Verwandten genannt. Guy wurde wieder im Kreis herumgereicht.

»Sicher.«

»Ja. Ich kann sie richtig vor mir sehen.«

»Tja ... aber ist ziemlich hellhäutig, oder?«

»Sicher.«

Sie sprachen alle völlig unaufgeregt bis auf meine Tante Leah. Ihre Kinderstimme stieg und fiel wie Musik aus einer dünnen Rohrpfeife.

»Reetie, du bist jetzt eine Frau. Eine Mutter und all das. Du musst von jetzt an für zwei denken. Du musst dir einen Job suchen –«

»Ich habe als Köchin gearbeitet.« Sie sollte nicht denken, ich wäre gekommen, damit man sich um mich kümmert.

»– und lernen, dein Geld zu sparen.«

Tommys Frau Sarah wickelte meinen Sohn behutsam in seine Decke und reichte ihn mir. Tante Leah stand auf, zum Zeichen, dass die Inspektion beendet war. »Wann fährt dein Zug? Charlie kann dich zum Bahnhof bringen.«

Mein Gehirn raste. Hatte ich den Eindruck gemacht, bleiben zu wollen? Hatten sie etwas gesagt, was ich nicht bemerkt hatte? »In ein paar Stunden. Ich sollte mich auf den Weg machen.«

Wir gaben uns alle die Hand. Ihre Erleichterung war spürbar. Schließlich war ich eine Baxter und hielt mich an die Spielregeln. Unabhängig zu sein. Nichts zu erwarten, und wenn man gefragt wurde, nicht mal einem verkrüppelten Krebs eine Krücke zu geben.

Tom fragte: »Brauchst du etwas Geld, Reet?«

»Nein, danke. Ich hab Geld.« Was ich brauchte, war, aus diesem stickigen Haus wegzukommen.

Meine Onkel und Tanten waren kinderlos bis auf meine spätgeborene Tante Tuttie, und sie waren nicht darauf vorbereitet zu verstehen, dass eine achtzehnjährige Mutter auch ein achtzehnjähriges junges Mädchen sein kann. Sie waren eine verschworene Gruppe von Kämpfern, die keine Nachsicht mit Schwächen und nur Verachtung für Verlierer hatten.

Ich war verletzt, weil sie mich und mein Kind nicht herzlich aufgenommen hatten und weil ich das Ergebnis eines Aufwachsens mit Hollywood-Illusionen und meinen eigenen Fantasien war. Auf der Leinwand hätten sie für mich Schlange gestanden. Und der Gewinner hätte mich in einem reizenden Häuschen mit Jasmin und Rosen im Vorgarten untergebracht. Ich hätte immer hübsche Schürzen getragen, und mein Sohn hätte in der Juniormannschaft gespielt. Mein Ehemann käme nach Hause (er sah aus wie Curly) und rauchte in seinem Zimmer seine Pfeife, während ich Plätzchen für das Treffen der Pfadfinder buk.

Ich war gekränkt, weil nichts davon wahr werden würde. Aber nur zum Teil. Ich war auch stolz auf die Sippschaft. Ich gratulierte mir, dass ich eindeutig die fieseste, herzloseste und verrückteste Familie der Welt hatte.

Onkel Charlie, der Ehemann von Tante Leah, war nie besonders gesprächig gewesen, und auf der Fahrt zum Bahnhof unterbrach er das Schweigen nur ein paarmal.

»Hast ein wirklich süßes Baby.«

»Danke.«

»Gehst nach San Diego, wie?«

»Ja, wahrscheinlich.«

»Na ja, da unten ist dein Vater. Du wärst nicht auf dich gestellt.«

Mein Vater, der sein Leben damit verbrachte, in Mexiko Tequila zu trinken und sich in San Diego als Angeber aufzuspielen, würde mir einen kühleren Empfang bereiten als den, den ich eben erlebt hatte.

Ich würde auf eigenen Füßen stehen. Ich stellte mir vor, wie schön das sein würde.

Ich stellte mir vor, dass ich eines Tages Teil der Familienüberlieferung sein würde. Eines Tages, wenn sie im engen Kreis dasaßen und sich über die Kräche und Kriege, den Stolz und die Vorurteile der Baxters austauschten, wäre mein Name einer der berühmtesten. Ich würde Einsiedlerin werden. Mich von der Welt absondern, meinen Sohn und mich.

Ich hatte ein spannendes Melodram verfasst, dessen Star ich sein würde: pathetisch, herzergreifend, mutterseelenallein. Ich wollte aus den Kulissen hereinflattern, eine kleine Märtyrerin. Es ergab sich nur, dass das Leben mir das Drehbuch wegnahm und mich in einer anderen Rolle besetzte.

# 9

Sind Sie im Gewerbe?«

Die massige Schwarze hätte genauso gut Russisch sprechen können. Sie saß mit dem Rücken zum Fenster, und das Sonnenlicht glitt über ihre Schultern und bildete eine Pfütze auf ihrem Schoß.

»Verzeihung?«

»Das Gewerbe. Mischen Sie da mit?«

Das Zimmermädchen im Hotel hatte mir die Adresse der

Frau gegeben und gesagt, sie hüte Kinder. »Fragen Sie einfach nach Mutter Cleo.«

Sie hatte mich nicht aufgefordert, mich zu setzen, und ich stand mitten in dem vollgestopften Zimmer mit dem Baby auf der Schulter.

»Nein. Bin ich nicht.« Wie kam sie auf die Idee, mich so etwas zu fragen?

»Na ja, aussehen tun Sie aber so. Mit ihrem Gesicht und so weiter.«

»Ich kann Ihnen versichern, dass ich keine Nutte bin. Ich habe als Chefköchin gearbeitet.« Wie die Geringsten es zu etwas bringen können. In Ole Creole Kitchen hätte man sich etwas darauf eingebildet zu wissen, dass man eine Chefköchin gehabt hatte, nicht eine Feld-Wald-und-Wiesenköchin.

»Tja.« Sie sah mich an, als würde sie bald wissen, ob ich sie anlog.

»Und warum dann so viel Puder und Lippenstift?« Am Vormittag hatte ich eine komplette Kosmetikgarnitur gekauft und mehr als eine Stunde damit verbracht, mit Max Factor's Pancake Make-up No. 31 mein Gesicht zu einer Maske zuzukleistern. Ich war zwar der Ansicht, dass ich mich vor Mutter Cleo nicht rechtfertigen musste, wollte andererseits aber auch nicht unhöflich sein. Ich brauchte einen Babysitter.

»Vielleicht habe ich zu dick aufgetragen.«

»Wo arbeiten Sie?«

Es war ein Verhör. Sie traute sich eine Menge. Dachte sie, weil man sie Mutter Cleo nannte, könnte sie sich alles erlauben?

»Der Hi Hat Club sucht eine Kellnerin. Ich will mich bewerben.« Mit dem Make-up wollte ich älter aussehen. Vielleicht war das Einzige, was ich damit erreichte, dass ich billiger aussah.

»Das ist ein guter Job. Mit Trinkgeld ist das ein richtig guter Job. Zeigen Sie mir mal das Baby.«

Sie stand schneller auf, als ich erwartet hätte. Als sie die Hände ausstreckte, stieg eine Wolke duftenden Pudergeruchs auf. Sie nahm das Baby und legte es in ihre Armbeuge. »Er ist hübsch. Schläft noch, wie?«

Vor meinen Augen unterging Mutter Cleo eine Metamorphose. Sie war nicht länger die hässliche fette Menschenfresserin, die mich aus ihrem Sessel bedrohte. Als sie auf den Säugling hinuntersah, war sie der Inbegriff einer Mutter geworden. Ihr Gesichtsausdruck wurde weicher, und ihre Stimme gurrte. Sie fuhr mit ihren ungeschlachten dicken Fingern um sein Mützchen und nahm es ihm ab.

»So jung nehme ich sie eigentlich nicht. Zu viel Sorgen. Aber er ist wirklich niedlich, nicht wahr?«

»Nun ja, wissen Sie –«

»Sie dürfen sowas nicht von ihm sagen, aber es stimmt trotzdem. Und Sie sind fast zu jung für ein Baby. Vermute, dass Ihre Leute Sie vor die Tür gesetzt haben, wie?«

Ihr war aufgefallen, dass ich keinen Ehering trug. Ich beschloss, sie glauben zu lassen, dass ich kein Zuhause hatte. Dann dachte ich mir: »Soll sie glauben, was sie will. Ich habe kein Zuhause.«

»Na gut, ich werd Ihnen helfen. Ich pass auf ihn auf und werd weniger von Ihnen verlangen als von den Weißen.« Ich war schockiert, dass sie auf weiße Babys aufpasste. »Viele weiße Frauen vertrauen ihre Babys lieber mir an als ihrer eigenen Mutter. Viele aus dem Süden, und es gefällt ihnen, dass sie immer noch eine Mammy für ihre Kinder haben. Sehen Sie sie nicht vor sich? Kleine Rotznasen, die später darüber reden, dass sie eine farbige Mammy hatten? Ja?« Sie verzog ihr Gesicht zu Falten, die es hässlich machten. »Aber ich mag Kinder und lass ihre Mommas zahlen. Sie zahlen gut. Egal, wie gern ich die Kleinen hab, wenn eine nicht zahlt, schick ich das Kind nach Hause.«

Ich war mit ihren Bedingungen einverstanden und bezahlte für die erste Woche. Bevor ich ging, wachte der Kleine auf und wehrte sich in ihren Armen. Sie begann ihn zu wiegen, aber das beruhigte ihn nicht. Seine großen schwarzen Augen sahen das fremde Gesicht, und er sah sich nach mir um. Ein leiser Schrei machte sich bemerkbar, bevor er mich sehen konnte. Sobald er sich vergewissert hatte, dass ich tatsächlich da war, brüllte er aus Leibeskräften, wütend, weil ich zugelassen hatte, dass diese fremde Person ihn in den Armen hielt, und vielleicht ein wenig besorgt, ich hätte ihn weggegeben. Ich trat vor, um ihn zu nehmen.

»Lassen Sie ihn weinen.« Mutter Cleo wiegte und schaukelte ihn stärker. »Er muss sich dran gewöhnen.«

»Lassen Sie mich ihn nur für einen Augenblick halten.« Seine Verlorenheit konnte ich nicht ertragen. Ich nahm den weichen Körper in die Arme, küsste ihn und klopfte ihm auf den Rücken, und sofort beruhigte er sich, so wie ein Regenguss abrupt versiegt.

»Sie sind zu nachgiebig. Geschrei machen sie alle, bis sie sich an mich gewöhnt haben.« Sie kam zu mir und streckte die Arme aus. »Geben Sie ihn mir, und kümmern Sie sich um Ihren Job. Haben Sie Windeln?«

Ich nickte in Richtung der Tasche, die ich neben der Tür abgestellt hatte.

»Hush baby, hush baby, hush baby, hush.« Sie hatte zu

singen begonnen. Ich gab ihr das Baby, das sofort zu weinen begann.

»Gehen Sie nur. Er wird sich beruhigen.«

Er schrie lauter, und sein Gebrüll durchschnitt die Luft. Sie sang jetzt ein Lied ohne Worte. Sein Geschrei durchblitzte und durchdrang die dunkle Wolke ihres Gesangs. Ich schloss die Tür.

# 10

Der Nachtclub lag an der Ecke, ein einstöckiges Gebäude, dessen violette Stuckfassade mit Glitzerstaub gesprenkelt war. In dem dunklen quadratischen Innenraum zog sich eine geschwungene Bar im Dämmerlicht von der Tür zu einer kleinen Tanzfläche im Hintergrund. Winzige runde bestuhlte Tische drängten sich aneinander, und rote Glühbirnen verstärkten das Halbdunkel.

Der Hi Hat Club hatte fast etwas zu viel Atmosphäre.

Musik plärrte und waberte und konkurrierte mit den Stimmen der Gäste um die Oberhand. Keine Partei gewann bis auf die paar Sekunden, wenn die Jukebox zwischen zwei Platten still an der Wand stand und ihre grünen, roten und gelben Lichter flackerten wie ein böser Roboter aus einem *Flash-Gordon*-Film.

Die Kunden stammten großenteils aus der Unterwelt, auch wenn es eine Handvoll junger Matrosen darunter gab. Sie waren alle Schieber und Schwindler, erhoben ihre Gläser und ihre Stimmen in der schwülen Luft, die nach Desinfektionsmittel, Parfüm und Schweiß roch, nach Zigaretten und schalem Bier. Die Frauen waren Weltmeister der Sittsamkeit. Keusch saßen sie an der Bar, die Röcke über den Knien, redeten schnell oder schwiegen. Auf der Straße waren sie so alterslos wie ihr Beruf, doch neben den posierenden, schmeichelnden Männern wurden sie zu verschämten jungen Mädchen. Kätzchen, die schnurrten, wenn man sie streichelte.

Ich beobachtete sie und verstand. Ich sah sie und wurde neidisch. Sie hatten eigene Männer. Natürlich bezahlten sie sie. Sie öffneten ihre Körper und entsorgten ihre Würde auf einem Haufen samengefüllter Kondome. Aber sie hatten Männer.

Am späteren Abend mischten sich Ladendiebe und anderes Gelichter unter die nächtliche Kundschaft, machten Geschäfte, handelten, pflegten Kontakte und nahmen Aufträge entgegen.

»Hab zwei Anzüge von Roos. Bros. Größe achtunddreißig. Schwarz. Nadelstreifen und niggerbraun. Etikett besagt, einundneunzig Dollar ... Sind beide Ihre für einen Dollar fünfzig.«

»Gelman-Schuhe. 1A. Ein Paar. Magnin-Kleider. Ihre Frau wird Aufsehen erregen, wenn sie das anhat. Für Sie vier Kleider für einen Zweier.«

Abhängig von den Einnahmen des Abends und von der einschmeichelnden Art des Mannes bekamen die Diebe von den Zuhältern Geld, das sie von den Frauen bekommen hatten, die sie beschützten, indem sie sich vor ihnen hinlegten und nach ihnen aufstanden.

Die Kellnerinnen waren allesamt die uninteressantesten Bewohner des Clubs. Sie waren meistens langweilige verheiratete Frauen, die sich zwischen den farbenprächtigen Kunden wie Nacktschnecken zwischen Schmetterlingen ausnahmen. Die Männer zeigten kein Interesse an ihnen, was mich zu dem Schluss verleitete, dass die Tugend in einer Lasterhöhle am sichersten gewährleistet ist.

Ich war jünger, aber nicht interessanter als meine Kolleginnen, und die schicken Männer warfen mich mit ihnen in einen Topf und nahmen keine von uns zur Kenntnis.

Ich hatte keine Gelegenheit, ihnen zu beweisen, wie schlau ich bin, weil so etwas durch die Sprache vermittelt wird und ich ihre Sprache noch nicht gelernt hatte. Aus ihrem Mangel an Interesse schloss ich, dass clevere Frauen Nutten seien und dumme Frauen Kellnerinnen. Andere Kategorien gab es nicht.

Einen guten Monat lang säuberte ich Aschenbecher, servierte Getränke und hörte den Gesprächen zu. Mein Trinkgeld war gut, weil ich schnell arbeitete und ein gutes Gedächtnis hatte.

»Scotch and Milk für Sie, Sir?«

»Richtig, kleines Mädchen, du hast ein gutes Gedächtnis.« Obwohl er mich nie ansah, gab er einen Dollar Trinkgeld.

In meiner ersten Woche in San Diego hatte Mutter Cleo mir gesagt, sie vermiete ein Zimmer. »Ich sehe, dass du ein braves Mädchen bist und jeden Tag nach deinem Baby sehen kommst und so weiter, und mein Mann und ich, wir sind bereit, dich hier bei uns wohnen zu lassen. Das Zimmer macht fünfzehn Dollar die Woche. Mit einer neuen Schlafzimmerausstattung, und wenn du ein Gummituch auf das Bett legst, kann das Baby bei dir schlafen.« So wurde ich Zimmergast bei Mr Henry und Mrs Cleo Jenkins.

Mein Leben nahm ein gemächliches Tempo an. Ich entdeckte ein Studio für modernen Tanz, wo eine langhaarige

Weiße eine bunte Mischung von Marineehefrauen unterrichtete.

Ich arbeitete von sechs Uhr (halb sechs, um die Tische einzudecken, Wechselgeld zu besorgen und mein Tablett mit Servietten und Streichhölzern vorzubereiten) bis um zwei. Eine Kellnerin, deren Ehemann sie jede Nacht abholte, ließ mich mitfahren. Ich schlief lange, wachte gegen Mittag auf und frühstückte und spielte mit meinem Baby.

Er amüsierte mich. Als Person konnte und wollte ich ihn nicht wahrnehmen. Als eigenständige Person. Er war mein Baby, eher wie eine hübsche lebende Puppe, die mir gehörte. Ich war zu jung und als Mensch zu unerfahren, um ihn als menschliches Lebewesen zu begreifen. Ich liebte ihn. Er war niedlich. Er lachte viel und gurrte, und er gehörte mir.

## 11

Allmählich interessierte ich mich für zwei Frauen, die jeden Abend kamen. Beide waren knapp unter dreißig, und jede für sich hätte nicht viel Aufmerksamkeit erregt. Johnnie Mae war dünn, größer als der Durchschnitt, mit dunkelbrauner Haut. Ihr langer Kiefer hing nach unten, was sie traurig wirken ließ, selbst wenn sie lachte. Sie trug fuchsienroten Lippenstift und hatte oft rosa Spuren an ihren langen weißen Zähnen.

Beatrice war so füllig wie eine Frucht vor dem Reifen. Eine untersetzte gelbliche Frau, deren Rolle zu sein schien, bei Johnnie Maes unwitzigem, aber lautem Humor ein ernstes Gesicht zu wahren.

Dass die Zuhälter und Kuppler sie in Ruhe ließen, zeugte vom Geist der Toleranz in der schwarzen Gemeinschaft gegenüber Leuten, die ein Leben abseits der Norm führen. Obwohl sie erkennbar keine Schwestern waren, kleideten sie sich identisch und sprachen nie mit jemandem außer miteinander und mit mir.

»Guten Abend, meine Damen. Zwei Tom Collins, nehme ich an.« Ich war demokratisch und behandelte jede Dame gleich.

»'n Abend, Rita. Richtig.« Ihre Freizeit mussten sie damit verbracht haben, vor dem Spiegel zu üben. Ihre Stimmen klangen gleich, und sogar ihr Gesichtsausdruck spiegelte sich im Gegenüber.

»Ganz schön was zu tun heute Abend, wie?« Die Frage erforderte keine Antwort. Mein Tablett war immer voll mit neuen Drinks, schmutzigen Aschenbechern oder leeren Gläsern.

»Wann kommst du uns mal besuchen?« Sie lächelten einander an und warfen mir ihre schlauen Blicke zu.

»Na ja, ich muss immer arbeiten, das wisst ihr.«

»Ja, aber du hast einen freien Tag. Du hast gesagt, du hättest hier keine Freunde.«

»Ich werd drüber nachdenken. Macht bitte zwei Dollar.«

Lesben fand ich zwar noch immer interessant, aber ich fühlte mich ihnen gegenüber nicht mehr zärtlich beschützend: Mit fünfzehn hatte ich mich fast ein Jahr lang mit der ungerechten Behandlung von Hermaphroditen durch die Gesellschaft beschäftigt. Ich machte mir Sorgen über die Lage von Lesben, zu der Zeit, als mich die Furcht heimsuchte, ihr Los könnte mir bevorstehen. Ihre Bedeutung für mich hatte sich im unmittelbaren Verhältnis dazu verringert, dass ich feststellte, diese Gefahr drohe mir nicht.

»Johnnie Mae hat gestern was Nettes für dich gekauft.«

»Sicher doch.«

»Eine Geburtstagsüberraschung.«

»Aber ihr kennt meinen Geburtstag nicht.«

»Deshalb ist es ja eine Überraschung.«

Ihr Gelächter überschnitt sich, und ich musste einstimmen. Gäste an anderen Tischen mussten bedient werden, aber die zwei Frauen ließen sich nicht aus meinen Gedanken vertreiben, während ich mich durch den Raum schlängelte. Sie waren nicht bedrohlich, und sie waren lustig.

»Wir kaufen eine Flasche Dubonnet« – Beatrice sprach das Wort »Duu Bonnet« aus – »für dich, und ich koche. Am Sonntag hast du frei. Besuch uns, und ich brate einen Sonntagsvogel.«

»Und einen Schinken können wir auch essen.«

»Wir drei allein? Brathuhn und Schinken?« Das war eine Menge Essen.

»Niggerschinken. Eine Wassermelone.« Ihr knisterndes Gelächter vereinigte sich über dem Tisch in der Luft.

»Sonntags gehe ich mit meinem Baby raus.«

Darüber dachten sie nach, während ich die anderen Gäste bediente.

»Du kannst es mitbringen.«

»Ich überleg es mir.«

An der Bar schürzte eine Kellnerin mit dicker Taille, die mich noch nie zu sich nach Hause eingeladen hatte, ihre Oberlippe.

»Sei lieber vorsichtig.« Sie sandte einen feindseligen Blick zu Johnnie Maes Tisch.

»Warum?« Ich wollte sie sagen hören, was sie meinte.

»Diese Frauen. Weißt du, was sie sind?« Ihre Stimme klang nun tief und verschwörerisch.

»Und was?«

»Na, KV, Bassgeigen eben.«

»Ach, wirklich?«

»Du weißt alles über Bassgeigen, oder?« Ihrer Miene war anzusehen, wie sehr ihre Zunge das Wort genoss.

»Sie spielen Kontrabass?« Für einen Augenblick war sie sich nicht sicher, ob ich sie auf die Schippe nehmen wollte.

»Sie lieben Frauen.«

»Ach, ist das alles? Das stört mich nicht. Vor denen hab ich keine Angst. Sie können mich nicht auffressen.« Ich ließ mein Tablett auf dem Tresen stehen und lief zu dem Tisch der beiden.

»Also Folgendes. Ich bin keine ... keine ... keine Lesbe, und ich will auch keine sein. In Ordnung?«

Ihre Mienen erstarrten. Johnnie Mae fragte: »In Ordnung was?«

Plötzlich schämte ich mich. »Ich will sagen, ich würde euch gerne am Sonntag besuchen. Aber ... was ich sagen wollte, ich will, dass ihr wisst, dass ... ich nicht auf dieser Schiene fahre.«

Sie schwiegen, Aufziehspielzeug, dessen Mechanismus kaputtgegangen war. Ich wünschte, ich könnte meine Worte zurückholen und verschlucken.

»Gebt mir eure Adresse.« Ich hielt ihnen meinen Stift hin. Johnnie Mae nahm ihn und reichte ihn Beatrice.

»Wie viel Uhr am Sonntag?« Ich musste etwas in die Leere sagen. Beatrice schrieb.

»Zwei Uhr. Wenn wir aus der Kirche kommen«, sagte Johnnie Mae und gab mir das Blatt Papier.

»Okay. Dann sehen wir uns ja bald.« Ich wollte leichtfertig sein, witzig sein, etwas sagen, was die Traurigkeit aufhob, aber mir fiel nichts ein. Ich nahm mein Tablett und ging wieder an die Arbeit.

# 12

Auf den Gehsteigen, wo die Nachtschwärmer sich an Samstagabenden tummelten, gehörten die Sonntagnachmittage den Gläubigen. Sie füllten die Straßen in großer Zahl, wobei einzelnen strahlenden Mienen noch anzusehen war, dass sie vor Kurzem mit Gottvater kommuniziert hatten. Die meisten plauderten vertraulich, begutachteten die Sonntagsgottesdienstkleidung der anderen und sonderten sich dann von der Menge ab, um nach Hause zu eilen.

Erwachsen zu werden, Verantwortung zu übernehmen, planen zu müssen und sich wie eine Erwachsene zu benehmen, hatte auch gewisse Vorteile. Einer, den ich jede Woche schätzte, war die Freiheit, sonntags lange zu schlafen. (Irgendwie war es im Bett am Sonntagmorgen kuscheliger als an den Wochentagen.) Ich liebte die seelenerweckenden Lieder und war voller Teilnahme für die Inbrunst des Geistlichen. Aber drei Stunden oder länger in engster Verbundenheit mit schaukelnden Fremden gefangen zu sein, war nicht bekömmlich für mein Seelenheil.

Ich schlängelte mich durch die Kirchenbesucher, lauschte und hörte:

»Mann Gottes hat heute wahre Worte gesagt.«

»Ja, Kind, das ist wahr. Das hat er.«

»Er hat heute Morgen zu meiner Seele gesprochen.«

»Ja, so ist es. Auch zu meiner.«

»Wie herrlich, in das Haus unseres Herrn zu gehen.«

»Ja, so ist es.«

Die Worte schwebten wie hübsche Bänder durch die Luft und gehörten mir.

Ich verstand sie alle. Ich war Teil dieser Menge. Mein südstaatliches Aufwachsen und meine Geburt als Schwarze bedeuteten, dass ich für den Rest meines Lebens zu dieser rechtschaffenen Bande gehörte und immer gehören würde, ob ich je wieder die Kirche besuchte oder nicht.

Das kleine weiße Haus hockte viereckig auf einem Hof mit Lehmboden. Ein paar Rosen mühten sich vergeblich, an einem Maschendrahtzaun zu wachsen.

Johnnie Mae öffnete die Tür, und ihrem angestrengten Lächeln las ich ab, dass meine unverblümten Worte von neulich vielleicht vergeben, aber nicht vergessen waren.

Beatrice kam aus dem hinteren Bereich des Hauses und stellte sich neben Johnnie Mae. Beide redeten gleichzeitig.

»Du bist gekommen. Hätten wir nicht geglaubt. Wir sind gerade vom Gottesdienst zurück. Haben uns nur umgezogen.« Sie trugen identische weiße T-Shirts und enganliegende Caprihosen.

In den Städten im Süden feierten am Samstagabend die Leute, die meine Großmutter »weltlich« nannte, während die »Gottesfürchtigen« sonntags in kühlen Wohnzimmern Gäste bewirteten oder bewirtet wurden. Diese Sitte hatten die Schwarzen mit ihrer weichen Sprache und ihren altgewohnten Kochrezepten in den Norden mitgebracht. Da meine Gastgeberinnen und ich aus dem Süden kamen, rechnete ich damit, an einem überladenen Tisch zu sitzen und mich in Lobeshymnen zu ergehen, während ich genötigt wurde, »nur noch ein bisschen mehr« zu essen.

»Komm rein. Mach's dir gemütlich. Hast hoffentlich noch keinen Kohldampf. Ich fang gleich an zu kochen.« Sie waren genauso nervös wie ich. Ich trat in das winzige Zimmer und fühlte mich sofort zu groß für den Raum.

»Dachten, du würdest den Kleinen mitbringen.«

»Er hat geschlafen. Ich geh früh zurück und mach einen Spaziergang mit ihm.« Das sollte meine Ausrede dafür sein, dass ich bald aufbrechen wollte.

»Tja, und wie findest du unser Haus?« Ich hatte noch keine Gelegenheit gehabt, mich umzusehen. Mir fiel auf, dass die Wände kahl waren und es keine Bücher gab, aber Möbel im Überfluss. Ein unförmiges altersschwaches Sofa voller Kissen zwängte den passenden Sessel in eine Ecke. Zwei weitere große Sessel standen eher notgedrungen als zufällig bombastisch an der anderen Wand. Auf zwei Sofatischchen standen kleine gläserne Lampen mit gerüschten Lampenschirmen. Die Sachen brauchten die ganze Luft auf.

»Komm schon, schau dir den Rest an, bevor du dich ausruhst.« Johnnie Mae führte mich stolzgeschwellt in ein Schlafzimmer, während Beatrice in die Küche zurückging.

»Hast du schon mal in einem runden Bett geschlafen?« Das hatte ich nicht, und ich hatte auch noch nie eines gesehen. Es wirkte nicht einladend, obwohl eine blaue Satintagesdecke es bedeckte, die sich seinen Rundungen anschmiegte.

»Wenn Beatrice ihre Tage hat, schläft sie hier.« Ich folgte ihr in eine mönchische Kammer. Ein kleines Bett und eine alte Kommode waren die einzigen Möbel. Keine Lampen, keine Spitzendeckchen.

»Ihre Tage?« Ich war bei weitem nicht so neugierig, wie mir unbehaglich zumute war.

Johnnie Mae sagte: »Ihre Monatsblutungen. Ich krieg keine mehr. Wurde operiert. Hätte sie nicht solche Angst vor Kliniken, hätte sie das auch machen lassen.«

»Eine Operation?« Ich war jung, aber auch dumm.

»Hab mir die Eierstöcke und den ganzen Kram rausnehmen lassen; Bee sollte das auch tun. Schließlich hab ich nicht vor, ihr Kinder zu machen, oder?« Sie zwinkerte mir verschwörerisch zu. Wahrscheinlich habe ich zurückgezwinkert. Ich weiß es nicht mehr. Ich dachte nur über meine Blödheit nach, die mich in diese Lage gebracht hatte. Mein unendlich großzügiger, vorurteilsloser Geist, der mich mit zwei Lesben von sehr speziellem Humor in Teufels Küche gebracht hatte.

»Schön hier. Euer Haus ist wirklich sehr schön. Ich will sagen, es spiegelt euren Geschmack und eure Persönlichkeit. Ich sage immer, wenn man eine Frau kennen will – ich meine, eine Person –, dann muss man ihr Haus gesehen haben. Ich will dir was erzählen ...« Ich wusste, dass Worte trotz des alten Sprichworts nie ihre Wirkung verfehlen. Und meine Lektüre hatte mich mehr als ausreichend mit Wörtern versorgt. Ich konnte ganze Passagen von Shakespeare, Gedichte Paul Lawrence Dunbars, von Kiplings *If*, von Countee Cullen, Langston Hughes, aus Longfellows *Hiawatha* und von Arna Bontemps zitieren, was ich oft allein oder für mein Baby tat. Zweifellos verfügte ich über genug Worte, um einen unbehaglichen Augenblick zu überbrücken. Notfalls genügten sie für mehrere Stunden.

Zurück auf dem stacheligen Sofa bot Johnnie Mae mir Dubonnet an. Ich hielt das Glas zähflüssigen süßen Weins wie einen Schutz. Da ich dachte, sie könnte mich verprügeln, falls ich versehentlich den Wein auf ihrem Sofa verschüttete, hielt ich das Glas wie einen Schild vor mir.

»Beatrice, komm mal her. Du bist doch nicht an den Backofen gekettet.« Sie sah mich an und hob ihre dicken Augenbrauen. Johnnie Mae hatte die entnervende Angewohnheit, jeden, mit dem sie sprach, zu einem Mitverschwörer zu machen. Ich hob ebenfalls die Augenbrauen, als wüsste ich, worum es ging. Beatrice kam zu uns, das Gesicht von Schweißperlen bedeckt.

»Na, Baby, du willst doch kein schwarzes Hühnchen, oder?« Beatrice scherzte. Und flirtete.

»Wenn das Hühnchen schwarzer wird als du, muss ich dir da unten die Leviten lesen.« Sie waren ein Team von Komikern. Hätte ich diesen Wortwechsel im Club zu hören bekommen, hätte ich in ihr Gelächter eingestimmt, aber in dem vollgestopften Zimmer kauernd und überwacht, konnte ich daran nichts Lustiges finden. Ich lachte.

»Komm her, meine Süße.« Beatrice gehorchte und stand wie ein kleines Knubbelchen vor Johnnie Mae.

»Bück dich.« Johnnie Mae hob Beatrice' Kopf, und die Lippen der beiden begegneten sich. Ich sah zu und sah, wie ihre Zungen sich abwechselnd in ihre Münder schlängelten. Leidenschaftliche Küsse zwischen Frauen und Männern hatte ich bisher nur im Kino gesehen. Die beiden lösten sich voneinander und warfen mir eingeübte Blicke zu. Eine Sekunde lang war es mir peinlich, dass man mich beim Zusehen erwischt hatte, und in der nächsten Sekunde wusste ich, dass sie das gewollt hatten. Selbst nachdem ich ihnen gesagt hatte, dass das alles für mich nichts war, dachten sie, der Anblick küssender Frauen könne mich erregen.

Ich ärgerte mich über ihre Dummheit, aber noch mehr darüber, dass sie mich falsch einschätzten. Wenn sie es gewusst hätten, könnten sie sich splitternackt ausziehen und mit dem Hintern wackeln, während ich mit gekreuzten Beinen dasaß und den Dubonnet süffelte.

Beatrice' Gelächter erklang über ihre Schulter, als sie in die Küche zurückeilte. Johnnie Mae warf mir einen Blick zu und versuchte mich mit ihrem Augenzwinkern zur Komplizin zu machen.

»Beatrice würde ein Kaninchen dazu bringen, mit einem Jagdhund zu schmusen.« Sie grunzte wie ein Schwein.

Weil Lachen die harmloseste Unterhaltung in diesem Haus zu sein schien, lachte ich und sagte: »Wo arbeitet ihr beide?«

»Hier, an Ort und Stelle. Flach auf dem Rücken.« Denen war offensichtlich nichts peinlich. »Wir machen es beide die ganze Nacht einmal in der Woche. Kommt auf zweihundert Dollar. Davon kann man gut leben.« Sie deutete auf das Sofa und die Sessel. »Wie du sehen kannst.«

Lesbische Nutten! Taten sie es mit Frauen? Das hätte ich zu gerne gewusst. Und wo gabelten sie die auf? Ich hatte noch nie von Frauen gehört, die andere Frauen anmachten, aber sicher gingen sie nicht mit Männern ins Bett. Ich suchte nach einer Möglichkeit, meine Frage zu stellen.

Johnnie Mae sah sich im Zimmer um, und ihr Blick zählte liebevoll die zahlreichen Möbelstücke. Dann beendete ihr Kopf seinen Halbkreis, und ich befand mich wieder in ihrem Gesichtsfeld.

»Wir müssen bald umziehen, weißt du?« Das war eine alberne Frage. Weder wusste ich es, noch interessierte es mich. Und hätte ich Zeit gehabt, darüber nachzudenken, hätte ich es wahrscheinlich für eine gute Lösung gehalten.

»Der Vermieter kann uns nicht ausstehen. Er ist Geistlicher, wie er behauptet. Aber der wahre Grund ist, dass sein

Sohn eine Schwuchtel ist. Rennt in Frauenkleidern rum, und deshalb kann der alte Idiot keine Leute vom anderen Ufer ausstehen.« Sie grinste fröhlich bei dem Gedanken an das Unglück des alten Mannes. »Hab ich ihm auch gesagt, dem alten Idioten.« Sie zuckte mit den Schultern. »Wir finden schon was anderes. Aber ich zieh nicht gerne um. Schließlich haben wir die Zimmer selbst gestrichen.« Die Wände im Wohnzimmer waren zitronengelb gestrichen. »Das Haus haben wir unser Flitterwochenhäuschen genannt. Beatrice hat die Rosen gepflanzt.«

Ich hatte den Eindruck, dass erwartet wurde, ich würde etwas sagen. Etwas wie: »Ihr habt mein tiefstes Mitgefühl.« Aus irgendeinem Grund musste ich in diesem Augenblick an Curly denken, und die zwei Frauen taten mir tatsächlich leid.

»Nigger sind mir zuwider. Und männliche Nigger noch viel mehr.« Vielleicht dachte sie an ihren Vermieter, aber mir war, als könnte sie meine Gedanken lesen und wäre so dreist, Curly zu meinen. Meine Sympathie hatte sie sowieso schon verloren. Ich verabscheute das Wort »Nigger« und konnte es nie für eine Freundlichkeit halten, egal, wer es benutzte.

»Jetzt sag mir was. Wir haben uns über dich gewundert. Wie kommt es, dass du als Kellnerin arbeitest? Du sprichst so gutes Englisch, da musst du doch einen Abschluss haben.«

»Ja, hab ich.« Mein Schrecken presste die Worte hinaus.

»Du meinst, du hast die Highschool abgeschlossen?«

»Ja.«

»Und arbeitest als Kellnerin?«

»Na ja, ich kann weder Schreibmaschine schreiben noch Steno oder –«

»Das erinnert mich an Beatrice.« Sie rief: »Beatrice,

komm her.« Ich fürchtete, wieder eine Kussarie mitansehen zu müssen.

Beatrice stand an der Tür zum Wohnzimmer. »Was ist los?«

Johnnie Mae war nicht zum Scherzen aufgelegt. »Bee, Rita ist genau wie du. Sie hat die Highschool absolviert.«

Beatrice, die wusste, dass das keine Großtat war, sagte: »Ach, wirklich? Hast den Abschluss geschafft?«

Johnnie Mae antwortete an meiner Stelle. »Klar hat sie das. Und arbeitet als Kellnerin.« Ich wollte es erklären, aber sie unterbrach mich. »Beatrice war in der Armee. Gefreite.« Es fiel schwer zu glauben, dass all dies weiche Fleisch in eine Armeeuniform gepasst hatte. »Und nach der Entlassung hat sie sich Arbeit gesucht. So haben wir uns gefunden. Im Haus einer reichen alten Frau. Bee war die Köchin und ich die Haushälterin. Ich musste nur einen Blick auf Bee werfen, um sie für immer zu behalten.«

Pause und dann lautes Gelächter.

## 13

**E**in bisschen Gras vor dem Essen.« Das war ein Befehl von Johnnie Mae, keine Einladung. Sie wandte sich an mich.

»Magst du Gras?«

»Ja. Ich rauche.« In Wahrheit hatte ich seit mehr als einem Jahr Zigaretten geraucht, aber noch nie Marihuana. Aber da ich in aller Unverfrorenheit im Schneidersitz im Haus von Lesben saß und Süßwein süffelte, dachte ich mir, ich hätte die Nerven, etwas Gras zu rauchen. Außerdem war ich bereit, alles andere, was sie mir anbieten konnten, abzulehnen, und deshalb dachte ich, dass ich das Haschisch nicht gut ablehnen konnte.

Beatrice legte eine Tabakdose und Zigarettenpapier auf den Tisch.

»Willst du rollen?« Johnnie Mae war entgegenkommend.

»Nein danke. Ich kann es nicht so gut.« Losen Tabak und Zigarettenpapier hatte ich nicht mehr gesehen, seit ich vor fünf Jahren den Süden verlassen hatte. Mein Bruder und ich hatten für meinen Onkel klumpige Zigaretten mit einer kleinen handbetriebenen Maschine gerollt, wenn er keine fertigen Zigaretten mehr hatte.

Johnnie Mae nahm das Papier und begann das Marihuana geschickt zu verteilen. Ich wollte nicht zu neugierig wirken, als die Tabakkrümel in den kleinen Trichter des Papiers fielen.

»Ich würde gerne auf die Toilette gehen.«

»Klar. Du weißt, wo sie ist.«

Ich sprach mit dem Spiegel im Bad. »Du musst nicht nervös sein. Du kommst aus der Sache raus. Bist du nicht immer aus allem rausgekommen? Marihuana macht nicht süchtig. Tausende haben es geraucht. Indianer und Mexikaner, und es hat ihnen nicht geschadet. Wasch dir die Hände« – sie waren feucht – »und geh in das Wohnzimmer zurück. Behalt die Nerven. Die Nerven.«

Ich inhalierte den Rauch so unbekümmert, als wäre die kleine braune Zigarette in meiner Hand eine normale.

»Nein, nein. Nicht das Gras vergeuden. Gib mal her.« Sie riss die Zigarette an sich und machte Geräusche wie jemand, der Tee aus der Untertasse schlürfte.

»Aber mir passt es so besser.« Störrisch bis zuletzt.

»Na gut, dann versuch es so.« Wieder das rasselnde Geräusch.

»In Ordnung. Mach ich.« Ich atmete tief ein und hielt die Zunge am Gaumen, sodass der Rauch auf dem Weg von meinen Lippen in die Kehle keinem Hindernis begegnete. Er verbrannte mir die Haut der Mandeln, ließ meine Nasenhöhlen brennen wie mit Chili und erstickte mich schier. Während ich röchelnd hustete, lachten die zwei dummen Weiber. Sie saßen da mit ihren albernen Runzeln auf dem Gesicht, während ich mich zu Tode hustete. Wollten sie nichts für mich tun? Nein. Beatrice rettete den Joint und sog den Rauch ein, pustete ihre dicken Backen auf bis zum Platzen, während ihre Liebhaberin damit beschäftigt war, eine weitere Rolle brennenden Feuers vorzubereiten.

Bis der Husten langsam nachließ, hatte ich beschlossen, mich an ihnen zu rächen. Sie waren Lesben, was schlimm genug war, aber sie waren auch rücksichtslose, dämliche Kühe. Ich griff wieder nach dem Marihuana.

Das Essen war das beste Essen, das ich je gegessen hatte. Jeder Bissen war eine Erfahrung reinsten Entzückens. Ich verlor mich in einem Nebel sinnlichen Vergnügens, genoss nicht nur den Geschmack der Speisen, sondern auch das Gefühl der Speisen in meinem Mund, die Gerüche und das Geräusch meines Kauens.

»Die kann futtern. Das ist ihre dritte Portion.«

Ich blickte auf und sah die zwei Frauen, die mich ansahen und lachten. Ihre Gesichter schienen fast nur aus Zähnen zu bestehen. Weiße Zähne, die sich hinter dunklen Lippen drängten. Sie waren verstörend hässlich, aber dennoch war es auf gewisse Weise komisch. Sie hatten keine Vorstellung davon, wie sonderbar sie aussahen. Ich lachte über ihre Ignoranz, und sie lachten mit, dachten wahrscheinlich, ich lachte über meine Ignoranz. Wenn ich mich daran erinnerte, dass sie bereit gewesen waren, mich ersticken zu lassen, und dass ich geschworen hatte, es ihnen heimzuzahlen, liefen mir die Tränen die Wangen hinunter. Das war wirklich zu komisch. Sie wussten nicht, was ich dachte, und ich wusste nicht, auf welche Weise ich mich rächen wollte.

»Jetzt ein bisschen Musik.« Beatrice stand auf. Wie durch Magie waren wir wieder in dem schäbigen Wohnzimmer. Johnnie Mae stand am Plattenspieler und legte Schallplatten auf. Als die erste Platte zu spielen begann, wandte sie sich an mich. »Du hast gesagt, du hättest Tanzen studiert. Tanz uns was vor.« Lil Greens Stimme plärrte den kummervollen Songtext:

*In the dark, in the dark, I get such a thrill*
*when you press your fingertips upon my lils.*

Ich konnte ihnen nicht erklären, dass ich es nicht gewohnt war, zu dieser Art Musik allein zu tanzen. Im Ballettunterricht hatte ich Dehnungen, Streckungen, Pliés und Relevés zu Prokofjew, Tschaikowsky und Strawinsky geübt.

Bei geselligen Veranstaltungen war es üblich, ein Kind oder sogar einen Erwachsenen aufzufordern, etwas darzubieten. Man erwartete von der talentierten Person, ihre Gabe mit anderen zu teilen. Wer singen konnte, wurde gebeten, »ein kleines Lied für uns« zu singen, und wer ein gutes Gedächtnis hatte, für den hieß es: »Sag ein Gedicht auf!« Im Haus meiner Mutter hatte ich oft vorführen müssen, was ich im Ballettunterricht lernte. Die überladenen Stühle wurden zurückgeschoben, und ich tanzte auf der frei gewordenen

Fläche. Ich summte unhörbar und ging akkurat von der ersten Position in eine wirbelnde Arabeske über. Mutters Gäste setzten ihren Whiskey mit Soda ab, um mir zu applaudieren.

Ich beschloss, für meine Gastgeberinnen zu tanzen. Die Musik wurde schwermütig, wiegte sich, lockend und dann wieder abweisend. Mein Körper überließ sich dem Klang, drehte sich und beugte sich in dem winzigen Zimmer. Formen und Umrisse verflossen, bis mir zumute war, als befände ich mich in einer Kohlezeichnung oder einem sepiafarbenen Aquarell.

Als die Schallplatte endete, blieb ich stehen. Die zwei Frauen saßen auf dem Sofa. Ernste Mienen.

»Das war gut. Stimmt's, Schätzchen?«

»Stimmt.«

»Tanz mit Beatrice. Stört mich nicht. Na los. Beatrice, tanz mit Rita.«

Ihre Stimme war wieder im Befehlston. Das Letzte, was ich wollte, war, mit einer Frau zu tanzen. Johnnie Mae stand auf und spielte das Lied von Lil Green wieder ab, und Beatrice trat nah an mich heran. Sie legte einen Arm um mich und ergriff meine rechte Hand, als wollten wir Walzer tanzen. Sie war nicht nur dick und weich und einen Kopf kleiner als ich, sondern ihre großen Brüste scheuerten an meinem Bauch. Sie steckte ihren Oberschenkel zwischen meine Knie, und wir taumelten im Zimmer herum.

Das war die äußerste Beleidigung. Mein Zorn würde sich über diese starrköpfigen lüsternen alten Hexen ergießen. Sie konnten mich nicht so behandeln und damit durchkommen.

»Richtig so, Beatrice, und jetzt die Rückbeuge.« Die Frau tat einen unorthodoxen Tanzschritt, beugte sich zurück und zog mich mit. Fast wäre ich auf sie gefallen. Zum Glück endete die Musik nach einer Zeitspanne, die mir wie tausend Stunden vorkam, und ich durfte zu dem Sofa zurückgehen.

»Ihr seht gut zusammen aus. Beatrice kann wirklich tanzen, stimmt's? Komm her, Schätzchen, und gib mir einen Kuss.«

Ich stand auf und machte Platz für Beatrice.

»Nein. Bleib ruhig sitzen.« Sie nahm Beatrice in die Arme, deren Gesichtsausdruck von völliger Unterwerfung kündete.

»Muss wieder auf die Toilette.« Die geistige Maschinerie sollte ihre Arbeit tun. In der Toilette kam mir ein Gedanke. Sie waren Huren. Warum sie nicht in dem Beruf ihrer Wahl ermutigen? Soweit ich wusste, können Huren nie genug Geld verdienen, und da sie so wenig Geld hatten, putzte ich meine frischgebackene Kreation heraus und nahm sie ins Wohnzimmer mit. Ich fragte, ob wir die Musik leiser stellen konnten, weil ich etwas sagen wolle.

»Rita will reden.« Sie lösten sich aus ihrer Umarmung. Garstige Geschöpfe.

»Ich dachte mir gerade, ich könnte euch helfen, dieses Haus zu behalten. Es gefällt euch so gut, und ihr habt es so hinreißend eingerichtet, dass es eine Schande wäre, wenn ihr es verlieren müsstet.«

Vor Zustimmung wurden sie beinahe rührselig.

»Nun ja, ich könnte es mieten, und ihr könntet hierbleiben.«

»Heißt das, dass du die Miete zahlst und wir sie dir bezahlen?«

»Nein. Ich miete das Haus auf meinen Namen und lass Strom und Gas auf meinen Namen registrieren. Und ich zahle alles. Und drei- oder viermal in der Woche bleibt ihr hier und besorgt es am Abend den Freiern.«

Beatrice' albernes Stimmchen beschwerte sich: »Willst du aus unserem Zuhause ein Bordell machen?«

Na ja, Huren wohnten hier und es war ein Haus. »Ist euch klar, dass ihr ein eigenes Haus kaufen und es genauso einrichten könnt wie dieses hier, wenn das Gewerbe floriert?«

»Wie sollen wir an die Freier kommen?« Immer pragmatisch, unsere Johnnie Mae.

»Wir besorgen uns weiße Taxifahrer und beteiligen sie an den Einnahmen.« Mein Gehirn ratterte dahin wie ein Zug nach Santa Fe. Tutend und pfeifend. »Denen kann man die Tageszeiten sagen, zum Beispiel zwischen zehn und zwei Uhr nachts. Und wenn es jedes Mal zwanzig Dollar gibt, bekommen sie einen Fünfer und wir teilen uns den Rest. Sieben Dollar fünfzig für euch, sieben Dollar fünfzig für mich.«

»Wir wollen keine Huren sein, keine Fulltime-Huren.« Die alte dicke kleine Beatrice hatte schon die Hosen voll. Was hatte sie in der Armee getan? Junge Mädchen verführt?

»Vier Tage in der Woche Freier bedienen ist kein Fulltime-Job«, sagte ich. »Und wenn ihr erfolgreich seid, könnt ihr in einem halben Jahr aussteigen. Euch ein kleines Haus kaufen. Oder sogar ein größeres.« Und noch mehr Schrott hineinstopfen.

Johnnie Mae sah mich misstrauisch an. »Wann hast du dir das alles ausgedacht?«

»Na ja, ich wollte schon länger in ein Geschäft einsteigen. Deshalb habe ich Geld gespart. Ich hatte an einen Burger-Imbiss gedacht, aber dieses Haus hier ist perfekt geeignet.« Und sie waren es auch. »Wenn wir alle drei sparen, ist euch dann klar, dass wir in einem Jahr ein Restaurant eröffnen können? Beatrice als Chefköchin. Du und ich als Geschäftsführerinnen.«

Jetzt hatte ich sie am Haken. »Ich hatte einen kleinen Laden an der Küste. Mit drei Mädchen, aber ich musste zumachen.« Bewunderung und etwas Furcht malte sich auf ihren Mienen. Mit dem, was ich ihnen bot, hatten sie nicht gerechnet.

Johnnie Mae, die nicht glauben wollte, was sie bereits glaubte, fragte: »Warum arbeitest du als Kellnerin?«

Sollte ich ihnen etwa erzählen, dass ich arbeitete, um zu essen und den Unterhalt für meinen Sohn zu bezahlen, damit sie mich auf das unbequeme Sofa warfen, um mich zu vergewaltigen? »Ich brauchte Deckung. Die Bullen waren hinter mir her.«

»Die Bullen!« Beide kreischten. Wie viele schwache Menschen wollten sie die Kuh melken und gleichzeitig den Geruch von Scheiße vermeiden. Ich begriff sofort, dass ich zu weit gegangen war.

»Nicht hinter mir persönlich. Es ging um eines meiner Mädchen, aber ich wollte mich in Sicherheit bringen.«

Beatrice sagte: »Du bist verdammt jung für dieses Geschäft.«

»Ich hab schon einiges erlebt, meine Kleine.« Ich rollte die Augen, um ferne und geheimnisvolle Orte anzudeuten. »Na, wie klingt die Sache? Sagen wir mal, Mittwoch, Donnerstag, Freitag und Samstag. Dann habt ihr Sonntag frei für den Gottesdienst und –«

»Das sollten wir lieber besprechen.«

»Ich hab morgen frei und kann mich um den Papierkram kümmern. Bloß keine Zeit verlieren.«

»Wir haben nur zwei Schlafzimmer. Wo willst du denn arbeiten?«

Ich hätte die große Frau fast angeschrien. Ich sollte Freier bedienen? Wofür hielt sie mich eigentlich? »Ich arbeite weiter im Restaurant. Will keinen Verdacht wecken, ihr versteht. Aber ihr wärt nicht allein. Ich werd jemand finden, der auf euch aufpasst. Lasst mich nur machen.«

Ich gab mich hochtrabend professionell, was mir als Tochter meines Vaters nicht schwerfiel. »Wenn ihr mir was zum Aufschreiben und einen Stift gebt, kann ich die Adresse eures Vermieters notieren.«

»Beatrice. Hol Papier.«

Ich ging zum Tisch, schob Essteller und Krumen aus dem Weg, während Johnnie Mae diktierte.

»Wie war die Adresse nochmal?«

Sie nannte sie mir, und ich schrieb sie mehrmals auf Papierschnipsel.

»Was machst du als Nächstes?« Johnnie Mae war keine Intelligenzbestie, aber sie war zu schlau, einem auf guten Glauben zu vertrauen. Ich nahm mir vor, mir das zu merken.

»Wenn ich geh, fang ich an, für unseren Laden Reklame zu machen«, sagte ich. »In ein paar Wochen sind wir Tausendäre.«

»Wie?«

»Das ist nur der erste Schritt zum Millionär. Lasst uns darauf einen trinken.« Beatrice schenkte ein. Der erste Schluck hätte mich fast umgeworfen. Er verband sich mit dem Gras in meinem Gehirn. Für eine Blitzsekunde war ich nüchtern und wusste, was ich getan hatte, aber dann war ich zum Glück wieder benebelt. Eine Autoritätsperson, die alles im Griff hatte.

Ich sagte auf Wiedersehen, erwähnte erneut das herrliche Essen und die herrliche Zukunft, die uns erwartete, und verließ das Haus.

Ich war überzeugt, dass meine Herzlosigkeit den beiden gegenüber aus einem natürlichen Wunsch nach Rache herrührte. Nach all meiner wehleidigen Sentimentalität für die Missverstandenen hätte mir niemand einreden können, dass ich lediglich den Hass der Gesellschaft für »die anderen« auslebte.

Aber dennoch wurde mir eine gewisse Ironie bewusst, bevor ich den kleinen Drahtzaun zwischen Gehsteig und Vorgarten erreichte. In dem erfolgreichen Versuch, einer Verführung auszuweichen, hatte ich mir zwei Huren und ein Bordell zugelegt. Und dabei war ich erst achtzehn.

## 14

Guten Abend, Fahrer.«

»Jo.«

»Gibt es genug übelbeleumdete Häuser zur Versorgung der Marineangehörigen?«

»Bitte was?«

»Ich weiß, dass Sie in der Regel für einen Kunden à zwanzig Dollar vier Dollar bekommen« (das vermutete ich, ohne es genau zu wissen), »aber wenn Sie sie donnerstags nach zehn Uhr abends zu dieser Adresse bringen, können Sie fünf Dollar pro Kopf einstecken.«

Man musste sehr vorsichtig sein, wenn man mit Weißen sprach, vor allem mit weißen Männern. Meine Mutter sagte immer, wenn ein Weißer deine Zähne sieht, denkt er, er würde deine Unterwäsche sehen.

In ein paar anstrengenden Jahren war es mir gelungen,

ein Snob in jeder Hinsicht zu werden, kulturell, intellektuell und als Schwarze. Ich war Puffmutter und fühlte mich den Huren moralisch überlegen. Ich war Kellnerin und hielt mich für klüger als die Kundschaft. Ich war eine einsame ledige Mutter und kam mir freier vor als die verheirateten Frauen, mit denen ich zu tun hatte.

Hank war der unzuverlässige Rausschmeißer des Klubs. Unzuverlässig, weil er manchmal nicht auftauchte, und andere Male – wenn ihm danach zumute war – Leute auf dem Gehsteig anpöbelte, die ihm nichts getan hatten. Jeden Monat verbrachte er einige Nächte in der Ausnüchterungszelle und wurde nach der Entlassung schnell wieder eingeliefert.

Die anderen Kellnerinnen ließen durchblicken, dass Hank für unseren Chef einige private Dinge erledigte. Insgeheim dachte ich mir, dass er sich vor Hank fürchtete, zu Recht, denn man konnte nie wissen, was von ihm zu erwarten war. Hank konnte in einem Fremden ungeahnte Qualitäten sehen oder auf jemanden seiner Hautfarbe wegen gewaltigen Hass entwickeln.

Seit meiner Ankunft hatte er mich gewissermaßen adoptiert, und bei der ersten Gelegenheit sprach ich ihn an. »Hank, ich wüsste gerne, ob du etwas für mich übernehmen könntest?«

In einem anderen Jahrhundert hätte seine Miene einen Sklavenbesitzer so erschreckt, dass er sich genötigt gesehen hätte, den breiten Rücken zu peitschen und die großen Hände in Handschellen zu schließen.

»Klar, kleine Schwester. Worum geht's?«

»Du kennst die zwei Les-, äh, Bassgeigen, die hier verkehren?«

»Die haben doch nichts mit dir angestellt, oder?«

»O nein.« Im Gegenteil. »Sie haben mich gefragt, ob ich ihnen bei ihrem Geschäft helfen kann. Hurenhaus, um es genau zu sagen. Von Mittwoch bis Samstag. Und du bist die einzige Person, der ich vertraue und die dafür sorgen kann, dass ich keine Nachteile habe. Ich könnte mir vorstellen, dir ein Drittel von meinem Anteil zu geben.«

Sein Mund stand weit offen. »Willst du etwa Freier bedienen?«

»Ich doch nicht. Ich arbeite hier weiter, aber sie machen die andere Arbeit. Könntest du für mich ein Auge auf die Sache haben? Aufpassen, ob die Polizei kommt, und das Geld zählen?«

Nachdem ich das mehrmals wiederholt hatte, stimmte er zu. Ich erfand ein kompliziertes System von Gutscheinen, die den Frauen und den Taxifahrern gegeben werden sollten. Um halb drei am Morgen sollte Hank ein Licht an der Haustür einschalten, das klar Schiff bedeutete, und ich würde kommen und alle bezahlen.

Eine leise Sorge machte mir zu schaffen – dass ein plötzlich dickes Bankkonto mir die Sittenpolizei auf die Fährte setzen könnte. Vor der Polizei hatte ich keine Angst, weil ich selbst nicht als Nutte arbeitete, aber was mich erschreckte, war, was eine polizeiliche Durchsuchung für Mutter Cleo bedeuten würde. Sie würde mich und mein Baby aus dem Haus werfen und mir die schlimmsten Verwünschungen hinterherrufen. Natürlich konnte ich auch woanders wohnen, und mit dem Geld, das sich in seinem Versteck anhäufte, konnte ich mir jede Kinderfrau leisten, aber ich mochte das Ehepaar Jenkins, und mir war wichtig, was sie von mir hielten.

Ihr Zuhause und ihre Gepflogenheiten erinnerten mich

an meine Großmutter, die mich aufgezogen hatte und die ich verehrte. Ich hätte die beiden Jenkins um nichts in der Welt verletzen wollen. Als mein illegales Gewerbe den Höhepunkt erreichte, schloss ich mich ihrer Kirche an und sang im Chor voller Inbrunst die alten Lieder.

Eines Nachmittags bemerkte Mutter Cleo: »Ich weiß was.« Und lächelte spitzbübisch. Ich geriet in Panik.

»Und was?«

»Du unternimmst was.« Die Anklage säuselte sie wie Schulkinder, die etwas petzen wollen.

»Was denn? Ich tue doch gar nichts.« Die Lüge lag mir bereits auf der Zunge.

»Du hast einen Mann aufgegabelt.«

Wie um alles in der Welt kam sie auf diese Idee? Aber obwohl das absurd war, merkte ich, dass sie mir nicht böse war und dass es klüger wäre, weiter zu lügen.

Ich fragte: »Woher wissen Sie das?« Jetzt erfreut, dass sie mich ertappt hatte.

»Weil du später zurückkommst als früher. Ich hab einen leichten Schlaf. Mr Henry kann schlafen, bis die Kühe nach Hause kommen, aber das Kinderhüten macht, dass ich nicht tief schlafen kann. Ich hör jeden Schritt. Du kamst immer gegen kurz vor halb drei oder um halb drei. Und jetzt wird es ab und zu halb vier. Stimmt's?«

»Ja.«

»Und ist er ein netter Junge? Arbeitet, wo du arbeitest, nicht wahr?«

»Wie wissen Sie das alles, Mutter Cleo?«

»Weil niemand anders die ganze Nacht aufbleiben kann, bist du frei hast. Wenn du willst, kann er herkommen und dich besuchen.«

Ich zuckte zusammen. »Nicht nachts. Aber tagsüber hätte ich nichts dagegen.« Das klang eher nach ihr. Bei all den unerwarteten Geschehnissen hätte es mich sehr betrübt, Mutter Cleos moralische Grundsätze wanken zu sehen.

Zweieinhalb Monate lang war ich mit einem stilvollen Dreieck beschäftigt – Angeberei (vor den Frauen) und bescheidene Dienstleistung (im Club) und die Frage, was ich mit dem vielen Bargeld anfangen sollte.

Ich kaufte mir ein Auto, ein Wunderwerk der Ingenieurskunst von Detroit. Einen blassgrünen Chrysler, Kabriolett, Modell 39. Mit holzverkleideten Türen und glattpoliertem hölzernem Armaturenbrett. Kupplungsknüppel und Knöpfe waren aus einem gelben Material wie die Griffe altmodischen Bestecks. Ich bastelte aus Gürteln eine Schlinge auf dem Beifahrersitz für meinen Sohn, der inzwischen laufen konnte. In meinem wunderschönen Gefährt fuhren wir die monotonen Straßen San Diegos entlang. Ich hatte es mit Geld aus einer Schublade im Schlafzimmer bar bezahlt.

Mutter Cleo fragte misstrauisch: »Und woher um Himmels willen hast du ...?«

Meine Antwort war vorgefertigt. »Mein Freund hat es mir geschenkt!«

»Und wie? Hat er es gestohlen?«

»Oh, nein, nein. Er hat es bar bezahlt.«

»Wie kommt's, dass er sich nie blicken lässt?«

»Wird er bald tun. Hab ihn eingeladen.« Tatsächlich hatte ich erwogen, Hank als den schwer arbeitenden Freund auszugeben, aber mir überlegt, dass er dieser Rolle nicht gewachsen wäre.

»Jetzt pass auf. Er ist doch etwa nicht verheiratet, oder?«
Sie trat zurück, als hätte ich eine eklige Krankheit.

»Nein, Ma'am. Er ist nicht mal geschieden. Ich will sagen,
er war noch nie verheiratet.«

Sie beruhigte sich allmählich, doch dann verhärtete sich
ihre Miene. »Er ist doch nicht etwa ein Weißer, oder? Weiße
erlaub ich nicht.«

Ich musste lachen. Unter allen Kunden, die in meinem
Etablissement kamen und gingen, hatte ich noch nicht ei-
nen gesehen. »Nein, Mutter Cleo, er hat nicht mal eine helle
Hautfarbe.«

Vorsichtig lächelte sie. »Eines, was ich nicht leiden kann,
sind Frauen, die sich mit verheirateten Männern einlassen.
Und das andere, wenn sie sich mit Weißen einlassen. Das
Erste passt der Bibel nicht, das Zweite passt dem Gesetz
nicht.«

Sie hätte ihre Zeit besser nutzen können, als sich weniger Sorgen um meine sexuellen Beziehungen als um meine
moralischen Verfehlungen zu machen. Seit meiner Ankunft
in San Diego hatte ich nichts meinen unsichtbaren Witwen-
schleier durchdringen lassen, keine Spur von Attraktion.
Mein Liebster war tot, mein Liebster hatte mich verlassen,
eine dämliche Schiffsausstatterin geheiratet und lebte in den
moskitoverseuchten Sümpfen Louisianas. Stirb lange und
bleibe tot, mein Liebster.

## 15

In dieser Zeit, als mein Leben sich melodramatisch um Intrigen und Betrug drehte, entdeckte ich die russischen Schriftsteller. Ein Titel fesselte meinen Blick. Nicht dass ich mich schuldig fühlte, weil ich den Prostituierten Geld abknöpfte, sondern weil der Titel des Buchs so perfekt war. Soweit ich festgestellt hatte, bestand das Leben aus einer Reihe von Gegensätzen: schwarz/weiß, oben/unten, Leben/Tod, reich/arm, Liebe/Hass, glücklich/unglücklich, und dazwischen gab es keine Überschneidungen, folgte Verbrechen/Strafe.

Die bedrückende Reichhaltigkeit von Dostojewskis Werk war die Welt, in der ich von jeher gelebt hatte. Die düsteren, lichtarmen Innenräume, die weitschweifigen Schlussfolgerungen der Protagonisten und ihre beschwerlichen Launen waren mir so vertraut wie die Einsamkeit.

Die sonnigen Straßen Kaliforniens wanderte ich in russischen Nebel gehüllt entlang. Ich verliebte mich in die Brüder Karamasow und sehnte mich danach, mit dem lüsternen alten Vater Tee aus einem Samowar zu trinken. Dann wurde Gorki mein Lieblingsautor. Er war der Finsterste, Liebste, Deprimierendste von allen. Seine Bücher konnten mir gar nicht lang genug sein. Ich wünschte, die Verfasser wären alle lebendig und würden Manuskripte für meine Sucht produzieren. Ich las Stücke von Tschechow und Turgenjew, doch nachdem ich meine Kohle kassiert hatte, kehrte ich spät nachts zu Maxim Gorki und seiner schmuddeligen ungerechten Welt zurück.

Meine Tanzlehrerin, die sich für ihre Schüler nicht persönlich interessierte, trug die ungewöhnlichste Kleidung. Ihr langer dunkler Faltenrock reichte bis zu den Knöcheln. Ihre Blusen waren mexikanischen Stils und hingen von ihren schmalen Schultern. Stränge farbiger Perlen und Riemchensandalen vervollständigten ihre Ausstattung. Ihr eigenartiges Aussehen forderte Bewunderung. Ich ahmte ihren Kleidungsstil nach, und wenn ich nicht die Kellnerinnenuniform aus weißer Bluse und schwarzem Rock trug, konnte man mich in den Bibliotheken herumgeistern sehen, ein großes, dünnes, schwarzes Mädchen in zu langen Röcken und Senoritablusen, die sexy ausgesehen hätten, wenn ich die entsprechende Figur und/oder Haltung gehabt hätte, was leider nicht der Fall war.

Wenn ich es mir recht überlege, wundere ich mich, dass niemand mich genug durchschaut hat, um mich schnurstracks in die nächste Klapsmühle zu verfrachten. Dass so etwas nicht passierte, liegt weniger daran, dass ich eine gute Schauspielerin war, als daran, dass ich mein ganzes Leben lang unter Fremden war. Das Leben der Kellnerin, Träumerin, Puffmutter und Mutter hätte unendlich so weitergehen können, wenn sich nicht eine neue unerwartete Überraschung ergeben hätte.

Ich verlangte keine Regeln für mein kleines Hurenhaus am Straßenrand bis auf eine: keine Kunden für die ganze Nacht, auch wenn die Versuchung noch so groß war. Ich wollte das Geld ohne Namen und keinen unnötigen Stress. Ich wollte keinen Freier im Haus sehen, wenn ich kam, und deshalb gab es die Vereinbarung mit Hank.

Eines Abends saß ich in einem Taxi auf der verdunkelten Straße (ich fuhr nie mit meinem Wagen dorthin) und wartete, dass das Licht über dem Eingang erlosch. Der Fahrer, der ebenfalls Kunden herbrachte, ging mit mir in das Haus.

Ich stand mitten in dem winzigen Wohnzimmer, das nach Desinfektionsmittel, Zigarettenrauch und Weihrauch roch, eingezwängt zwischen dem Taxifahrer, den Frauen, Hank und dem Mobiliar, das uns allesamt aus dem Zimmer zu drängen drohte. Beatrice und Johnnie Mae war es gelungen, mich von jedem keimenden Wunsch nach eigenem Besitz zu befreien. Seit sie genug Geld besaßen, hatte ihre Besitzgier die Oberhand gewonnen. Das völlige Vollstopfen des Wohnzimmers war so langsam vor sich gegangen, dass es einem vorkam, als hätte das vorhandene Mobiliar jede Nacht kleinere und sogar größere Abbilder seiner selbst zur Welt gebracht.

Hank reichte mir die Zigarrenschachtel mit dem Geld.

»Verdammt. Stellt das verdammte Radio leiser, bis wir abgerechnet haben. Man hört ja nicht mal sein eigenes verschissenes Wort.« Ich hatte mir das Fluchen angewöhnt, um mein Image abzurunden. Die beiden Frauen interessierten sich längst nicht mehr für mich, abgesehen wohl von ihrem Hass auf meine Arroganz und Neid auf meine Autorität. Aber was scherte das mich?

Ich hatte gerade ihre Anteile kassiert und wollte mich an den Taxifahrer wenden, als ein betrunkener, notdürftig bekleideter weißer Matrose aus der Schlafzimmertür stolperte. Unterhalb seiner blauen Matrosenbluse hatte er nichts an. Für einen Augenblick herrschte Stille, als die Frauen und Hank zu mir sahen. Die Nacktheit des Mannes hypnotisierte mich, und ich konnte den Blick nicht von seinem weißen, weichen, hängenden Penis abwenden.

Beatrice lief zu ihm. »Schatzi. Ich hab dir doch gesagt, du sollst –«

»Was ist hier los? Wer sind diese ganzen Leute?« Sein Akzent klang nach tieferem Mississippi, und er sah so nackt und weiß und hässlich und betrunken aus, wie ich es mir nicht scheußlicher hätte vorstellen können.

Beatrice scheuchte ihn in das Zimmer zurück.

In diesen Sekunden wurde ich wieder zum Kind. Sinnlose Wut verzehrte mich. Die elenden hinterhältigen Kühe – ich hatte ihnen gesagt, dass niemand mehr da sein sollte, wenn ich kam. Vermutlich hatten sie jede Nacht auf eigene Rechnung gearbeitet, und ich hatte sie nie ausgefragt. Ich hätte ins Gefängnis kommen können oder Schlimmeres. Nach allem, was ich für sie getan hatte, waren ihre Hurenherzen so undankbar, dass ich genötigt worden war, den übelkeiterregenden Anblick eines weißen Penis zu sehen.

Ich wandte mich an Hank, der schwankend zu mir kam und sagte: »Rita, ich schwör's bei Gott, dass ich dachte, es wär keiner mehr da.«

Johnnie Mae ließ sich etwas von ihrer Eifersucht anmerken. »Ich wüsste nicht, was wir falsch gemacht haben sollen. Du kommst jede Nacht her und schiebst das Geld ein, als wärst du ein Zuhälter. Und bist dir zu gut dafür, dich selbst flachlegen zu lassen. Und lässt uns die ganze Zeit von diesem grobschlächtigen Hurensohn überwachen. Na, leck mich doch an meinem schwarzen Arsch.«

Ihre Gehässigkeit überraschte mich nicht. Alles andere hätte mich überrascht. Der Taxifahrer stand da, völlig gebannt von dem Geschehen.

Ich reichte Hank die Zigarrenkiste. »Hank, willst du ein Hurenhaus haben, komplett samt Huren? Du hast eben eines geschenkt bekommen.« Ich wandte mich an die Frauen, mit all meiner verletzten Würde. »Ja, meine Damen, ihr habt von Anfang an vorgehabt, mich auf diese oder jene Weise zu verarschen. Und wie sieht es jetzt aus? Wer hat wen verarscht?«

Beatrice kreischte, immer greller, bis ihre Stimme wie ein Rasiermesser durch das Zimmer drang. »Wenn es dich nicht gegeben hätte, hätten wir so weitergelebt, wie wir es immer getan haben.«

»Ja, auf der Straße oder in der Küche irgendeiner Weißen.«

Johnnie Mae plusterte sich auf, als hätte sie mehr Luft getankt, als sie loswerden konnte. »Pass auf, was du zu ihr sagst, du eingebildete Kuh.«

Es war Zeit zu gehen. Diesen verlogenen Miststücken war zuzutrauen, dass sie über mich herfielen. Und das nach allem, was ich für sie getan hatte.

»Hank, wenn du das hier haben willst, gehört es dir.« Und als Abschiedspfeil in Richtung der Verräterinnen: »Wenigstens lass ich euch besser zurück, als ich euch gefunden habe. Ihr habt jetzt genug Gebrauchtmöbel, um einen eigenen Trödelladen aufzumachen.« Und zum Taxifahrer: »Fahren Sie mich bitte nach Hause.«

Ich stand aufgerichtet da, getrennt von dem Gestank meiner gegenwärtigen Umgebung, und lief hinaus. Johnnie Mae schoss in ihrer Wut hinter mir her. Ich erreichte die Tür, als sie gerade die Hand nach mir ausstreckte. Ich lief etwas schneller, damit es nicht aussah, als würde ich rennen, und rettete mich die Treppe hinunter, als sie und der Taxifahrer im Eingang zusammenstießen. Er riss sich eilig los, mehr als erschrocken, in die Auseinandersetzung zweier unerbittlicher Stämme geraten zu sein. Johnnie Mae, frustriert, weil ich den Gehsteig erreicht hatte, schrie in die stille Dunkelheit: »Du Mistvieh! Du denkst, die Polizei will nicht wissen, wie du dein Auto gekauft hast. Damit fährst du besser nicht. Ich schick dir die Sitte an den Hals.«

Ich weiß nicht, wie ich zu dem Taxi gelangt bin. Ihre Drohung und ihr Gebrüll hatten mich so getroffen, wie sie die Nacht durchdrungen hatten. Die elende Person würde die Bullen auf mich hetzen, und ich würde mein Auto verlieren, ins Gefängnis kommen und bei Mutter Cleo rausfliegen. Ich saß auf dem Rücksitz im Taxi, als ein lähmender Gedanke sich wie eine Giftschlange durch mein Gehirn fraß. Man könnte mich für erziehungsunfähig erklären und meinen Sohn in ein Heim stecken. Solche Fälle gab es. In der kühlen frühmorgendlichen Luft begann ich zu schwitzen. Die winzigen Drüsen in meinen Achselhöhlen öffneten und schlossen sich, und es juckte wie das Stechen zahlloser Nadeln.

»Fahren Sie mich bitte nach Hause, und dieser schreckliche Auftritt tut mir leid.« Die Furcht saß auch auf dem Fahrersitz, und er verlor keine Zeit, mich an meiner Adresse abzusetzen. Ich bezahlte ihn, gab ihm ein großzügiges Trinkgeld und überschüttete ihn mit Lob für seine Zuverlässigkeit und Höflichkeit und Zurückhaltung. Ich glaube, er hat kein Wort davon gehört, und bevor ich die Haustür erreichte, waren seine Rücklichter blinkend um die Ecke verschwunden.

Während meiner exotischen Einkaufsorgien war ich nie auf den Gedanken gekommen, mir Koffer für meine neuen Kleider zu besorgen. Ich stopfte meine Sachen und die meines Sohnes haufenweise in die Koffer, die Bailey mir in San Francisco gegeben hatte. Ich hatte mich entschlossen, bei Tagesanbruch mit meinem Sohn das Weite zu suchen. Wenn die Polizei mich fasste, dann am Bahnhof oder im Zug und nicht als paralysierte Ente, die passiv darauf wartete, verhaftet zu werden. Als ich so viel Gepäck wie möglich zusammengerafft hatte, setzte ich mich hin, um bis zum Tagesanbruch zu lesen.

Seit meiner Kindheit hatte ich oft gelesen, bis das graue Licht der Dämmerung in mein Zimmer drang, doch in dieser angespannten Nacht war mir, als hätte der Schlaf sich mit meinen Feinden verbündet und hätte es mit ihnen zusammen darauf abgesehen, mich zu überwältigen und zur Strecke zu bringen. Ich versuchte es mit einem Stuhl zum Sitzen und im Schneidersitz auf dem Bett. Ich wachte auf, als geklopft wurde. Es war Mutter Cleo.

»Rita, du hast wieder dein Licht angelassen. Du wirst mir bald mit der Stromrechnung helfen müssen. Du weißt nicht, wie teuer das ist …« Sie entfernte sich von der Tür, und ich hörte ihre Worte aus dem Flur.

Ich wurde wach und überprüfte noch einmal mein Gepäck, mein Geld und die Geschichte, die ich mir zurechtgelegt hatte.

»Mutter Cleo, meine Mutter in San Francisco ist krank. Sie hat mich abends im Club angerufen, und ich muss nach Hause fahren.« Ich war ihr in die Küche gefolgt. Sie stellte ihre Tasse ab und sah mich mit so viel Mitgefühl an, dass ich fast wünschte, ich würde nicht lügen.

»Oh, du armes Ding. Es geht ihr hoffentlich nicht schlecht?«

»O nein, es ist nichts Ernstes.« Ich wollte sie beruhigen.

»Na ja, dann wirst du nicht lange weg sein. Lässt du den Kleinen hier?«

»O nein. Sie will ihn sehen. Und um die Wahrheit zu sagen« – als könnte ich das – »werde ich nicht bald wiederkommen.«

»Ach, sag das nicht. Für mich bist du fast eine Verwandte.«

»Mutter Cleo, ich bin dankbar für alles, was Sie für uns getan haben. Und ich möchte, dass Sie das hier nehmen.« Ich legte fünfzig Dollar auf den Tisch. »Mein Freund schickt Ihnen das als Geschenk.«

Sie strahlte, und ich sah, wie Tränen sich in ihren Augen sammelten.

»Ach, jetzt weinen Sie nicht. Wir kommen irgendwann wieder. Können Sie das Baby baden, während ich ein Bad nehme, bevor wir uns auf den Weg machen?«

Ihre letzten Worte zu mir, als sie und Mr Henry mich zum Auto begleiteten, waren Beweis meiner Schauspielerei und gelungenen Täuschung.

»Du bist genau das, was ich mir als Tochter gewünscht hab. Bist schlau und anständig und ehrlich. Das mag ich am meisten. Lebst ein christliches Leben. Bleib dabei, das Gute zu tun. Gott schütze dich und dein Kind. Und deine Mutter.«

Ich raste die morgendlichen Straßen entlang, als wären mir die Höllenhunde auf den Fersen, um meine Seele zu holen. Auf die Fahrt um die Kurven auf zwei Reifen reagierte das Baby mit ohrenbetäubendem Geschrei. Mein »Psst, Baby« und »Ist schon in Ordnung, Baby« waren wie ungehörtes Geflüster. Er spürte meine Panik und wollte der ganzen Welt mitteilen, dass er genauso viel Angst hatte wie seine Mutter.

Am Bahnhof wischte ich das Steuer ab und nahm den Kleinen aus seinem Sicherheitsgurt. Den Wagen ließ ich im Halteverbot stehen, und soweit ich weiß, steht er da noch heute.

Ich rannte weg mit meinem Sohn an der Hüfte und

nichts als Angst im Herzen. Mein ungefähres Ziel war das kleine Dorf in Arkansas, wo ich aufgewachsen war. Aber das eigentliche Ziel der Reise waren die schützenden Arme Mrs Annie Hendersons, der Großmutter, die mich aufgezogen hatte. Momma, wie wir sie nannten, sprach bedächtig und war rechtgläubig. Und vor allem hatte sie das, was mir im Augenblick am meisten fehlte: Mut.

## 16

Es gibt einen beliebten Stoff der amerikanischen Einbildungskraft, in dem blasse weiße Frauen unter dunklen Magnolienbäumen auf ewige Zeiten einherschweben und weiße Männer mit weichen Händen Glyzinienblüten von den schneeigen Schultern ihrer Geliebten streifen. Harmonische schwarze Musik dringt wie Parfüm durch diese kostbare Luft, und nichts Bedrohliches schleicht sich ein.

Der Süden, in den ich zurückkehrte, war echt wie Fleisch und blähbäuchig arm. Stamps in Arkansas, eine kleine Ortschaft, hatte jahrhundertelang von den Einkünften aus Baumwollpflanzungen gelebt und bis zum Ersten Weltkrieg von einer knarrenden Sägemühle. Die Stadt zerteilten Bahngleise, der schnellfließende Red River und rassistische Vorurteile. Weiße wohnten auf der kleinen Anhöhe der Stadt (einen Hügel konnte man das nicht nennen), während die Schwarzen in dem Viertel wohnten, das seit der Sklaverei als »die Gegend« bekannt war.

Nach der Scheidung unserer Eltern in Kalifornien holte unser Vater uns bei Mutter ab, befestigte Bänder mit Ausweispapieren und Adressangaben an unseren Handgelenken und schickte uns allein mit dem Zug zu seiner Mutter im Süden. Ich war drei, mein Bruder war vier, als wir zum ersten Mal in Stamps ankamen. Großmutter Henderson hieß uns willkommen, bat Gott um Hilfe und machte sich daran, uns gottesfürchtig aufzuziehen. Sie hatte um die Jahrhundertwende einen kleinen Lebensmittelladen eröffnet, und die Depressionsjahre verbrachten wir damit, im Laden zu helfen, Bibelverse und Kirchenlieder zu lernen und ihre undemonstrative Liebe zu erfahren.

Wir hatten ein gutes Leben. Wir hatten zu essen, zu lachen und Mommas ruhige Kraft, die uns stützte. Während des Zweiten Weltkriegs zog die Armee die Jungen der Stadt ein, Schwarze wie Weiße, und Rüstungsfabriken im Norden rekrutierten die verbliebenen Tauglichen. Wenige schwarze oder weiße Arme kehrten zurück, wenn überhaupt, um ihr Erbe von Schrecknissen und Armut zu beanspruchen. Alte Männer und Frauen und kleine Kinder blieben zurück, um sich um die Gärten zu kümmern, den einzigen gepflasterten Straßenblock der Läden und die seit langem tradierte Lebensweise.

In meiner Erinnerung ist Stamps ein Ort von Licht, Schatten, Geräuschen und verführerischen Gerüchen. Der Geruch der Erde war durchdringend, gewürzt mit den Ausdünstungen von Viehmist, der gelblich-strengen Luft der Teiche und Flüsse, den großen Töpfen mit Grünzeug und Bohnen, die stundenlang mit geräuchertem oder gesalzenem Schweinefleisch schmorten. Blumen fügten ihre schweren Düfte hinzu. Und vor allem drückten die Gerüche alter Ängste, von Hass und Schuld die Atmosphäre.

In dieser heißen und feuchten Landschaft klirrten die

Leidenschaften aneinander mit der Grausamkeit bewaffneter Ritter. Bis ich als Dreizehnjährige nach Kalifornien gezogen war, hatte ich die kleine Stadt gekannt und musste sie nicht erst erkunden. Ich hielt sie für gegeben, und nun, fünf Jahre später, als ich wiederkam, erwartete ich den Schutzschild der Anonymität, den ich als Kind gekannt hatte.

Genau wie andere schwarze Kinder in kleinen Orten im Süden hatte ich die völlige Trennung der Rassen als psychologischen Trost empfunden. Es gab die Weißen, keine Frage, aber sie spielten in meinem Alltagsleben keine Rolle. Tatsächlich vergingen in meiner Kindheit oft Monate, während denen ich nur die abgemagerten armen White-Trash-Leute (Farmpächter) zu sehen bekam, die ein traurigeres und schäbigeres Leben führten als die Schwarzen, die ich kannte. Ich hatte nicht gewusst, dass ich aus dem Schutz meiner Kindheit herausgewachsen war, bis ich wieder nach Stamps kam.

Momma nahm meinen Sohn in einen Arm und legte den anderen um mich. So hielt sie uns für einen süßen Augenblick gedrückt. »Danken wir dem Allmächtigen, dass du gesund nach Hause gekommen bist.«

Sie wandte sich bereits ab, um ihre Tränen zu verbergen.

»Hat sich zu einer kleinen Dame rausgemacht. Keine Frage.« Onkel Willie betrachtete mich mit seinem ruhigen Blick und streckte den Arm nach dem Baby aus. »Mal sehen, was du da mitgebracht hast.«

In seiner frühen Kindheit war er zum Krüppel geworden, und es wurde nie über sein Leiden gesprochen. Seine rechte Körperhälfte war schwer gelähmt, aber der linke Arm und die linke Hand waren groß und kraftvoll. Ich legte das Baby in seine gesunde Armbeuge.

»Hallo, Baby. Hallo. Ist er nicht süß?« Die Worte kamen undeutlich über seine Zunge und aus seinem gelähmten Mund. »Hier, nimm ihn.« Seine gesunden Muskeln waren zu stark für einen lebhaften Einjährigen.

Momma rief aus der Küche: »Mädchen, ich hab dir ein bisschen was zum Essen gemacht.«

Wir waren in dem Laden, in dessen Bollwerk ich aufgewachsen war. Allein der Anblick der Regale voller Wiener Würstchen und Brown-Plug-Kautabak, von Lachs- und Makrelen- und Sardinenkonserven alle an ihrem alten Platz rührte mein Herz und ließ mir Tränen in die Augen treten. Doch die Küche, in der Momma sich mit ihrer Körpergröße bückte, Kuchen aus dem holzbefeuerten Ofen holte und das vertraute Essen auf wohlbekannten Tellern anrichtete, raubte mir die Selbstbeherrschung, und die Tränen stahlen sich hinaus und liefen mir über das Gesicht und tropften auf Babys Decke.

Die Hügel von San Francisco, die Palmen von San Diego, Prostitution und Lesben und der Schmerz in der Kehle über Curlys Abreise verschwanden in einem Land, das es nie gegeben haben konnte. Ich war zu Hause.

»Was weinst du denn jetzt?« Momma sah mich nicht an aus Furcht, meine Tränen könnten sie selbst zum Weinen bringen. »Gib mir das Baby und geh dir die Hände waschen. Ich mach ihm was Süßes zum Nuckeln. Du kannst den Tisch decken. Nehm an, du weißt, wo sich alles befindet.«

Das Baby ließ sich widerstandslos von ihr in die Arme nehmen, und sie redete mit ihm ohne die Babysprache, mit der die meisten Leute kleine Kinder ansprechen. »Männchen. Ein kleiner Mann bist du, nicht wahr? Ich nenn dich einfach Männchen, okay?«

Momma und Onkel Willie hatten sich nicht verändert. Sie sprach noch immer sanft, und ihre Stimme hatte etwas Melodisches.

»Dank dem Herrn, Mädchen, du kommst her und siehst genau aus wie dein Daddy.«

Christus und die Kirche waren noch immer die Stützen ihres Lebens.

»Unser Herrgott ist ein Fels in einer trübseligen Brandung. Er ist ein großer Gott. Hat dich unversehrt nach Hause gebracht. Preise seinen Namen.«

Wie schon immer war sie die Matriarchin. »Ich wollte nie, dass ihr Kinder nach Kalifornien geht. Das Leben dort drüben ist zu flott. Aber ihr seid ihre Kinder, und ich wollte nicht, dass euch was passiert. Jew wurde ein bisschen zu forsch für sein Alter.«

Vor fünf Jahren hatte mein Bruder gesehen, wie ein toter Schwarzer aus dem Fluss gezogen wurde. Die Todesursache wurde nicht öffentlich verbreitet, aber Bailey (Jew war der Kürzel für Junior) hatte gesehen, dass dem Mann die Genitalien abgeschnitten worden waren. Der Schock ließ ihn Fragen stellen, die für einen schwarzen Jungen im Arkansas von 1940 gefährlich waren. Momma entschied, dass wir in Kalifornien besser aufgehoben wären, wo es keine Lynchjustiz gab und ein schlauer schwarzer Junge es zu etwas bringen konnte. Und selbst seine Schwester konnte einen Platz für sich finden.

Trotz der sarkastischen Bemerkungen von Nordstaatlern, die diese Gegend nicht kennen (Oststaatler, Weststaatler, Nordostler, Nordwestler, Mittelwestler), kann der Süden der Vereinigten Staaten so atemberaubend schön sein, dass raffinierte kreatürliche Bequemlichkeiten ihre Bedeutung verlieren.

Vier Tage lang bediente ich im Laden die Neugierigen und ließ mich von ihnen begutachten. Ich war das seltene Geschöpf, ein Mädchen aus Stamps, das in das sagenhafte Kalifornien gegangen und zurückgekommen war. Etwas angeberisches Gehabe war verzeihlich. Im Übrigen erwartete man von mir, dass ich mich so aufführte, und ich war zu glücklich, um die Erwartungen zu enttäuschen.

Wenn Momma nicht da war, stand ich mit einer Hand in der Hüfte und zur Seite geneigtem Kopf und erzählte von den Wundern des Westens und dem Glück der Freiheit. Jeder Zuhörer hätte mich fragen können: Wenn in San Francisco alles so großartig war, was hatte mich dann in ein verstaubtes Kaff in Arkansas zurückgebracht? Aber das fragte niemand, weil sie alle daran glauben wollten, dass es irgendwo ein Land gab, sogar außerhalb des Nordens, wo Schwarze als Menschen behandelt wurden und Weiße nicht die allmächtigen Menschenfresser waren, als die sie diese Leute erlebt hatten.

Zum ersten Mal nahmen die Farmer Notiz davon, dass ich erwachsen war. Sie scheuchten mich nicht die Regale entlang, sondern fanden schlauere Wege, mir ihre Wünsche mitzuteilen.

»Habt ihr langkörnigen Reis, junge Frau?«

Der Hundert-Pfund-Reissack thronte unübersehbar dick und prall da.

»Ja, Ma'am, ich glaube schon.«

»Na, dann hätte ich gerne zwei Pfund.«

»Zwei Pfund? Ja, Ma'am.«

Ich hatte die Förmlichkeit erwachsener Schwarzer meine ganze Jugend über mitangesehen, aber mir nie Gedanken darüber gemacht, dass eine Zeit kommen würde, in der auch ich mich daran beteiligen konnte. Die Sitten sind so förmlich wie ein Menuett des achtzehnten Jahrhunderts, und als Kind aus schwarzen Verhältnissen lernt man die Bewegungen und Drehungen durch Osmose und Beobachtung.

Die Werte ländlicher Schwarzer im Süden sind nicht so wie anderswo. Alter ist wertvoller als Reichtum und religiöse Frömmigkeit ist wichtiger als Schönheit.

Niemand verzog das Gesicht angesichts meines vaterlosen Kindes. Keine schmerzlichen Unterstellungen hielten mich von der Gemeinschaft fern. Im Wissen um das enge Verhältnis der Freunde meiner Großmutter zur Bibel überraschte es mich, dass niemand verlangte, ich solle meinen schlechten Lebenswandel bekennen und Reue bekunden. Stattdessen sah man mich in dem traurigen Licht, das schwarze Mädchen in jedem Bundesstaat geteilt hatten und immer noch teilten. Ich war jung, gewiss, ledig, gewiss – aber ich war Mutter, und das brachte mich den Leuten näher.

Es schmeichelte mir, von den Höherstehenden (Älteren) solches Entgegenkommen bezeigt zu sehen, und ich gab mir größte Mühe, mich dessen würdig zu erweisen.

Momma und Onkel Willie bemerkten meine Aufnahme ins Reich der Erwachsenen, und am vierten Tag hatten sie nichts dagegen einzuwenden, dass ich sagte, ich wolle für einen Abend ausgehen. Da sie Stamps kannten, wussten sie, dass meine Chancen auf Alkoholgenuss ziemlich beschränkt sein würden. Es gab nur eine Kneipe, und der Inhaber war mit ihnen befreundet.

Das Älterwerden und die Reisen hatten meinen Horizont zweifellos erweitert und mich offenbar attraktiver gemacht. Einige Mädchen und Jungen, mit denen ich nur wenige Gemeinsamkeiten gehabt hatte, luden mich zu einem Abend in

Williams' Café ein. Die Mädchen würden bald das Arkansas Mechanical and Technical College besuchen, um Haushaltsführung zu studieren, und die Jungen würden zum Tuskegee College in Alabama gehen, um sich zum Farmer ausbilden zu lassen. Obwohl ich keine Ausbildung vorweisen konnte, machten meine Vergangenheit in Kalifornien und mein Kind mich ihnen gewachsen.

Als meine Begleiter den Laden betraten, in dem es fast dunkel war, kam Momma aus der Küche, noch immer mit Schürze, und stellte sich neben Onkel Willie hinter die Verkaufstheke.

»'n Abend, Mrs Henderson. 'n Abend, Willie.«

»Guten Abend, Kinder.« Momma zeigte völlige Reglosigkeit.

Onkel Willie lehnte sich an die Wand. »'n Abend, Philomena und Harriet und Johnny Boy und Louis. Wie geht's euch allen heute Abend?«

Indem sie genau zu diesem Zeitpunkt ihre reglosen großen Körper im Laden platzierten, sagten meine Großmutter und mein Onkel ohne Worte: »Benehmt euch anständig. Sehr anständig. Ihr steht unter Beobachtung.«

Wir verzogen das Gesicht und grinsten und hatten verstanden.

Auf halbem Weg waberte uns die Musik entgegen. Dunkle pochende Basstöne plärrten durch die Luft, und unsere Körper bewegten sich im Takt dazu. Die Steel-Gitarre drängte den Sänger zur Klage.

*Well, I ain't got no*
*special reason here.*
*No, I ain't got no*

*special reason here.*
*I'm going leave*
*'cause I don't feel welcome here ...*

Das Dew Drop In Café war ein dunkler rechteckiger Umriss, und an seiner Holzverkleidung kündeten dünne Pla-
kate grinsender weißer Frauen herrlich von Coca-Cola und
Dr. Pepper als völligem Glücksgefühl. Im Inneren des einzigen Zimmers hingen blaue Glühbirnen gefährlich tief auf
tanzende Paare hinunter, und die Luft bewegte sich schwer
wie stehendes Wasser.

Man bemerkte uns, aber niemand kam herbeigeeilt, um
mich zu begrüßen oder Fragen zu stellen. Das würde noch
kommen, wusste ich, aber gewisse Förmlichkeiten mussten
zuerst berücksichtigt werden. Wir bestellten alle Coca-Cola,
und wie aus Zauberhand erschien eine Flasche Sloe Gin.
Die Musik drang in meinen Körper ein und raste mit dem
dritten zähflüssigen Drink durch meine Adern. Hurra, mir
ging es fantastisch. Ich hatte noch nie die Kunst des Flirtens
gelernt und ahmte deshalb die anderen Mädchen am Tisch
nach. Hielt eine Hand vor den Mund, während ich nach
Herzenslust lachte. Die andere Hand wedelte irgendwo zu
meiner Linken in der Luft, als hätten sie und ich nichts miteinander zu tun.

»Marguerite?«

Ich sah mich am Tisch um, überrascht, dass alle gegangen waren. Ich hatte keine Ahnung, wie lange ich dagesessen
hatte und hinter vorgehaltener Hand gelacht und gegrinst
hatte. Ich dachte mir, sie hätten sich unter die Tanzenden ge-
mischt, und sah mich nach meinen neuerdings engen und
vermissten Freunden um.

»Marguerite.« L. C.s Gesicht beugte sich über mich wie der Kopf eines körperlosen braunen Gespenstes.

»L. C., wie geht's dir?« Ich hatte ihn seit meiner Rückkehr nicht gesehen, und als ich auf seine Antwort wartete, krachte eine Welle von Erinnerungen in meinen Kopf. Er war der Junge, der auf dem Hügel hinter der Schule gewohnt hatte, der sein eigenes Pferd ritt und als Fünfzehnjähriger so viel Baumwolle gepflückt hatte wie erwachsene Männer. Trotz seines guten Aussehens war er nie beliebt gewesen. Er sprach nur, wenn man ihn nötigte. Seine Mutter war gestorben, als er ein Baby war, und sein Vater trank Schwarzgebrannten, sogar an Wochentagen. Die Mädchen sagten, er sei weibisch, und die Jungen, das mache ihn komisch.

Ich begann zu kichern und hin und her zu schaukeln, und er nahm mich an der Hand. »Komm. Lass uns tanzen.«

Ich nickte und hielt mich an der Tischkante fest, um aufzustehen. Als ich halbwegs stand, merkte ich, dass das Gebäude sich bewegte. Es wackelte und ruckelte, als wären Schlangen in einem Nest unter dem Fußboden damit beschäftigt, sich zu paaren. Das verblüffte mich, aber der Gin hatte mein Gehirn betäubt, und ich geriet nicht in Panik. Ich hielt mich an der Tischkante und an L. C.'s Hand fest und versuchte mich aufzurichten.

»Setz dich. Ich bin gleich wieder da.« Er entzog mir seine Hand, und ich plumpste auf den Stuhl zurück. Etwas später kam er mit einem Glas Wasser zurück.

»Komm schon. Steh auf.« Seine Stimme war so spröde wie alte Maishülsen. Ich nahm mir vor, aufzustehen, und versuchte das Eisen zu bezwingen, das sich in meinen Schenkeln eingenistet hatte.

»Wollen wir tanzen?« Meine Worte klangen diffus und

schwerfällig und wollten mir nicht über die Lippen kommen.

»Komm schon.« Er gab mir die Hand, und ich stolperte auf die Füße und taumelte gegen ihn, und er führte mich zur Tür.

Draußen war die Luft nur wenig dunkler und wenig kühler, aber sie lüftete einen Winkel meines Gehirns. Wir wanderten durch den feuchten Schlamm am Teich, und das Café war wieder nur ein ferner Umriss. Mit der Nüchternheit kam ein Gedanke an meine Tugend. Vielleicht war er nicht, was man von ihm munkelte.

»Was hast du vor?« Ich blieb stehen und sah ihn an, machte mich auf seinen Vorschlag gefasst.

»Nicht ich. Du. Du wirst jetzt spucken.« Er sprach langsam. »Du wirst dir den Finger in den Hals stecken und kitzeln, und dann kannst du kotzen.«

Als ich begriff, was er wollte, wurde ich wieder selbstbewusst.

»Ich will aber nicht kotzen. Ich bin kein bisschen –«

Er ergriff meine Schulter mit einer Hand und schüttelte mich leicht. »Ich hab gesagt, steck den Finger in den Hals und spuck die ganze Scheiße raus.«

Ich wurde ungehalten. Wie wagte er, ein Bauer, ein Niemand, mir Vorhaltungen zu machen? Ich riss meine Schulter weg.

»Danke, mir geht es gut. Ich möchte lieber zu meinen Freunden zurück«, sagte ich und wandte mich in Richtung des Cafés.

»Marguerite.« Das war nicht lauter als seine vorherigen Worte, aber es hatte mehr Kraft als seine Hand.

»Ja?« Ich hielt inne.

»Das sind nicht deine Freunde. Sie lachen dich aus.« Da hatte er sich getäuscht. Sie konnten mich nicht auslachen. Nicht bei meiner Überlegenheit und meinem großstädtischen Auftreten.

»Bist du verrückt?« Ich klang wie eine Debütantin aus San Francisco.

»Nein. Für sie bist du ein Witz. Du bist weggegangen. Und dann zurückgekommen. Und wozu? Und was kannst du von deinen Reisen vorweisen?« Sein Ton war so sanft wie die südliche Nacht und das Plätschern des Teichs. »Du bist zurückgekommen, um anzugeben und zu prahlen, du wärst im Paradies gewesen, und trägst genau die Klamotten, die hier alle loswerden wollen.«

Ich hatte keinen Gedanken darauf verschwendet, dass Röcke mit buntem Blumenmuster und bestickte weiße Blusen in San Diego vielleicht gerunzelte Brauen wecken konnten, aber in Stamps den Großteil der Garderobe der meisten Mädchen ausmachten.

L. C. fuhr fort. »Sie sagen, du wärst nicht bei Trost. Selbst in Texarkana ziehen die Leute sich besser an als du. Und du warst in Kalifornien. Sie wollen dich richtig in der Tinte sehen. Und deshalb haben sie dich mit Sloe Gin abgefüllt.«

Er schwieg für einen Augenblick und fragte dann: »Du trinkst doch nicht, oder?«

»Nein.« Er hatte mich ernüchtert.

»Komm jetzt, spuck es raus. Ich hab Wasser mitgebracht, damit du dir hinterher den Mund waschen kannst.«

Er trat zur Seite, als ich zu würgen begann. Die bittere starke Flüssigkeit gurgelte aus meiner Kehle und brannte auf meiner Zunge. Und die Vorstellung der Übelkeit führte zu neuem und stärkerem Aufbäumen des Magens.

Nach dem kühlen Wasser gingen wir am Café vorbei zurück, und die noch immer laute Musik pochte wie Gongschläge in meinem Kopf. Er stellte das Glas neben dem Eingang ab und lenkte mich in Richtung des Ladens.

Seine Analyse hatte mich verwirrt, und ich konnte nicht verstehen, warum ich der Sündenbock sein sollte.

Er sagte: »Sie wollen frei sein, frei von dieser Stadt, von armen Weißen, von Farmarbeit und Ja-Sir und No-Sir. Du warst nie besonders entgegenkommend, und wenn du nicht weggegangen wärst, hätten sie dich auch nicht besser leiden können. Ich bin hier geboren und werde hier sterben, und sie haben mich nie leiden können.« Er sagte das resigniert und ohne erkennbaren Kummer.

»Aber L. C., warum gehst du nicht weg?«

»Und was würde mein Alter dann tun? Ich bin das Einzige, was er hat.« Er unterbrach mich, bevor ich antworten konnte, und sprach weiter: »Manchmal bringe ich meinen Lohn nach Hause, und er versäuft alles, bevor ich Lebensmittel für die Woche kaufen kann. Deine Großmutter weiß Bescheid. Sie räumt mir immer Kredit ein.«

Wir näherten uns dem Laden, und er redete weiter, als wäre ich nicht da. Ich wusste, dass er weiter zu sich selbst reden würde, wenn ich sicher in meinem Bett lag.

»Ich hab mir überlegt, nach New Orleans oder Dallas zu gehen, aber ich kann nichts anderes als Baumwolle schneiden, pflücken und Kartoffeln ausgraben. Selbst wenn ich genug Geld sparen könnte, um den Alten mitzunehmen, wie sollte ich in der Großstadt Arbeit finden? Das ist ihm nämlich passiert. Nach dem Tod meiner Mutter wollte er wegziehen, aber wohin? Wenn er zwei Flaschen Schwarzgebrannten getrunken hat, redet er manchmal mit ihr. ›Reenie, ich seh dich an dieser Stelle. Wie kommt es, dass du mich nicht mitgenommen hast, Reenie? Ich kann nirgends hingehen, Reenie. Ich wär gern bei dir, Reenie!‹ Und tut so, als würde ich ihn gar nicht hören.«

Wir hatten die Hintertür des Ladens erreicht. Er hielt mir seine Hand hin.

»Hier, kau diese Sen-Sen-Tabletten. Schwester Henderson soll nicht merken, dass du getrunken hast. Gute Nacht, Marguerite. Mach dir keine Sorgen.«

Und er verschmolz mit der dunkleren Dunkelheit. Im Jahr darauf erfuhr ich, dass er sich am Tag der Beerdigung seines Vaters mit einem Gewehr das Gehirn weggepustet hatte.

## 17

**D**ie vormittägliche Sonne war täuschend mild, der Wind gewichtlos auf meiner Haut. Die Sommermorgen in Arkansas haben eine besänftigende Wirkung auf die steinharte Wirklichkeit.

Nach fünf Tagen im Süden hatte meine schnelle Sprechweise zu schleppen begonnen, und die knappe kalifornische Sprache (vergleichsweise knapp) wurde allmählich schludrig. Ich musste mich richtig zusammennehmen, um »in die Stadt« zu gehen. In San Francisco kleideten sich Frauen besonders schick, wenn sie in den Läden mit großen Schaufenstern in den Greary- und Market-Straßen einkaufen gingen. Kurze weiße Handschuhe waren ein so wichtiges Accessoire wie Hüftgürtel, die den Hintern in Form brachten, und ein Deodorant, das geruchloses Paradieren die steilen Hügel auf und ab erlaubte.

Ich kleidete mich im San-Francisco-Stil für den Spaziergang von fast drei Meilen und machte mich auf den Weg durch den schwarzen Teil der Stadt, vorbei an der Christian-Method-Episcopal- und der African-Methodist-Kirche und den stolzen kleinen Häusern über ihren Rosensträuchern in graslosen Vorgärten, zum Teich und den Bahngleisen, die den weißen Teil vom schwarzen Teil der Stadt trennten. Meine hochhackigen Nachkriegsschuhe aus durchsichtigem Plastik knirschten in dem unnachgiebigen Kies, und ich zog meine Handschuhe bis zu den Knöcheln hoch. Ich hatte die fast tropische Betäubung überwunden, und mein entschlossener Schritt, etwas unsicher durch die Steinchen an den Schuhen, meine elegante Aufmachung und mein erhobener Kopf waren dazu angetan, den schwarzen Frauen, die hinter ihren Spitzenvorhängen hervorspähten, zu zeigen, wie man sich zu einem Einkauf in die Stadt zu begeben hatte. Und den müßigen weißen Frauen würde es beweisen, dass ich mich auskannte, sobald ich ihre Gegend erreichte. Und wenn das so war, gab es dann etwa nicht Heerscharen schwarzer Frauen in allen Gegenden der Welt, die sich auch auskannten? Hoch mit dem Status der Schwarzen.

Als ich in den Stadtteil der Weißen einzog, kam es zu einem Vakuum. Die Luft bewegte sich nicht mehr und drückte schwer. Ich sah zu den weißen Fenstern in der Erwartung, dass Vorhänge losgelassen würden und ihren normalen Platz einnahmen. Doch die Vorhänge auf beiden Straßenseiten bewegten sich nicht. Da wurde mir klar, dass den weißen Frauen mein unsicherer, aber fraglos eleganter Einzug in ihre Stadt entging. Ich gestand mir meine Erschöpfung ein, zwang mich aber, den Kopf höher und die Schultern gerader als vorher zu halten.

Was dem Gemischtwarenladen in Stamps an Klasse fehlte, machte er durch Vielfalt wett. Billige Sorten von Nähfäden und Hühnerfutter, Farmzubehör und Haarbänder, Dünger, Shampoo, Frauenunterwäsche und strapazierfähige Socken, Gesichtspuder, Schulmaterial und bauchquälende Abführmittel stapelten sich auf und unter den Regalen.

Mir taten der arme Inhaber und die Verkäuferinnen leid. Wenn ich an die breiten Gänge im Emporium von San Francisco und die fast mitgehörten leisen Gespräche in der kostspieligen City of Paris dachte, konnte ich den Laden nur mit einem herablassenden Lächeln bedenken.

Eine junge, sehr blonde Frau mit kummervoller Miene kam mir in einem Gang voller Kunden entgegen. Ich sagte: »Guten Morgen«, und ließ ein wohltätiges Lächeln meine Mundwinkel kräuseln.

»Was kann ich für Sie tun?« Das dünne Gesicht nickte mir zu wie eine scharfe Axt, die sich langsam senkte. Ich dachte mir: »Das arme erbärmliche Ding.« Sie konnte nicht einmal ihre Worte richtig aussprechen. Ihre Frage klang wie aus einem Hillbilly-Song: »Whakin I dew fer yew?«

»Ich hätte gerne ein Schnittmuster.« Ich konnte es mir leisten, höflich zu sein. Ich war die welterfahrene Person. Als ich ihr die Nummer des Schnittmusters sagte und sah, dass sie bei meinem Westküstenakzent zusammenzuckte, der mir für den Augenblick wieder zur Verfügung stand, fühlte ich plötzlich Freundlichkeit für das kummervolle arme weiße Ding. Ich fügte hinzu: »Wenn es nicht zu viel Mühe ist.«

Sie ging hinter eine Verkaufstheke und blätterte in einigen altersmüden Schnittmustern, wobei sie die Schultern über die Schublade beugte, als wären deren Inhalte gefährdet. Obwohl sie zwanzig oder eher achtzehn Jahre alt war, kündeten ihre Haltung und ihre Miene von einer frühen Kapitulation vor der Armut des Lebens armer Weißer im Süden. Ihre Hüften sprachen nicht von Sex, ihre dünnen, kurzen Finger nicht von Energie.

»Haben wir nicht da. Aber ich kann es für Sie in Texarkana bestellen.«

Sie sah nicht auf und sprach von der ärmlichen Stadt in zweiundfünfzig Meilen Entfernung, als ginge es um Istanbul.

»Dafür wäre ich sehr dankbar.« Ich kam mir dankbar vor und sehr großzügig.

»In drei Tagen habe ich wieder Dienst. Kommen Sie am Freitag.«

Ich schrieb meinen Namen, Marguerite A. Johnson, schmucklos auf den kleinen Zettel, den sie mir gereicht hatte, lächelte sie ermutigend an und ging hinaus in den inzwischen ernsthaften mittäglichen Sonnenschein. Die Hitze hatte die Straßen von Fußgängern geleert und stürzte sich auf meine Schultern und meinen Kopf, als hätte sie eigens auf der Lauer gelegen.

Die Erinnerung an die stumpfsinnige Verkäuferin stachelte mich zu übertriebener Aufmerksamkeit und Würde an. Ich musste im gleichen munteren Schritt zurückgehen, meine Arme mussten im gleichen Rhythmus schlenkern, und keinesfalls würde ich den Schatten der Bäume am Straßenrand suchen. In meinem Kopf wirbelten Schmerzen, und der kieselige Weg taumelte vor mir, aber ich achtete auf die Würde meiner Lage und erreichte schließlich den Laden.

Momma fragte aus der kühlen, dunklen Küche: »Was hast du gekauft, Mädchen?«

Ich schluckte die hitzebedingte Übelkeit und antwortete: »Nichts, Momma.«

Die Tage passten sich unserem Leben an wie Besucher in einem Krankenzimmer. Ihr Kommen und Gehen fiel mir fast nicht auf. Momma war von dem Wunder meines Sohns so hingerissen, wie sie zuließ. Sie streichelte und knuddelte ihn und sprach mit ihm mit ihrer tiefen Stimme, ohne je in den gekünstelt humoristischen Ton Erwachsener gegenüber Babys zu verfallen. Er wiederum verliebte sich rettungslos in sie, lief von der Küche zur Veranda, zum Laden und zum Hof hinter ihr her.

Ihre Vertrautheit war nichts Unerwartetes. Die große, füllige dunkelbraune Frau, die immer in Bewegung zu sein schien, hatte mit einem Schritt Abstand das kleine butter-gelbe Baby im Gefolge, das schwankte, hinfiel, sich wieder aufrichtete, auf seinen krummen Beinchen schaukelte und zu Momma lief. Sie drehte sich nie um und blieb nie stehen, um ihm zu helfen, sondern ging nur langsamer, bis er wieder auf den Beinen war.

Mein Schnittmuster war aus dem alten exotischen Texarkana angekommen. Ich kleidete mich an für den Marsch in die Stadt und kontrollierte mein Haar, das fast zu Tode ge-glättet und geölt war. Selbst im Laden spürte ich die brüten-de Hitze, ging aber in missionarischem Eifer auf die Straße hinaus.

Als ich den Teich und Mr Willie Williams' Dew Drop In erreichte, schien das Plastik zur Form meiner Füße ge-schmolzen zu sein, und Schweiß tropfte aus der dicken Schicht Deocreme unter meinen Achseln.

Mr Williams servierte mir ein kühles Getränk. »Was treibt dich her? Lust auf Sonnenstich?«

»Ich bin auf dem Weg zum Gemischtwarenladen, eine Bestellung abholen.«

Sein Lächeln war zwei Linien aus weißen und goldenen Karos. »Pass auf, dass du nicht abgeholt wirst. Mit der Sonnenhitze ist nicht zu spaßen.«

Arroganz und Dummheit trieben mich aus dem kleinen Café zurück auf den staubigen heißen Lehmboden. Ich wanderte im Schatten der Bäume, mein Gesicht eine Maske der Blasiertheit. Die Haut meiner Schenkel scheuerte wie nasses Gummi, als ich entschlossen an den fremdartigen weißen Häusern vorbei mein Ziel ansteuerte.

Im Laden lastete die Luft schwer auf den trägen Propellern der zwei Deckenventilatoren, und ein süßlicher penetranter Geruch überfiel mich an der Kosmetiktheke. Doch ich war bereit, weiterzugehen, bis die Sonne uns unsere Sünden vergeben und uns nicht länger foltern würde.

Eine große Verkäuferin im Kittel versperrte mir den Weg. Ich wollte ihr in dem engen Gang ausweichen. Ich bewegte mich nach links, sie bewegte sich nach rechts. Ich nach rechts, sie nach links, beide kurz im Dilemma, und ich lächelte. Ihr längliches Gesicht erwiderte das Lächeln. »Sie bleiben stehen, dann kann ich an Ihnen vorbei.« Es war keine Aufforderung zur Kooperation. Die harsche Stimme einer Bergbewohnerin gab mir einen Befehl.

Mit wem glaubte sie es zu tun zu haben? Sah sie nicht an meinen noch immer weißen, wenn auch staubigen Handschuhen und meiner gestärkten Kleidung, dass ich kein Dienstbote war, den man herumkommandieren konnte? Ich war unter einer glühend heißen Sonne fast drei Meilen gegangen und musste weder keuchen noch schnaufen, sondern stand mit der gelassenen Würde einer vornehmen Dame in dem schäbigen, übelriechenden Laden. Das hätte sie bedenken sollen.

»Nein, Sie bleiben stehen und ich kann an Ihnen vorbei«, befahl ich.

Die Verwunderung ihrer Miene wich schnell Zorn. »Wie heißen Sie? Wo kommen Sie her?«

Die Wiederholung meiner Worte lag mir auf der Zunge, als die blasse Frau, die meine Bestellung aufgenommen hatte, den Gang entlang zu uns schlurfte. Das vertraute Gesicht weckte wieder mein Mitgefühl, und ich schickte die große Frau ins Vergessen mit: »Entschuldigen Sie, hier kommt meine Verkäuferin.«

Die dunkelhaarige Frau drehte sich schnell um und sah ihre Kollegin. Sie stellte sich zwischen uns, und ihre Stimme krächzte in dem stillen Laden: »Wer ist das?«

Mit einer Kopfbewegung deutete sie auf mich. »Ist das die freche Ruby Lee, von der du mir erzählt hast?«

Die Verkäuferin hob den Kopf, sah mich an und dann ihre Kollegin. »Nee, ist sie nicht.« Sie blätterte in ihrem Bestellbuch und sagte: »Die hier heißt Margaret oder Marjorie oder so.«

Sie hob wieder den Kopf und sah mich über Jahrhunderte hinweg an. »Wie spricht man deinen Namen aus, Mädchen? Spuck ihn aus.«

In diesem Moment wurde ich wurzellos, namenlos, haltlos. Die zwei weißen Flecken verschwammen vor meinen Augen.

»Sag deinen Namen«, sagte sie. »Wie heißt du?«

Ich riss mich zusammen und erkannte ihre Gesichter. »Ich heiße« – und die ungerächte Sklaverei machte mich stark – »Miss Johnson. Sollten Sie Anlass haben, mich anzusprechen, was ich allerdings sehr bezweifle, rate ich Ihnen, mich Miss Johnson zu nennen. Und falls ich es nötig haben sollte, Sie zwei Jammergestalten anzusprechen, kann ich Sie gerne Miss Dumpfbacke, Miss Vollidiot, Miss Blödian nennen oder bei jedem anderen Namen, den ein ungnädiges Schicksal Ihnen übergestülpt hat.«

Die Frauen glitten in die Ferne, obwohl ich sie sah. Sie schienen den Gang entlang wegzuschweben, und als ich ihre Gesichter in der Ferne sah, wusste ich, dass sie meine Gegenwart ungläubig zur Kenntnis nahmen.

»Und woher ich komme, geht Sie nichts an, sondern eher, wohin Sie unterwegs sind. Denn ich ohrfeige Sie bis rüber in die nächste Woche, wenn Sie jemals wieder wagen, den Mund aufzumachen. Und jetzt nehmen Sie das elende Schnittmuster und stecken Sie es sich wer weiß wohin.«

Als ich zwischen den zwei Frauen hinausstolzierte, kannte meine Selbstzufriedenheit keine Grenzen. Bei so wenigen schwierigen Anlässen war ich mit mir zufrieden gewesen, dass ich mir nun herzlich gratulierte. Ich hatten ihnen Bescheid gesagt, und zwar richtig. Ich stellte mir vor, wie sie noch immer mit offenem Mund dastanden. Meine Freude machte die Straße weniger holprig und die Sonne weniger heiß. Gratulationen standen bevor.

Bei Mr Williams musste ich keine Erfrischung kaufen. Ich war innerlich so kühl wie ein Springbrunnen, als ich nach Hause eilte.

Momma stand auf der Veranda mit Blick zur Straße. Ihre Arme hingen herab, und sie bewegte den Kopf nicht. Aber irgendwas stimmte nicht. Anspannung hatte ihre straffe Haltung verzerrt und sie zur linken Seite lehnen lassen. Ich hörte auf, mich zu beglückwünschen, und lief zur Veranda.

Als ich die Stufe zur Veranda erreichte, sah ich zu ihr auf. »Momma, was ist passiert?«

Die Besorgnis hatte tiefe Furchen von ihren Nasenflügeln zu ihren zusammengepressten Lippen gegraben.

»Mr Colemans Enkelin, Miss June, hat mich vorhin aus dem Gemischtwarenladen angerufen.« Ihre Stimme zitterte leicht. »Hat gesagt, du hättest dich in der Stadt aufgeführt.«

Das war also ihre Art, meinen Triumph zu schildern. Ich wollte Momma alles erklären, damit sie sich mit mir freuen konnte. Ich setzte an: »Es ging um das Prinzip der Sache, Momma –«

Ich sah gar nicht, wie sie die Hand hob, die plötzlich hart auf meine Wange traf.

»Hier ist dein Prinzip, junge Frau.«

Ich spürte das Brennen meiner Haut und die dröhnenden Schmerzen im Kopf.

»Momma, es ging um das Prinzip.« Mein linkes Ohr war wie verstopft, und ich hörte meine Stimme wie durch Watte.

Beim zweiten Mal überraschte mich die Hand nicht, aber die gleiche Logik, die mir sagte, dass ich im Laden der Weißen im Recht gewesen war, sagte mir, dass ich Momma gegenüber genauso im Recht war. Ich konnte dem Schlag nicht feige ausweichen. Er traf auf meine rechte Wange.

»Da hast du dein Prinzip.« Ihre Stimme klang wie aus einem fernen Tunnel.

»Es ging um das Prinzip, Momma.« Tränen liefen mir über das brennende Gesicht, und in meiner Kehle stieg Schmerz auf.

Die Hand schlug immer wieder zu, sobald ich das Wort Prinzip murmelte, und dann lag ich im weichen Staub vor der Veranda. Ich wollte mich nicht mehr bewegen. Ich wollte nie mehr aufstehen.

Sie kam von der Veranda herunter und packte mich an den Armen. »Steh auf. Steh jetzt auf, hörst du?«

Der Ton ihrer Stimme erlaubte niemals Widerspruch. Ich stand da und sah sie an. Ihr Gesicht glitzerte, als wäre ihr ein Eimer Wasser über den Kopf geleert worden.

»Du denkst, weil du in Kalifornien warst, würden diese geisteskranken Leute dich nicht umbringen? Du denkst, diese bescheuerten Unterschichtsweißen würden nicht versuchen, dich auf der Straße abzufangen und zu vergewaltigen? Du denkst, wegen deinem großartigen Prinzip wären ein paar Männer nicht dazu aufgelegt, ihre weißen Umhänge anzuziehen und herzureiten, um für ein bisschen Ärger zu sorgen? Wenn du so denkst, dann täuschst du dich. Es gibt keinen Schutz für dich und mich außer dem Herrn und ein paar Meilen. Ich hab deine Sachen und die vom Baby eingepackt, und Bruder Wilson kommt, um dich nach Louisville zu fahren.«

Am Nachmittag stieg ich in den Pferdewagen und nahm mein Baby aus Mommas Armen. Das Baby schrie, als wir abfuhren, und Momma und Onkel Wilson standen da und winkten und weinten zum Abschied.

# 18

Mommas Wunsch, mich zu beschützen, hatte sie veranlasst, mir ins Gesicht zu schlagen, was sie nie zuvor getan hatte, und mich dorthin zu schicken, wo sie mich in Sicherheit wähnte. Wieder hatten der Süden und ich uns getrennt, und wieder ging es für mich zu den kühlen grauen Hügeln von San Francisco. Ich tobte im Zug innerlich, dass weiße Idiotie mir solche Vorschriften machen konnte, und sah in jedem weißen Gesicht, das mir zu Augen kam, offene Dolche.

Wenn ich in diesem Augenblick die Möglichkeit gehabt hätte, alles nach meinem Willen einzurichten, hätte ich mit Vergnügen alle lebenden Weißen und ihre Millionen Toter einer Hölle überantwortet, wo der Teufel schwarzer war als ihre Furcht vor Schwarzen und grausamer als der Hungertod. Aber machtlos, wie ich war, verbrachte ich die Zeit im Zug damit, mich um das Baby zu kümmern, wenn ich daran dachte, und mich zu fragen, ob mich bei der Rückkehr nach Kalifornien ein Haftbefehl erwarten würde.

Die Stadt wusste gar nicht, dass ich weg gewesen war, und Mutter nahm mich und das Baby in ihr neues Haus mit vierzehn Zimmern mit, als wäre ich gerade von einem lang geplanten Urlaub zurückgekommen.

Ich fand Arbeit als Aushilfsköchin in einem winzigen schmierigen Imbisslokal. Die Männer, die dort aßen, waren gestrandete Überbleibsel der inzwischen geschlossenen Fabriken für Kriegszubehör. Sie schlurften in den fünftrangigen schäbigen Imbiss, mit ihrem Kummer beschäftigt.

Die Arbeit war schlecht bezahlt, und die ständige Atmosphäre von Verzweiflung deprimierte mich. Wenn ich nachmittags nach Hause ging, war mir zumute, als wären das ranzige Kochfett und die Traurigkeit der alten Männer in meine Poren eingesickert und krochen durch meinen Körper.

Eines Nachmittags ging ich in einen Plattenladen gegenüber von meinem Imbiss und traf auf eine Frau, die hinter der Theke freundlich und warmherzig wirkte. Sie war eine Weiße um die dreißig und nicht herablassend angesichts meiner Hautfarbe oder meines Alters. Als ich sagte, ich liebte Blues, holte sie ein paar alte Columbia Blue Labels aus dem Regal. Ich sagte, ich liebte auch Jazz, und sie schlug mir die neuesten Platten von Charlie »Bird« Parker vor. Die Musik spülte die Gerüche und die Stimmung der Imbissbude weg, und ich verließ den Laden mit mehr Schallplatten, als ich mir leisten konnte. Ich hatte mit der Inhaberin vereinbart, die Dial-Platten zu sammeln, Aufnahmen von Bird, Max Roach, Al Haig, Bud Powell, Dizzy Gillespie und anderen, von denen sie sagte, sie seien auf dem Weg, »die Größten« zu sein. Jeden Zahltag behielt ich genug Geld zurück, um mein Leben bei Mutter zu finanzieren, und den Rest gab ich für Schallplatten und Bücher aus.

Es machte Mutter unglücklich, dass meine Arbeit mich unglücklich machte. Sie hatte immer gewusst, dass ihre Tochter »großes Potential« hatte, und sie war entschlossen, zu tun, was sie konnte, damit ich es verwirklichte.

Einige Wochen später saßen wir im Esszimmer und wogen die Voraussetzungen für meine Zukunft ab.

Ich war fast neunzehn, hatte ein kleines Kind und keinen richtigen Beruf, konnte kreolisch kochen und war eine fleißige, freundliche Cocktailkellnerin. Und ich war als Puffmutter ausgebildet, aber irgendwie hatte ich das Gefühl, dass ich »mein Spezialgebiet« einfach noch nicht gefunden hatte (diesen Begriff hatte ich vor kurzem entdeckt und warf mit ihm häufig und fröhlich um mich).

»Privatsekretärin. Wenn du schnell genug tippen und Steno kannst.« Mutter meinte es ernst. Ihr hübsches Gesicht war vor Konzentration gerunzelt. »Telefonistin. Gute Bezahlung.«

Ich erinnerte sie daran, dass wir das alles schon durchgegangen waren.

»Lochkarten. Stenotypistin. Du brauchst Übung, Schätzchen.«

Sie sah mich eindringlich an und sagte: »Alles, was man tut, ist es wert, dass man es gut tut.«

Ich wagte nicht, sie daran zu erinnern, dass ich alles, was ich getan hatte, gut gemacht hatte.

»Was macht Alice? Und was ist mit Jean Mae und den Zwillingen? Was tun sie alle? Gehen die aufs College?« Ihre Stimme und ihre runden schwarzen Augen suchten nach Antworten.

Jean Mae, die sepiafarbene Betty Grable aus der Nachbarschaft, hatte einen Job in einem beliebten Drive-in-Restaurant. Ich hatte weder das Gesicht noch die Figur oder die sexuelle Ausstrahlung, um dort zu arbeiten. Alice konnte man sehen, wie sie nachts die Post Street und Sutter Street entlangschwirrte, mit aufreizendem Gang und ihrem dünnen Stimmchen, um den einsamen Matrosen drei Schritte hinter ihr in das nächste Stundenhotel zu locken.

Die Zwillinge hatten Zwillinge geheiratet, was mir so abstoßend erschien, wie auf den Strich zu gehen. Mir kam das wie eine Art geheimer Inzest vor.

Der kleine Anteil ehemaliger Mitschülerinnen, die das College besuchten, war unerträglich hochnäsig und langweilig geworden. Unter Meinesgleichen konnte ich also nicht auf Inspiration hoffen.

»Begleiterin, Fahrerin.« Das konnte ich tun. Sofort lief vor meinem inneren Bildschirm ein flackernder Film ab. In einer schicken Uniform aus grauer Wolle ohne Mütze und mit britischen Schuhen fuhr ich einen Mann, der Lionel Barrymore wie aus dem Gesicht geschnitten war. Er sprach mich immer als »Johnson« an, und obwohl wir uns mochten und respektierten, ließen wir es uns nie anmerken. Wenn es spät wurde, rief er mich in den Salon, und ich stand locker in Habachtstellung.

»Johnson. Morgen fällt viel an.«

»Ja, Sir?«

»Wir fahren in die Stadt, dann zurück zum Country Club, dann wieder in die Stadt, dann zur Farm. Etwas viel für Sie, fürchte ich.«

»Das ist mein Job, Sir.«

»Ich wusste, dass Sie das sagen würden, Johnson.«

»Ja, Sir.«

»Gute Nacht.«

»Gute Nacht, Sir.«

Mutters Blick folgte ihren beringten Fingern die Seite auf und ab.

»Du müsstest dort wohnen und würdest nicht genug verdienen, um dir einen Vollzeit-Babysitter zu leisten.« Sie schlug die Seite zu.

»Nimm alles, was nach etwas aussieht. Kündigen kannst du immer. Oder es kann sein, dass du der Sache nicht gewachsen bist und gefeuert wirst. Aber wichtig ist nur, dass du einen Job gefunden hast, als du einen brauchtest. Und wenn einer dich feuert, kriegt er dafür keinen Orden.« Sie stand auf und ging in die Küche.

»Wie wär's mit einem Dubonnet?« – Eis klirrte bereits in den Gläsern – »mit einem Schnitz Zitrone? Ich mach mir einen Scotch.«

Als etwa Zehnjährige sah ich in Arkansas eine umwerfende Schauspielerin in einem Film eine flotte Fahrerin spielen. Sie fuhr einen Oldsmobile mit einer Hand am Lenkrad und war so elegant wie ein Fotomodell. Ich sah mir wieder die Anzeige an und dachte an die Stelle als Fahrerin. Eine Spur Nostalgie fuhr mir durchs Herz. Die Uniform, die ungezwungene Kameradschaft mit den Hausangestellten, die asexuelle Beziehung zu meinem Chef und Frieden. Genau wie in der Armee. Routine, ehrliche Arbeit, nette Bekannte, gutherzige Gefährten und anständige Offiziere. Die Armee! Genau das Richtige. Die Idee salutierte auf Anhieb in meinem Geist. Die Armee!

Ich sprang in die Küche und wäre fast mit Mutter und ihrem Tablett mit den golden- und purpurfarbenen Drinks zusammengestoßen. Ich hatte eine gewisse Gewandtheit entwickelt, sogar viel davon, wenn ich mit den Gedanken bei der Sache war, aber in Augenblicken der Abgelenktheit reagierte mein Körper auf Stimuli wie eine Giraffe.

»Mutter!« Sie hatte die gefährdeten Gläser zurechtgerückt und ging an mir vorbei ins Esszimmer. »Ich gehe in die Armee!«

Sie stellte das Glas Dubonnet ab. »Du als Sergeant und das Baby als Gefreiter?«

Ihre Zunge war schärfer als Bügelfalten, und ich wusste, dass es keinen Sinn hatte, ihr zu widersprechen. Ich sagte nichts.

»Was hätte es für einen Sinn, Soldatin zu werden?«, fragte sie.

»Bei der Armee gibt es alle möglichen zusätzlichen Vergünstigungen, und ich könnte einen Beruf lernen. Es gibt das Sondergesetz für Soldaten, und wenn man gedient hat, kann man wieder zur Schule gehen und gleichzeitig ein Haus kaufen.«

»Zusätzliche Vergünstigungen« hatte ein Glitzern in Mutters Augen geweckt.

»Aber jetzt« – sie schob mir das Weinglas hin – »jetzt musst du wissen, ob du es ernst meinst. Denn wenn ja, dann ist es, als würdest du freiwillig ins Gefängnis gehen. Dir wird angeordnet, wann du schlafen, essen, aufstehen und arbeiten sollst. Ich persönlich könnte nicht in einer Million Jahren so leben.« Ihr Gesicht war vor Abscheu gerunzelt. »Aber irgendwie würde unser Land dir helfen, im Leben Fuß zu fassen.«

Hinter ihrer glatten hellbraunen Stirn wurden schwere Gedanken gewälzt, untersucht und ausgetauscht oder verworfen.

»Wenn du es ernst meinst und genommen wirst, sprechen wir mit Mrs Peabody über den Kleinen. Du könntest dich für zwei Jahre verpflichten, dein Geld sparen und Sprachen und Maschinenschreiben lernen.«

Sie entwarf meine Zukunft.

»Bemüh dich um die Offiziersschule oder ums Offiziersausbildungscamp. Die können nicht mehr sagen als ja oder nein. Und wenn du genommen wirst, vergiss nicht, dass sie dich genauso brauchen, wie du sie brauchst.« Sie sah meinen Unglauben und erklärte: »Die US-Armee braucht nette farbige Mädchen, gut erzogen und aus guter Familie. Das wollte ich sagen.« Sie griff nach ihrem Lippenstift (immer in der Nähe). »Die Regierung verschafft dir eine Ausbildung und einen Start im Leben, und du verschaffst ihrer Uniform Klasse.«

»Mutter, sie würden mich untersuchen und herausfinden, dass ich ein Baby habe.«

»Du hast keine Schwangerschaftsstreifen, und deine Brüste sind in Form geblieben, weil du ihn stillst.« Ihre Worte klangen fast unbeteiligt. »Darüber musst du dir keine Gedanken machen. Nein. Überleg dir, ob du zwei Jahre lang in der Armee sein willst. Ohne dein Baby und deine Familie. Befehle entgegennehmen und dein Temperament zügeln. Das musst du selbst entscheiden, dabei kann dir niemand helfen.«

Sie stand auf und schenkte mir ihr strahlendstes Lächeln.

»Ich bin jetzt verabredet. Wir können weiterreden, wenn du so weit bist. Und wenn du dich für die Armee entscheidest, weißt du, dass ich dich unterstütze. Wenn du als Nutte arbeiten wolltest, kann ich nur sagen, sei die Beste. Keine durchgeknallte Drogensüchtige. Mach es mit Klasse.«

Sie drückte einen wächsernen Kuss auf meine Stirn und legte sich ihren Kolinskypelz über die Schultern.

»Wie sehe ich aus?«

»Wunderschön.«

Sie schlang den Pelz etwas lässiger um sich und lachte. »Das sagst du nur, weil es stimmt.«

Ihre hohen Absätze klapperten im Trommelrhythmus zur Tür.

# 19

Die Registrierungsstelle der US-Armee hatte sich nicht groß bemüht. Die Büros befanden sich am Ende von San Franciscos Market Street, nahe dem pompösen Ferry Building, doch nichts von dessen exotischer Aufmachung hatte sich zu den vorgefertigten weißgestrichenen Mauern der Armeeinstitution verirrt.

Eine uniformierte Frau reichte mir ein Riesensandwich

aus Broschüren und Formularen, und ich setzte mich, um alles zu lesen.

Tatsächlich klang es so wie das, was ich brauchte. Nahrung, Unterkunft, Ausbildung und Kameradschaft. Zwei Jahre, und ich konnte ein Haus für mich und meinen Sohn kaufen. Vielleicht sogar einen Mann finden. Alles in allem gab es in der Armee eine Menge Männer. Was ich nun zu tun hatte, war, mich zwischen dreisten Lügen und Halbwahrheiten durchzumanövrieren, um die verschiedenen Tests zu bestehen. (Der Intelligenztest machte mir keine Sorgen, aber der Rorschachtest.) Hätte ich nur in die reguläre Frauenarmee eintreten wollen, hätte man meine Fähigkeiten beim Lügen getestet, aber ich war einen Schritt weiter gegangen. Mutter hatte gesagt: »Fang ganz oben an«, und deshalb hatte ich beschlossen, mich für die Ausbildung zum Offizier zu bewerben. Ich dachte, tägliche Besuche im Rekrutierungsbüro würden mein Anliegen befördern.

Das Kriegsende hatte der notdürftigen Besetzung der Registrierungsstelle wenig mehr zu tun überlassen, als Unterlagen in dreifacher Ausfertigung abzuheften und sich nach eigenem Geschmack anzuziehen. Fast einen Monat lang sorgte ich für Ablenkung. Natürlich konnten die Damen im Büro meine schlauen Schliche nicht so sehr schätzen wie ich, weil sie mit meinen Geheimnissen nicht vertraut waren.

Ich überflog die Fragebögen und Erläuterungen, las alles zweimal und log zweimal. Verheiratet … Vorsicht. Nein. Kinder … Vorsicht. Nein.

Mein Gehirn auf Hochtouren nützte mir allerdings nichts bei der ärztlichen Untersuchung. Die Ärzte rissen mir den Mund auf (ich brauchte zahnärztliche Behandlung; die Armee würde es bezahlen), klopften mich ab und hörten meine kräftigen Lungen und mein mutiges Herz ab. Alles in Ordnung.

Der Tisch des Gynäkologen war meine schwerste Prüfung. Auf dem kalten Tisch würden stählerne Instrumente zwischen meinen Beinen in dem unbekannten Bereich wühlen, in dem meine größte Schuld sich eingenistet hatte. Von weiblichen inneren Organen hatte ich nicht mehr Ahnung als von der Beschaffenheit des Mondes. Sicherlich, dachte ich mir, würde es Narben von der Geburt meines Sohnes geben. Einen Rest Geburtskanal, der den Wissenden verraten würde, dass ich eine Mutter war und folglich ungeeignet, meinem Land zu dienen (das ich inzwischen mit rührseliger Sentimentalität liebte).

»Wir nehmen ein paar Abstriche.« Die Miene der Krankenschwester war steinern, und der Arzt ignorierte mein Gesicht und verhielt sich, als bestünde ich nur aus schmaler Brust, flachem Bauch und langen schwarzen Beinen.

Ich fragte nach dem Grund.

»Es sind Tests auf Geschlechtskrankheiten.« Sie sprach, als ginge es um das Wetter. Syphilis und Gonorrhöe hatten mich nicht weiter gestört. Wenn die Armee sich um meine Zähne kümmern konnte, dann würden ein paar Spritzen auch das erledigen.

»Die Ergebnisse bekommen wir in ein paar Tagen.«

Ich versuchte, ihren Mienen irgendeine Information abzulesen, die sie gefunden hatten. Aber diese Mienen waren darin geübt, sich nichts ansehen zu lassen. Am liebsten hätte ich ihren verschlossenen Ohren zugerufen: »Ich werde warten. Ich sitze im Vorraum und warte auf die Ergebnisse.« Aber ich hatte auch Übung, nämlich darin: »Lass die Weißen nie erkennen, was du wirklich denkst. Lach, wenn du traurig bist, und tanz, wenn dein Herz blutet.«

»Ich werde einige Tage nicht da sein«, log ich, »aber sobald ich zurück bin, rufe ich Sie an.« Ich hoffte, dass es so klang, als täte ich ihnen einen Gefallen.

Drei, vier Tage zitterten im Kriechschritt vorbei, und dann kam der Anruf.

»Miss Johnson?« Ich erkannte die Stimme mit ihren Echos gestärkter Uniformen und Drillgruppen.

»Ja, ich bin Miss Johnson.« Ich versuchte, meine Antwort klingen zu lassen wie »Ich bin Miss Johnson, na und?«, aber es gelang mir nicht.

»Sergeant Matthews von der Einberufungsstelle.«

Ich weiß. Ich weiß. Weiter, verdammt.

»Ich rufe Sie an, um Ihnen mitzuteilen, dass Sie alle Tests bestanden haben und zu den Kandidaten für die Offiziersausbildung zählen, die im März und April beginnt.«

Ich hatte auf einmal so viel Luft in den Backen, was mich daran hinderte, ein anderes Geräusch als eine laute Explosion zu machen. Ich nickte in den Hörer.

»Sind Sie bereit, Anfang Mai das Gebiet von San Francisco für Fort Lee in Virginia zu verlassen?«

Die Luft wich mir aus dem Mund, und ich hielt den Hörer weg. Gott weiß, dass ich sie nicht erschrecken und ihr keinen Anlass geben wollte, mein Dossier voller Lügen zu überprüfen. Ich verwandelte das Geräusch in ein Hüsteln und hielt den Hörer wieder an Ohr und Mund.

»Entschuldigen Sie. Eine kleine Erkältung. O ja, ich kann bis zum ersten Mai bereit sein.« Ich hatte mich wieder etwas in der Gewalt und konnte hinzufügen: »Ich bin ausnehmend glücklich, diese Gelegenheit zu haben, meinem Land zu dienen, und ich werde –«

Sie unterbrach mich. »Ja, gut, kommen Sie in den nächs-

ten Tagen vorbei und leisten Sie den Fahneneid. Alles Gute.«
Und legte auf.

Nun war ich bereit. Alles hatte sich zuletzt zu meinen
Gunsten gefügt. Für die nächsten zwei Jahre waren mir die
Sicherheit meines Ziels und die Würde einer Soldatin mit
gutem Einkommen in der Armee der Vereinigten Staaten
von Amerika gesichert.

Naturgegebene Zurückhaltung und die Eitelkeit auf meine Überlegenheit hielten mich davon ab, auf der Stelle loszu-
laufen, um den Fahneneid zu leisten. Ich konnte mich zwei
Tage lang beherrschen, bevor ich kapitulierte.

Ich stand vor der Fahne, eine Hand auf der Bibel, die andere an die Brust gedrückt, und gelobte, dieses Land vor seinen Feinden zu schützen usw. usw. Die tiefgründigen Motive,
die noblen Absichten rührten mich so, dass ich beim geringsten Anlass in patriotische Tränenfluten ausgebrochen wäre.

Mutter war glücklich über meine Erfolgsgeschichte, aber
nicht überrascht. Als ich Bailey erzählte, dass ich bald in die
Armee eintreten würde, bedachte er mich mit einem kalten
Blick und fragte ohne jede Neugier: »Was soll der Scheiß?
Männer tun alles, um da rauszukommen, und meine Schwester hat nichts Besseres vor, als reinzukommen. Du dumme
Pute.« Zwischen Bailey und mir hatte sich die Atmosphäre
im Lauf der Jahre verdüstert, gefördert von seinem Zynis-
mus. Er konnte mich nicht mehr einordnen, und ich konnte
seine Enttäuschung am Leben als Schwarzer nicht erkennen.

Man konnte nicht behaupten, dass Bailey zu Hause wohnte, sondern eher, dass er dort seine Basis hatte. Er arbeitete
als Kellner auf den Southern-Pacific-Zügen, die zwischen
San Francisco, Chicago, Los Angeles oder Houston verkehr-
ten.

Wenige schwarze Familien haben keine Verbindung zu den Eisenbahnrouten in den USA. Die ersten schwarzen Aristokraten im frühen zwanzigsten Jahrhundert waren die Familien von Geistlichen, Leichenbestattern, Lehrern und Eisenbahnangestellten. Freifahrscheine wurden in den südlichen schwarzen Gegenden so großzügig verteilt, als wären sie Bargeld. Und viele arme schwarze Familien aßen ihre Bohnen und ihr Grünzeug von gutem Porzellan und schwerem Silber aus den Zuwendungen von Union Pacific, Southern Pacific und New York Central.

Bailey war immer noch der kleine hübsche schwarze Mann, und seine Zähne strahlten weiß voller Versprechen. Sein Haar glänzte, und seine kleinen Hände waren zierlich und bezaubernd. Aber alle liebevollen Erinnerungen an seine Zuneigung zu mir seit unserer Kindheit wurden von seinen Augen abgewehrt. Es war, als hätte eine Konfrontation, die er für sich behielt, ihren Glanz getrübt und sie leer und blicklos gemacht.

Seine Sprache, die sich vor Erregung zu einem Stottern überstürzte, war langsam geworden, und eintönig und monoton krächzte er seine Worte. Wenn er von einer Fahrt zurückkam, setzte er sich nicht mehr zu Mutter und mir, um mit uns wie früher Binokel oder Conquian zu spielen, sondern zog sich schnell um und verließ das Haus für eine rätselhafte Unternehmung. Meiner Neugier kam er zuvor, indem er sagte: »Kümmer dich um dich selbst und um dein Baby und deine Angelegenheiten, dann hast du genug zu tun.«

Wenn ich versuchte, Mutter über seine Umtriebe und sein Treiben auszuhorchen, sagte sie fast dasselbe und fügte meistens hinzu: »Er ist ein Mann. Er hat seinen Job und ist gesund und stark. Manche müssen mit weniger ihr Leben meistern.« Mehr nicht.

Papa Ford, der in das neue Haus mitgekommen war, saß in der warmen Küche über seinen Kaffee gebeugt.

Ich fragte ihn: »Papa, was ist mit Bailey los? Warum hat er sich so verändert?«

Er hob den Kopf und öffnete seinen zahnlosen Mund. Schmatz, schmatz.

»Hu, hu, Kind. Hu, hu.« Er senkte den Kopf, genoss das Unheil, das er andeutete.

»Papa, was soll das heißen? Sag was.«

Die Jahre hatten das Schaltsystem seiner Gefühle erodiert. Oft geriet er von einem Augenblick auf den anderen von tumber Gleichgültigkeit in lodernden Zorn. So auch dieses Mal.

»Stell nicht so viele verdammte Fragen. Halt deine verdammten Augen offen. Du bist doch kein beschissenes Baby.« Ein Schluck aus seinem Kaffeebecher, und er saß wieder da wie im Halbschlaf.

# 20

Ich musste überlegen, was mit meinen Sachen passieren sollte. Ich erklärte Mutter, wenn ich aus der Armee entlassen würde, könnte ich mir Hosenanzüge leisten, und meine Kaschmirtwinsets wären ideal zu Faltenröcken mit Schottenkaro. Die alten Kleider würde ich nicht mehr brauchen. Mutter war der Ansicht, dass sie noch gut genug für die Kleidersammlung waren. Ich erinnerte mich an die großen Lastwagen der Fürsorge, die in meiner Teenagerzeit einmal jährlich rückwärts in unsere Einfahrt fuhren und abholten, was Mutter entsorgen wollte. Nach einer kurzen, aber deutlichen Standpauke, in der Mutter von denen sprach, »die es nicht so gut haben wie du«, entschied ich mich für die Heilsarmee als Empfänger. Die frischen, sauberen Gesichter unter ihrem absurden Kopfputz und die Musik, die sie leierten, ohne dass man sie beachtete, hatten mich immer deprimiert. Sie waren zweifellos die geeignetste Adresse.

Die Schallplatten würden im Haus bleiben. Mutter liebte Lester Young, Billie Holiday, Louis Jordan, Buddy Johnson und Arthur »Big Boy« Crudup genauso wie ich. Sie würde die Platten bei ihren Einladungen spielen und an mich denken.

Der Gedanke, mich von meinen Büchern zu trennen, fiel mir schwer. Sie hatten mich aus dem Elend geholt, und wem sollte ich so gute Freunde anvertrauen?

Die wohltätige Geste, meine Kleider zu verschenken, wirkte sich auf andere Entscheidungen aus. Krankenhäuser waren die Lösung. Ich war überzeugt, dass die Lebensgeister abgemagerter einsamer Schwindsüchtiger geweckt würden, wenn sie die *Topper*-Geschichten von Thorne Smith lasen, und ich hatte bewiesen, dass es möglich war, Robert Benchleys Feuilletons und Kurzgeschichten mehr als hundert Mal zu lesen und immer noch dabei zu lachen. Ann Petrys *The Street* und alles von Thomas Wolfe, Richard Wright und Hemingway sollte einem Altersheim übergeben werden. Doch die russischen Autoren sollten mottensicher verpackt in unseren Keller wandern. Ich würde die Vorstellung genießen, wie Dostjewskis, Tolstois und Gorkis Werke im dunklen Keller dahinmoderten, umschwebt vom Geruch von Kampfer und feuchter Erde.

Ich kündigte meinen Job, um mehr Zeit für Guy zu haben, mir sein unschuldiges Lächeln einzuprägen und seine Harmonie zu bestaunen. Er weinte nur selten und schien eine Anlage zur Introvertiertheit zu haben, denn obwohl er sich nie zurückzog, konnte er sich offenbar auch allein amüsieren. Die Liebe eines Babys zu seiner Mutter mitzuerleben, ist wahrscheinlich das beglückendste Gefühl, das man haben kann. Wenn mein Sohn meine Stimme an der Tür im Erdgeschoss hörte, begann er zu singen, und wenn ich sichtbar wurde, fiel er auf seinen dicken Beinchen auf den Rücken, sein Hintern rummste auf den Boden, und er lachte und wiegte seinen großen Kopf auf und ab.

Ich wusste, dass es schwer sein würde, ihn zu verlassen. Schwer für mich, aber schwerer für ihn, denn er konnte nicht begreifen, dass ich einen Platz für uns sichern wollte. Ich drückte meinen kleinen Schatz an mich und quetschte meine Liebe in seine Poren. Wenn ich ein anständiges Leben haben wollte, eine gute Nachbarschaft und gute Schulen, dicke Strickpullover und die teuren Tennisschuhe, die ich an großen Jungen sah, brauchte ich eine Ausbildung und Hilfe. Uncle Sam würde mir ein besserer Freund sein als einer meiner Taugenichtse von Onkeln.

Nachdem meine Kleider zur Heilsarmee und meine Bücher in Holzkisten in den Keller gekommen waren, verbrachte ich die restliche Zeit damit, die Ausbildungsunterlagen zu studieren und mich mit den Armeegepflogenheiten vertraut zu machen, damit, wie man sein Bett baute und wie man Offiziere ansprach.

Eine Woche vor meiner Einschulung befahl mir eine militärische Stimme am Telefon, mich in der Einberufungsstelle einzufinden.

»Ich kann heute Vormittag oder am Nachmittag kommen.«

»Heute Vormittag! Und das ist ein Befehl, Soldat.«

»Es klingt dringend.« Vielleicht war unser Aufbruch vorverlegt worden.

»Es ist dringender. Mit Ihren Unterlagen stimmt etwas nicht. Wir sehen uns nachher.« Klick.

Verdammt, verdammt, und nochmal verdammt. Vermutlich hatte ein unbarmherziger, unnachgiebiger Arzt meine Unterlagen durchgesehen und festgestellt, dass ich ein Kind bekommen hatte. Und ich hatte gelobt, dass alles, was ich geschrieben hatte, die reinste Wahrheit war. Es gab Gesetze, die Kriminelle bestraften, die logen, wenn sie einen Eid ablegten (Meineid hieß der Begriff). Und schlimmer noch musste es sein, wenn man beim Gelöbnis und vor der Flagge log.

Mutter war mit Guy ins Freie gegangen, um mich mit meinen Unterlagen allein zu lassen. Ich hatte niemanden, der mich begleiten konnte. Ich kleidete mich an und dachte nach. Dabei schüttelte es mich. Es war ziemlich klar, dass ich nicht in die Armee eintreten würde, aber ich konnte ins Gefängnis kommen, wenn die Armee mich beschuldigte. Ich hätte klüger sein sollen, als die Regierung zu belügen. Es hieß immer, Uncle Sam würde tausend Dollar ausgeben, um einen zu erwischen, der eine Briefmarke für drei Cent geklaut hatte. Er war rachsüchtiger als Gott.

Im Bus beruhigte ich mich. Ich hatte die Tests so gut bestanden, dass sie vielleicht eine Ausnahme für mich machen würden, wenn ich alles gestand und erklärte, dass ich vernünftige Arrangements für meinen Sohn in den nächsten zwei Jahren getroffen hatte. Es wäre nicht zu schwer, wenn ich auf einen freundlichen Zuhörer traf und zu zittern aufhörte.

»Marguerite Johnson?«

Der dünne lange Hals der Frau ragte aus breiten sackenden Schultern empor, und ihre Stimme war schrill wie ein Feueralarm. Ihr Gesicht wäre mir sanfter lieber gewesen.

»Ja.« »Äh, Ma'am.« Sie war Offizierin. Zum Teufel, ich wollte sagen: »Ja, Sir.«

»Haben Sie den Fahneneid geschworen oder nicht?«

»Das hatte ich.« Hatte ich das? Vor ein paar Wochen war ich hingegangen und hatte gelobt, die Flagge zu achten, das Land zu verteidigen und meine amerikanischen Mitbürger mit meinem Leben zu verteidigen, wenn erforderlich. Meine Aufrichtigkeit hatte mich so bewegt, dass ich insgeheim hinzufügte: »Mein Land, ob im Recht oder im Unrecht, mein Land.« Auf geht's ins Blaue, und die Pulverwagen fahren voran.

»Wurden Sie gefragt oder nicht, ob Sie jemals ein Mitglied der Kommunistischen Partei waren?«

»Ich wurde gefragt und habe nein gesagt.« Na gut, wenn das alles war! Ich spürte, wie mein Blut seine alten Wege suchte und wieder zu fließen begann.

»Sie haben gelogen, Johnson.« Die Stimme steigerte sich zu einem Kreischen.

»Gelogen, Sir? Nein, Sir. Ich war nie –«

»Ist das Ihre Unterschrift, Johnson?« Verächtlich holte sie meinen Fahneneid hervor. Ich musste nicht hinsehen, um die großen geschwungenen Buchstaben zu erkennen.

»Ja, Sir. Das ist meine Unterschrift.«

Sie schnipste das Papier zu mir herüber und grinste vor Vergnügen. »Die California Labor School steht auf der Liste des Komitees für unamerikanische Umtriebe, Johnson. Wissen Sie, warum?«

»Nein, Sir. Ich habe dort nur Tanz und Theater studiert.«

»Ach, kommen Sie schon. Stellen Sie sich nicht dumm. Es ist eine kommunistische Organisation, und das wissen Sie.«

»Vielleicht ist das so, aber ich war nie Mitglied.«

»Sie haben die Schule zwei Jahre lang besucht.« Sie hatte ihre steife Haltung wiedergefunden.

»Aber da war ich vierzehn und fünfzehn. Ich war gerade aus dem Süden gekommen, und ein Lehrer auf dem Schulhof hat mir ein Stipendium verschafft. Weil ich nicht gut sprechen konnte –«

»Kommunisten sind gottlos, Johnson. Und unsere Armee kämpft im Auftrag Gottes.«

Mir war, als würde ich in Stroh versinken. Das Licht war noch zu sehen, aber so sehr ich mich auch abmühte, kam ich ihm nicht näher.

»Weil Sie jung waren und noch immer unschuldig sind, wie ich hoffe, wird die Armee nicht Anklage gegen Sie erheben. Aber wir können Sie auf keinen Fall als Soldatin in unsere Armee aufnehmen, Johnson. Sie sind entlassen.«

Körperlich und geistig war ich für eine Sekunde wie gelähmt.

»Entlassen.«

Ich weiß, dass ich ein guter Soldat gewesen wäre, denn selbst ohne den Vorteil der Gewohnheit oder einer Ausbildung machte mein Körper straff kehrt und wanderte in den Sonnenschein hinaus.

Mutter und der Kleine waren noch unterwegs, als ich in das große Haus zurückkam. Papa Ford machte seinen mittäglichen Verdauungsspaziergang. Alle Zimmer waren dunkel und kühl. Ich saß am geschmückten Esszimmertisch und versuchte, einen Überblick zu gewinnen.

Meine Kleider waren weg, ich hatte keinen Job und war von der Armee rausgeschmissen. Diese idiotische Institution, die jeden aufnahm (soweit ich das nach ihren Soldaten beurteilen konnte), hatte mich abgewiesen. Mein Leben hatte keinen Inhalt und kein Ziel. Allerdings musste ich zugeben, dass ich gelogen hatte. Nicht in der Sache, die mir zum Vorwurf gemacht wurde (mein Gott, ich hätte Stalin nicht erkannt, wenn er in meiner Schulklasse gewesen wäre. Für mich sahen heute noch alle Weißen gleich aus: blass und ähnlich), aber ich hatte über Guys Geburt gelogen. Ich fragte mich, ob die Gerechtigkeit zugeschlagen hatte. Wenn ja, dann sollte ich die Klappe halten und die Strafe hinnehmen. Ich brauchte Bailey. Ich sehnte mich nach den alten Zeiten, als ich mit ihm sprechen und meine Probleme erläutern konnte.

Ich stand auf und öffnete seine Zimmertür. Drinnen war es seltsam leer. Nicht so, als wäre der Bewohner kurz hinausgegangen und würde zurückerwartet, sondern als hätte nie jemand darin gewohnt und würde auch nicht erwartet. Die Luft war stickig. Ich schaltete das Licht ein, ging zum Fenster und öffnete die Jalousien. Das graue Frühlingslicht wagte sich nicht weit herein. Ich beschloss, seine Bettwäsche zu wechseln, das Zimmer zu putzen und frische Blumen hinzustellen. Unterdessen würde ich über meine Lage nachdenken.

Ich zog die Bettbezüge ab und faltete sie und machte mich über das Bettlaken her. Für einen Augenblick war ich so verblüfft, dass mir nichts mehr einfiel. Das konnte nicht Baileys Bett sein. Er war ein Vorbild an Sauberkeit, Gepflegtheit und

Ordentlichkeit. Jedes Familienmitglied sagte irgendwann: »Maya hätte ein Junge sein sollen und Bailey ein Mädchen. Sie ist so schlampig, und er ist so ordentlich«, und so weiter.

Die Laken waren vor Schmutz grau und schwarz. Der Geruch von Haaröl und Moschus lastete schwer. Ich zog an den Laken und ließ sie zu Boden fallen. Die Kissen kamen mit. Als sie hinfielen, kam mir ein kleines rundes Bündel in braunem Papier vor die Füße. Ich öffnete es, ohne zu müssen. Dünne braune Zigaretten waren mit Gummi zusammengehalten.

Selbst abwesend hatte Bailey mir geholfen. Ich zündete eine der Zigaretten an und musste innerhalb von Minuten über die Dummheit des Establishments kichern. Die US-Armee mit ihren Einheiten von Spionen war von einem halbgebildeten schwarzen Mädchen an der Nase herumgeführt worden. Ich setzte mich auf Baileys Bett und lachte, bis ich nicht mehr konnte.

# 21

Ich nahm eine Stelle als Spätschichtkellnerin in einem vierundzwanzig Stunden geöffneten Restaurant namens Chicken Shack an. Der Plattenspieler plärrte ununterbrochen die neuesten Hits, und die spätabendliche Kundschaft verbrauchte ihre überströmende Energie lärmend in den hell beleuchteten Nischen.

Das Haschischrauchen minderte den Stress. Ich fand eine Quelle in einem benachbarten Restaurant. Die Leute nannten es Mary Jane, Hasch, Gras, Kiff, Stoff, Pot oder Dope, und ich hatte keine Bedenken, es zu benutzen. Im schwarzen Ghetto der vierziger Jahre war es nur wenig schwieriger, an Marihuana, Kokain, Opium und Heroin zu kommen als an rationierten Whiskey. Meine Mutter beschränkte sich auf Scotch (Black & White), aber sie sang oft ein Lied, das in den Dreißigern beliebt gewesen war und schlimmstenfalls Hasch nicht verurteilte und bestenfalls seine Vorzüge pries.

> *Dream about a reefer five foot long*
> *Vitamin but not too strong*
> *You'll be high but not for long*
> *If you're a viper.*
>
> *I'm the queen of everything*
> *I got to get high before I can swing*
> *Light some tea and let it be*
> *If you're a viper.*
>
> *Now when your throat gets dry*
> *You know you're high*
> *Everything is dandy*
> *You truck on down to the candy store*
> *And bust your conk on peppermint candy.*
>
> *Then you know your brown body scent*
> *You don't give a damn if you don't pay your rent*
> *Light some tea and let it be*
> *If you're a viper.*

Ich lernte neue Körperhaltungen und träumte neue Träume. Von gewohnter Steifheit wandelte ich mich zu lächelnder

Toleranz. Draußen auf der Straße war es ein reines Abenteuer, die opulenten Essen meiner Mutter waren ein großer Genuss, und mit meinem Sohn zu spielen war zwerchfellerschütternd komisch. Zum ersten Mal machte das Leben mir Vergnügen.

Langsame lange Züge an den narkotischen Zigaretten brachten beruhigende Träume, dass mir alles gelingen würde und ich alles meistern würde – und das zweifellos mit der Hilfe eines gutaussehenden Mannes, der unsterblich in mich verliebt wäre.

Mein Märchenprinz würde sich aus heiterem Himmel einfinden und mir auf ein Lächeln hin die herrlichsten Dinge zu Füßen legen.

R. L. Poole sollte meine Träume zumindest teilweise als prophetisch bewahrheiten. Als ich ihm die Tür öffnete, nachdem er geklingelt hatte, und ihm sagte, ich sei Rita Johnson, wurde sein langes Gesicht noch länger.

»Die … äh, äh, Tänzerin?«

Tänzerin. Selbstverständlich. Ich war Köchin gewesen, Kellnerin, Puffmutter und was noch – warum nicht auch Tänzerin? Schließlich war das das Einzige, was ich gelernt hatte.

»Ja, ich bin Tänzerin.« Ich sah ihn keck an. »Warum?«

»Ich suche eine Tänzerin für die Arbeit.«

Ich dachte, er sei vielleicht ein Talentscout auf der Suche nach einem Mädchen für eine Revue oder sogar für die große Show mit farbigen Tänzerinnen mit dem Titel »Hol dir dein Glück«.

»Kommen Sie rein.«

Wir saßen am Esszimmertisch, und ich bot ihm Kaffee an. Er begutachtete mich, ein Körperteil nach dem anderen.

Meine Beine (lang), meine Hüften (schmal), meine Brüste (kaum vorhanden). Den Kaffee trank er langsam.

»Ich habe Tanz studiert, seit ich vierzehn war«, sagte ich.

Wenn die US-Armee mich dafür bestrafte, dass ich die California Labor School besucht hatte, war es ja möglich, dass jemand anders die Zeit dort als gewinnbringend einstufen konnte. Ich hatte recht. Seine Augen wanderten von der Untersuchung meines Körpers zu meinem Gesicht zurück.

»Heiße Poole. Aus Chicago.« Das sagte er in sachlichem Ton, und ich war mir sicher, dass es nichts mit falscher Bescheidenheit zu tun hatte. »Meine Spezialität ist Steppen, und ich suche eine Partnerin. Sie muss nicht viel tun außer Flashdance. Sind Sie Mitglied in der A. G. V. A.?«

(Flashdance und A. G. V. A. sagten mir nichts.)

Ich saß ruhig da und sah ihn an. Sollte er es selbst herausfinden.

»Ich war bei der Frau im Plattenladen, und sie hat mir von Ihnen erzählt. Sagte, Sie würden immer nur vom Tanzen reden. Und gab mir Ihre Adresse.

Ein paar Typen aus der Gegend, Musiker, haben mir Kontakte für ein paar Gigs verschafft. Üblich wären 22,50, aber wir verlangen bisschen weniger, damit es hinhaut.«

Ich hatte nicht die geringste Ahnung, wovon er sprach. Agva. Gigs. Kontakte.

»Mehr Kaffee?« Ich ging in die Küche mit dem Gang eines Fotomodells, Kinn gesenkt und Brustbein vorgestreckt und den Hintern eingezogen wie bei weißen Frauen.

Ich setzte neuen Kaffee auf und versuchte verzweifelt, eine neue Rolle für mich zu definieren. Sollte ich geheimnisvoll und abweisend sein, keine Fragen stellen und alle Fragen mit einem wissenden Lächeln beantworten, oder sollte ich das offenherzige, freundliche, kumpelhafte Mädchen von nebenan geben? Ich kam zu keinem Entschluss und ging deshalb wieder in das Esszimmer, die Beine züchtig aneinandergehalten.

»Was haben Sie gelernt?«

»Ballett. Praxis und Theorie des modernen Tanzes.« Es klang, als würde ich über den neuesten nuklearen Pulsantrieb referieren.

Seine Miene verdüsterte sich wieder.

»Und Stepptanz?«

»Nein.«

»Jazz?«

»Nein.«

»Akrobatik?«

»Nein.« Er schrieb mich offenbar ab, und ich sprang schnell in die Bresche. »Ich habe jeden Jitterbug-Wettbewerb gewonnen. Ich kann den Texas Hop. Den Off Time. Den Boogie-Woogie. Den Camel Walk. Den neuen Coup de Grace. Und ich kann die Grätsche.«

Ich stand auf, spreizte die Beine, sah auf sein trauriges Gesicht und rutschte langsam auf den Boden.

Für die Turnübung war ich nicht vorbereitet (ich hatte einen engen Rock an), aber R. L. war noch weniger vorbereitet als ich. Als meine Beine sich öffneten und zu Boden rutschten, hob ich die Arme in der eleganten ersten Position des Balletts und sah, wie seine Miene sich von schwachem Interesse zu ungläubigem Starren wandelte. Mein Rocksaum verfing sich am Oberschenkel, und ich geriet aus dem Gleichgewicht. Mit einer schnellen Handbewegung schob ich den Rock hoch und glitt weiter hinunter. Ich summte leise und konzentrierte meine Gedanken auf Sonia Henie in ihren süßen kleinen Tutus.

Aber leider hatte ich die Grätsche seit Monaten nicht ge-übt, und meine Beckenknochen widersetzten sich mit aller Kraft. Ich war nur noch eine Handbreit vom Boden entfernt und rückte meine Beine weiter auseinander. Was mir da-raufhin gelang, hatte ich so nicht geplant. Mein Rocksaum riss, bevor meine Knochen kapitulierten. Dann verkeilte sich mein linker Fuß zwischen den Tischbeinen von Mutters schwerem Eichentisch, und der andere Fuß verfing sich in der Leitung der Gasheizung. Mit an den Boden genagelten Extremitäten, deren Sehnen um Erbarmen flehten, fühlte ich mich wie gekreuzigt, doch in wahrer »*The show must go on*«-Manier hielt ich meinen Rücken aufrecht und meine Arme in einer Position erhoben, die Pavlova stolz gemacht hätte. Dann sah ich zu R. L., um zu erfahren, welchen Ein-druck ich gemacht hatte. Mitleid mit meiner Lage ließ ihn vom Stuhl aufstehen, und Besorgnis überzog sein Gesicht, als wäre sie von einem Wischmopp aufgetragen.

Meine Unabhängigkeit und Zurückhaltung hielten mich davon ab, Hilfe anzunehmen. Ich senkte die Arme, stemm-te mich mit den Händen am Boden ab und versuchte den rechten Fuß zu befreien. Die Leitung gab ihn nicht frei, und ich probierte es wieder. Ich muss in exzellenter Form gewe-sen sein. Die Leitung wurde vom Ofen gerissen, und Gas strömte mit einem Zischen aus wie das Schnarchen von zehn dicken Männern beim Mittagsschlaf an einem Sommer-tag.

R. L. stieg über mich und blickte in den Gasanschluss. »Verdammt.« Er sprang zum Fenster, öffnete es so weit wie möglich und eilte zur Heizung zurück. Neben dem Ende der Leitung fand er einen Hahn und drehte ihn. Das Zischen er-starb, und der schwere süßliche Geruch verflüchtigte sich.

Ich musste mein anderes Bein unter dem Tisch hervor-
ziehen.

R. L. hob eine Ecke des Tischs an, und mein Knöchel war
wie durch ein Wunder befreit. Ich hätte aufstehen können,
aber mein dämliches Ungeschick hatte meine Gefühle so
verletzt, dass ich mich auf den Bauch rollte, mit den Händen
auf den Boden schlug und weinte wie ein Baby.

Es stand außer Zweifel, dass R. L. soeben Zeuge des
merkwürdigsten Vorsprechens seines Lebens geworden war.
Er hätte den Flur entlang und aus dem Haus gehen können
und mich den Staub des alten Läufers einatmen lassen, aber
das tat er nicht. Ich hörte den Stuhl knarren, als er sich wieder setzte.

Ich war mir sicher, dass er sich alle Mühe gab, nicht laut
zu lachen. Ich wollte mehr Tränen herauspressen, um ihn zu
irritieren und nötigen zu gehen, aber die Tränenkanäle waren leer, und das Geräusch, das ich machte, war so unecht
wie die Wimpern eines Showgirls. Mir blieb nichts übrig, als
aufzustehen.

Ich trocknete mir das Gesicht mit meinen staubigen
Händen und hob den Kopf. R. L. saß am Tisch auf demsel-
ben Stuhl wie zuvor, das Gesicht in die Hand gestützt. Sein
dunkelbraunes Gesicht war ernst, und er sagte ruhig: »Na,
jedenfalls haben Sie schöne Beine.«

Als wir einen Probenraum in der Nähe aufsuchten, staun-
te ich, als ich sah, wie R. L. sich bewegte. Als würde der Wind
ihn zum Tanzen bringen. Ich stellte mir vor, dass seine ma-
geren braunen Beine mit Skelettnadeln direkt an seinen
spitzen Schultern befestigt wären. Denn er bog die Schultern und glitt über den Fußboden, wobei seine Zehen und
Fersen in einem Gewehrfeuer kleiner Explosionen klopften,

die Arme daneben und sein Gesicht ein pockennarbiges Oval.

Er versuchte mir die komplizierten Rhythmen des Steppens beizubringen, indem er mit rauer, leiser Stimme sang. »*Boom. Boom, boo rah, boo rah, boo rah, boo rah, brah brah.*« Laute Tritte auf den Boden, und Staub wirbelte von dem alten Holzfußboden hoch.

Mit der Gewandtheit eines Profis ließ R. L. alles einfach erscheinen. Ich richtete meine Energie auf die flüssigen Schritte des Flashs, so konzentriert wie eine Ballettschülerin, die eine *tour jeté* meistert. Ich hob die Arme in Schulterhöhe, streckte sie dann langsam aus, tat zwei gleitende Schritte, beugte ein Knie und blieb in dieser Position. Ein geübter Flashpartner umrahmt und betont den Tänzer, auf den es ankommt, der komplexe Rhythmen steppt. Dass ich meinen Körper frei über den Boden und die vernichtenden Fehlschläge meiner Vergangenheit schweben lassen konnte, gab mir Freiheit. Ich war R. L. für diese Befreiung dankbar und verliebte mich sofort in ihn.

## 22

Ich verschrieb mich der Karriere als Tänzerin, und das Tanzen und Üben nahm mich völlig in Anspruch. Charlie Parkers *Cool Breeze* war mein Übungsmaterial. Flash, dann beim Anfangsriff gleiten, dann bei Birds Solo verharren, mit den Fußsohlen den Boden polieren, ohne zu steppen, und dann bei Bud Powells Klavierzauber einfallen. Break, Cross-Step. Chicago. Fall. Fall. Break, Crossover. Apple. Break.

Time Step. Slap Crossover. Dann Break und Fall off the Log bis zum Ende des letzten Riffs.

Ich übte klaglos, bis meine Knöchel schmerzten, und wurde freigebig belohnt, als R. L. eines Tages sagte: »Wenn wir unseren Auftritt hier hinter uns haben, gehen wir am besten in den Osten. Irgendeine große Sache. Schließen uns Dukes oder Basies Tournee an.«

Was mich beschäftigte, war nicht die Frage, was ich auf einer großen Tournee mit meinem Sohn anfangen sollte, sondern die, wie ich meinen Flash so perfektionieren konnte, dass R. L. sich nicht nach einer hübscheren Partnerin umsah. Meine Zeit im Chicken Shack nutzte ich, um meine Knöchel zu kräftigen. Wenn ich hinter der Theke arbeitete, stand ich auf den Zehenspitzen, senkte eine Ferse und hob sie wieder, während ich die andere gegen den Boden drückte.

Als R. L. entschied, dass wir so weit seien, unseren Auftritt vor Publikum zu absolvieren, konfrontierte ich ihn mit meinem selbstgebastelten Kostüm. Ich hatte bei einem Theaterausstatter eine Perücke, Schwanzfedern, einen gepolsterten Büstenhalter und einen Tanga gekauft. Die schimmernden schwarzen Federn nähte ich auf die spärliche Bekleidung und fügte ein paar Pailletten und etwas Glitzerkram als Schmuck hinzu. Mein Kostüm war kaum mehr als eine Handvoll, und der Tanga bedeckte mein Schamhaar und den Spalt zwischen meinen Pobacken nur dürftig.

»Äh … nein.« Er senkte den Kopf und suchte fieberhaft nach den richtigen Worten. »Hm … Rita … nein. Das ist … hm … nicht das Richtige. … Ich will sagen … äh … du wärst aufgetakelt wie … ein Animiermädchen … Ich denke eher … an etwas wie einen Badeanzug … mit Pailletten …«

Ich stand vor ihm mit glänzender eingeölter Haut und

der wolligen Perücke voller Locken, die auf meinem Kopf zitterte, und war schrecklich enttäuscht. Mein Kostüm war eine getreue Kopie der Aufmachung von L'Tanya, der beliebten Ausdruckstänzerin, einem Star im Champagne Supper Club.

»Du siehst sonst ... ich will sagen, Steppschuhe würden ... Ich will sagen, sie würden nicht dazu passen ...«

Ich erinnerte mich. L'Tanya tanzte barfuß, mit einer Kette kleiner Glöckchen um ihre Knöchel und Ringen an ihren Zehen. Widerstrebend räumte ich ein, dass meine Kreation sich nicht für einen Steppauftritt eignete, und legte sie für eine spätere Verwendung beiseite.

R. L. lieh für mich ein rot, weiß und blau gemustertes Bühnenkostüm, das wie ein Badeanzug geschnitten war. Ich fügte einen Zylinder und einen Spazierstock hinzu, und wir waren bereit für unseren ersten Auftritt in einem kleinen Nachtclub am anderen Ende der Landzunge. Ach, der Geruch der Bühnenschminke!

Unser Programm war perfekt abgestimmt, Sprünge und Unterbrechungen von maschinengleicher Präzision. Mein Kostüm passte mir einigermaßen, mein Haar war wunderschön frisiert, und ich hatte genug Make-up im Gesicht, um einer Wintererkältung die Stirn zu bieten.

Das Orchester stimmte unsere Musik an, und ich führte »Poole und Rita« zur Bühne.

*Dam, dam, te dam, dam, dam.*

»Und nun Poole und Rita, die uns ihr neuestes Programm direkt aus Chicago vorführen!«

Ich befand mich plötzlich mitten auf einer leeren Bühne in gleißendem Scheinwerferlicht und fühlte mich fast nackt. Durch die Beleuchtung hindurch konnte ich ausmachen, was mir wie tausend Knie und Beine um kleine Tische herum erschien. Gesichter konnte ich im Halbdunkel des Raums nicht erkennen, aber ich war mir sicher, dass es sie gab und sie mich alle anstarrten.

R. L. glitt auf die Bühne, steppte los, flitzte an mir vorbei, und ich hätte am liebsten seine Hand ergriffen. Er tanzte hierhin und dorthin, doch ich stand wie gelähmt im Scheinwerferlicht.

*Boom, boom, boom, rah boom rah, boom rah brah, brah.*

Ich begriff, dass ich Angst hatte, und geriet fast in Panik. Großer Gott, wie würde es weitergehen? Ich konnte mich nicht mehr bewegen. Ein Pfahl war mir durch Kopf und Körper gedrungen und nagelte mich für immer an diese Stelle.

R. L. flitzte wieder an mir vorbei.

*Boom rah boom rah.*

Wenn er nur dieses alberne Stepptanzen lassen und meine Hand nehmen würde, könnten wir weggehen.

Er kam zu mir und sprach leise zu mir.

»Komm schon, Rita. Leg los. Leg los!«

Womit loslegen? Ich starrte ihn an, als hätte ich ihn noch nie gesehen.

Er legte mir einen Arm um die Schulter, wie Astaire es mit Rogers in einer ihrer Militärparodien tat.

Er sah mich an und schubste mich, dass ich fast in einen der Tische gekracht wäre, und zischte: »Leg los, verdammt, leg los!«

Ich legte los.

Ich tanzte auf einmal in alle Richtungen. Steppte, flitzte, pausierte. Ich flocht ein bisschen Twist, Susie Q und Blödsinn ein. Unser eingeübtes Programm war nicht mehr zu erkennen, aber ich war die närrischste Tänzerin der Welt. Boogie-Woogie, dann Charleston. Als das Orchester die letzten Takte anstimmte, hatte ich mich gerade warmgetanzt.

R. L. verfolgte mich über die Bühne. Zuletzt legte er mir wieder den Arm um die Schulter und zwang mich tanzend von der Bühne.

Das Publikum applaudierte, und ich riss mich los und rannte zurück, *Boom und boom-rah*. R. L. kam dazu und zog mich in die Kulissen zurück.

Ich war selig. Ich war eine Hungrige, die zum ersten Mal in ihrem Leben an einem Tisch willkommen geheißen wurde.

Der Kostümverleih und die Fahrtkosten hatten unsere Einnahmen zu fünfzehn Dollar pro Kopf verringert. Ich war erschöpft und hatte die lange Busfahrt in die Stadt vor mir. Aber alles war wunderbar. Es war gigantisch. Ich hatte losgelegt. Ich war im Showgeschäft. Der einzige Weg war der nach oben.

# 23

**W**ährend ich mich am Fuß der Erfolgsleiter abstrampelte, verlief Mutters Leben traumhaft. Eine Flut mit fluoreszierend gesprenkelten Wellen. Männer mit exotischen Namen, glattgekämmten Haaren und der Attitüde gelangweilten Wissens kamen in Vivian Baxters großes Haus, blieben eine Zeitlang und gingen, sodass wieder Platz für ihre Nachfolger war.

Good-Doing David mit seiner seidigschwarzen Haut (Mutter waren immer sehr schwarze Männer am liebsten, weil sie in ihren Augen die saubersten Männer der Welt waren) und seiner seidenen Foulardkrawatte saß einige Monate lang am Küchentisch. Seine Augen verzeichneten jede ihrer Bewegungen, und wenn es fast schon zu spät war, belohnte sie ihn mit einem schmollenden Blick über die Schulter und einem Lächeln, das heimliche Genüsse versprach. Good-Doing David verspielte sein Aufenthaltsrecht durch ein Missverständnis. Er dachte, da er ihr Mann sei, folgte daraus, dass sie seine Frau wäre. Diesen Irrtum hätte er sich besser nicht erlaubt.

Eines Nachmittags rief ein befreundeter Matrose sie vom Hafen aus an, und sie lud ihn ein. Die beiden hatten ein geschwisterliches Verhältnis.

»John Thomas kommt zu Besuch«, sagte sie zu mir. »Hol bitte zwei Hühnchen in dem koscheren Geflügelladen. Sag ihnen, sie sollen sie in Stücke schneiden.« Sie hatte die hölzerne Schüssel bereitgestellt und ihre Diamantringe in den Aschenbecher gelegt. »Ich setz ein paar Brötchen an und mach ihm Backhühnchen.«

Der Laden war nur zwei Blocks entfernt, aber ich wusste, dass sie das Brot im Ofen und das Öl für das Hühnchen auf dem Herd haben würde, bevor ich zurückkam.

Das Wort Kochen war Vivan Baxters zweiter Vorname.

Als ich ins Haus stürmte, roch ich das heiße Kochfett, und die Rührschüssel war gewaschen und trocknete im Spülstein. Mutter deckte den Tisch für zwei Personen.

»Musst du das Baby abholen? Mach mir einen kleinen Drink, Schätzchen. Und sieh nach, ob wir Bourbon haben. John Thomas trinkt Bourbon. Deine Portion stell ich in den Ofen.« Ihr Lächeln galt teils mir, teils dem erwarteten Besuch und teils dem gewürzten und mehlierten Hühnchen, das in das heiße Fett gelegt wurde.

»Du weißt, dass für ›Oma und die Kleinen‹ immer was in der Küche ist.« Ihre Lieblingsstelle aus einem alten Folksong zitierte sie mit dem vulgären Akzent, mit dem Weiße die Aussprache der Schwarzen nachäfften.

Ich öffnete die Tür für Mr Thomas und nahm seinen Raglanmantel mit Fischgrätmuster und seinen Hut entgegen.

»He, Baby, wächst du immer noch? Wo steckt deine alte hässliche Mama?« Lachend ging er den Flur entlang.

»Lass ihn rein, vielleicht ist er ein Spieler.« Mutters Stimme erklang wie gutes klirrendes Glas aus der Küche.

Ihr Begrüßungsgelächter mischte sich, als ich das Haus verließ.

Der Krankenwagen ratterte quietschend auf zwei Rädern um die Ecke unseres Häuserblocks. Ich nahm Guy hoch, ohne sein Gewicht zu spüren, und lief zu unserem Haus, vor dem zwei leere Streifenwagen standen, deren rote Lichter sich im nachmittäglichen Sonnenlicht langsam drehten.

Leidenschaftliche Menschen erfahren Freude und Zorn in gleichen Proportionen und vielleicht mit der gleichen Vorahnung. Die Fähigkeit meiner Mutter, ihr Leben zu genießen, war schier grenzenlos, und ihre Wutausbrüche waren legendär. Mutter provozierte nie Gewalt, aber wenn sie ihr begegnete, wich sie ihrem Verlauf nicht aus dem Weg. Mit großer Regelmäßigkeit jault das Geräusch von Streifenwagen und Krankenwagensirenen durch meine Kindheitserinnerungen. Die roten Blinklichter auf den Autos der Polizei und die schweren respektlosen Schritte fremder Gesetzeshüter in unserem Haus kann ich mir jederzeit vergegenwärtigen.

Drinnen schlüpfte Mutter in ihren Ledermantel, ein ruhiges Lächeln auf ihrem Gesicht. Sie sah mich und wandte sich zu den Polizisten um, die auf sie warteten.

»Das ist meine Tochter. Auf sie hatte ich gewartet. Baby …« Nun kamen die Instruktionen, die ich so gut kannte. »Ruf den Kautionsvermittler Boyd Puccinelli an. Sag ihm, er soll mich an der Central Station abholen.«

Ich musste nicht fragen, was passiert war. Ich drückte das Baby fester an mich.

»Nur eine kleine Auseinandersetzung mit David. Mach dir keine Sorgen. In einer Stunde bin ich wieder da.«

Sie begutachtete ihr Make-up im Spiegel ihrer Puderdose, gab mir und dem Kleinen ein Küsschen und ging mit den Polizisten die Treppenstufen hinunter. Stolz und würdevoll.

Und von unten rief sie: »Euer Essen steht im Ofen. Auf kleiner Stufe. Oh, Baby, und mach bitte im Schlafzimmer sauber, bevor das Zeug antrocknet.«

Von Mr John Thomas war in der Küche nichts zu sehen. Nachdem mein Sohn und ich gegessen hatten und ich ihn für ein Schläfchen hingelegt hatte, öffnete ich ihre Schlafzimmertür. Ein Stuhl lag auf der Seite, doch ansonsten gab es keine Unordnung. Als ich das Zimmer betrat, fiel die schwache Wintersonne blass auf dunkle rostfarbene Flecken auf dem Vorleger und enthüllte die helleren roten Spritzer an der Kamineinfassung.

Lauwarme Seifenlauge ist das beste Mittel, um Blutflecken von Holz zu entfernen. Ich war mit dem Putzen fast fertig, als Mutter wiederkam.

»Hi, Baby. Irgendwelche Anrufe?«

»Nein.«

»Komm, lass mich weitermachen. Komm mit in die Küche, dann erzähl ich dir, was passiert ist.«

Mit einem frischen Drink berichtete sie mir, was »Schlag auf Schlag« passiert war, wie sie es nannte.

»John Thomas und ich futterten Brathuhn wie die Weltmeister (ich hatte Bratensoße für die Brötchen gemacht, in der man fast ertrinken konnte), als Good-Doing klingelte. Ich ließ ihn rein und nahm ihn mit in die Küche. Er sah John Thomas und blieb stehen wie angewurzelt. Sagte, nein, er wolle nichts essen. Wollte keinen Drink, wollte sich nicht setzen, also setzte ich mich wieder hin und futterte weiter. Jedes Mal, wenn ich aufsah, wusste ich, dass sich in ihm mehr ansammelte als in meinem Magen. Schließlich sagte er, er müsse ein paar Worte mit mir wechseln und ob ich ins Schlafzimmer mitkommen wolle. Ich sagte, er solle vorausgehen, ich würde dann nachkommen. Ich entschuldigte mich bei John Thomas und ging hin.

›Was hat dieser Nigger hier zu suchen?‹ Er verzog das Gesicht sehr hässlich und hopste herum wie ein Drachen an der Schnur.

Ich hab gesagt: ›Du kennst John Thomas. Er ist mein Freund. Ist wie ein Bruder für mich.‹

›Aber ich will nicht, dass er zum Essen herkommt. Schaff ihn aus dem Haus.‹

Ich hab gesagt: ›Good-Doing, mach hier keine Scherereien. Das ist mein Haus und mein Hühnchen, und er ist mein Freund.‹

Er hat gesagt: ›Du Luder, du dreckiges Luder. Du brauchst eine gehörige Abreibung.‹«

Sie sah mich an; Ratlosigkeit runzelte ihr hübsches Gesicht.

»Baby, ich schwör dir, dass ich nicht weiß, was ihn so in Rage gebracht hat, aber bevor ich etwas sagen konnte, hat er in die Tasche gegriffen und ein Messer rausgeholt. Du weißt ja, dass er an der linken Hand kaputte Finger hat, und deshalb hat er versucht, das Messer mit den Zähnen aus der Scheide zu ziehen. Daran kannst du sehen, wie blöd er ist. Statt wegzulaufen, bin ich zum Kamin gegangen. Ich hatte Bladie Mae eingesteckt, bevor ich in das Zimmer ging. Als er mit halb offenem Messer auf mich zukam, habe ich ihm die olle Bladie übers Gesicht gezogen.

Er sprang schneller weg, als das Blut spritzte. Hat gebrüllt: ›Verdammt, Bibbie, du hast mich geschnitten.‹

›Da hast du verdammt recht‹, hab ich gesagt, ›und du hast Glück, dass ich dich nicht noch über den Haufen schieß.‹

Er hat sich das Gesicht gehalten, und das Blut ist über seine Hände auf seinen teuren Anzug gelaufen. Ich hab ihm ein Kissen vom Bett gegeben und hab gesagt, er soll sich hinsetzen. Ich hab ihm gesagt, dass das Blut stärker fließt, wenn man sich bewegt. Ich bin in die Küche zurück und hab zu John Thomas gesagt, er sollte sich lieber verdrücken, damit er nicht in die Sache reingezogen würde, und dann hab ich die Polizei und den Krankenwagen gerufen.«

Mutter inspizierte den Inhalt ihres Glases, und dann nahm sie meine große Hand in ihre kleineren rundlichen Hände und verlangte meine Aufmerksamkeit.

»Baby, deine liebe Mutter wird dir etwas über das Leben erklären.«

Ihre Miene war wunderschön friedlich, ohne jede Spur von Heftigkeit.

»Die Leute trampeln auf dir rum, wenn du dir das gefallen lässt. Vor allem auf schwarzen Frauen. Jedermann, sein Bruder und sein Hund denken, sie könnten ohne Einladung in den Hintern einer schwarzen Frau reinmarschieren. Aber vergiss jetzt das nicht. Deine Mutter hat dich aufgezogen. Du bist erwachsen. Lass dich nicht einschüchtern. Wenn du zu Hause nicht nach ihrem Geschmack erzogen worden bist, dann sag ihnen, sie sollen abhauen.« Hier malte sich leise Befriedigung auf ihrem Gesicht. »Abhauen. Und nicht auf dir rumtrampeln. Hast du zugehört?«

»Ja, Mutter. Ich hab zugehört.«

Zu Hause hatte sich einiges verändert. Bailey hatte seine erste große Liebe gefunden. Eunice war ein kleines, fröhliches Mädchen mit brauner Haut, das wir aus der Schule kannten. Sie waren sich wiederbegegnet und wollten trotz des Protests ihrer Verwandten so schnell wie möglich heiraten. Bailey, der Luftikus und Weiberheld, war auf dem Erdboden gelandet und war glücklich. Er konnte wieder lachen und Späße machen.

Sie luden mich in ihre Wohnung in der Turk Street ein, wo große Drucke von Gauguin und van Gogh den Wänden Leben verliehen und frische Blumen auf gewachsten Tischen funkelten.

Er erzählte dreckige Witze, und wir lachten alle drei über unserem billigen Wein und gratulierten uns, dass wir clever genug waren, jung und intelligent zu sein. Wir konnten die Ebenen des Erfolgs in unserer Zukunft vor uns sehen. Ebenen, auf denen wir abwarten und uns ausruhen würden, bevor es weiter nach oben ging. Als er meine professionellen Castingbilder sah, sagte er, ich hätte die größte Nase im Showgeschäft, aber sie sei hübscher als die von Jimmy Durante, und darauf könne ich stolz sein.

Ich holte nach ihm aus, aber er lachte nur und wich dem Schlag aus.

»Du wirst die größte Tänzerin am Broadway sein. Ha, ha.« Er lief um den Tisch, um meiner ausgestreckten Hand zu entgehen. »Du wirst mit jedem Bein eine Million verdienen und mit deiner Nase das Zigfache.«

Vor Erleichterung lachte ich unmäßig. Später küsste ich beide zum Abschied, und ich wünschte, ich wüsste, wie ich Eunice dafür danken konnte, dass sie Bailey geholfen hatte, seinen Humor wiederzufinden.

Ich ging die dunklen Straßen nach Hause zurück, und mich schauderte es bei dem Gedanken, wie knapp Bailey es geschafft hatte. Die meisten seiner Freunde, die in der Schule fröhlich und klug gewesen waren, lungerten inzwischen nachts in Hauseingängen herum und zitterten, wenn der letzte Schuss Heroin durch ihre Adern raste. Brillante junge Männer, die Hoffnung ihrer Gemeinschaft, hatten sich gegen die versiegelten Türen einer größeren Gemeinschaft geworfen und sie nicht nur nicht öffnen, sondern nicht einmal die Riegel erschüttern können. Die potenziellen spitzzüngigen Anwälte, scharfäugigen Wissenschaftler und Chirurgen mit sicherer Hand verwarfen den Wunsch, die Schlösser mit dem Brecheisen aufzustemmen, und ergaben sich den Drogen, sodass sie durch das Schlüsselloch schlüpfen konnten.

Eunice' zärtliche Liebe und ihr leises Lachen waren gerade rechtzeitig in das Leben meines Bruders geraten. Er war gerettet.

## 24

**P**oole und Rita wurden vom Champagne Supper Club engagiert. Ich war vor Stolz außer mir. Ich kündigte meinen Job. Sollte ich etwa den glitzernden paillettenbesetzten Badeanzug und die purpurnen satinüberzogenen Steppschuhe gegen eine Kellnerinnenschürze und Rentnerbequemschuhe eintauschen? Ich würde es meiner Muse Terpsichore nicht antun, auch nur der Vorstellung des Chicken Shack Platz in meinen Gedanken einzuräumen.

Ein zweiwöchiges Engagement im Big Time, und ich war bereit.

Mein Ruhm in Sternen, mein Name in Beleuchtung, mein Name in Ruhm.

Einige Monate vor dem großen Engagement arbeiteten wir für jedes Honorar und übten täglich. R.L. unterwies mich in zunehmend schwierigen Tanzschritten. Sobald ich sie gelernt hatte, fügte er sie in unser Programm ein. Als ich kein Geld mehr hatte, bat ich Mutter um ein Darlehen. Ich erklärte, dass ich meine Zeit auf die Vorbereitung meiner Karriere verwendete, und sobald die Investition Früchte trug, würde sie bei mir sein, mir die Hand halten, lachen und die Rückzahlung einstreichen.

Mit ihrem typischen Talent baute sie meine Nummer zu einer abendfüllenden Revue aus. Sie war unvergleichlich. Sie rief mir ins Gedächtnis, dass sie in den Kriegsjahren, als sie viel Geld hatte und es sich hätte leisten können, faul herumzusitzen, Barbieren, Kosmetik, Schiffsausrüstung, Schweißen, Werkzeug- und Formenbau gelernt hatte und dass die Diplome, die ihre Ausdauer bewiesen, an den Wänden ihres

Zimmers hingen. Sie sagte, sie habe nicht vor, jemals in einer Flugzeugwerft oder in einem Barbierladen zu arbeiten, aber sollte es hart auf hart kommen (sie schnipste mit den Fingern), dann wäre sie vorbereitet. Sie war dafür, eine Idee nicht aufzugeben, bevor sie sich definitiv als schlecht oder gut erwiesen hatte.

Sie lieh mir das Geld ohne zusätzliche Moralpredigten, und Poole und Rita übten weiter.

Obwohl ich zu Hause wohnte und verpflegt wurde, schmolzen meine kleinen Ersparnisse in einem Topf unter meinem Bett dahin. Mein Sohn schien ständig neue Kleider zu brauchen, sonntags kaufte ich immer frische Blumen für unser Haus, und da gab es noch die Steppschuhe. Das Üben verbrauchte mehr Schuhe als drei Auftritte hintereinander in einem Kabarett.

Ich wandte mich an Bailey für einen kleinen Vorschuss. Stoppelbärtig saß er auf seinem Cordsofa und sah zur Wand gegenüber.

»Ich hab Eunice ins Krankenhaus gebracht. Sie ist sehr krank.«

»Was hat sie?« Meine Stimme sollte sanft klingen.

»Sie hat sich nur eine Erkältung eingefangen. Mehr nicht.« Aber das glaubte er nicht.

»Na, komm schon. Sie ist jung. Niemand stirbt an einer Erkältung.« Wenn ich ihn nur dazu bringen könnte, mich anzusehen. Ich wollte einen Scherz machen. »Die Leute wünschen sich das manchmal nur.«

»Ja.« Er legte die Füße auf den vollgestellten Couchtisch, lehnte sich auf dem Sofa zurück und schloss die Augen.

»Adieu, Maya.«

»Bailey, es kann doch nichts Ernstes sein.« Er nahm meine Worte nicht wahr, und ich konnte mich nicht aufdrängen, indem ich sie wiederholte.

In der Wohnung stank es nach altem Blumenwasser und ungespültem Geschirr. Seine Stimme war verschwommen und monoton. »Ich hab alle Fahrten bis auf die nach Los Angeles gekündigt, damit ich bei ihr sein kann.«

Das Zimmer war so bedrückend, als hätte eine große Hand alle Fröhlichkeit bis auf den letzten Tropfen aus ihm herausgedrückt und es in seiner früheren Form zurückgelassen.

Ich war inzwischen mit unserem Programm ziemlich vertraut. Meine Romanze mit R. L. wurde im Probenraum getanzt, denn er hatte keine großen sexuellen Ansprüche. Einmal monatlich erwartete er eine Liebesnacht, und ich hatte nichts dagegen. Schließlich war er mein Lehrer und mein Vehikel zum Broadway. Aber ich war froh, dass er das nicht öfter verlangte. Ein Künstler, davon war ich überzeugt, hegte und pflegte sein Instrument. Pianisten, Schlagzeuger, Hornisten und Saxofonisten achteten alle auf ihre Instrumente. Und das Instrument einer Tänzerin war ihr Körper. Ich konnte einfach nicht zulassen, dass jemand, wer auch immer, es beschädigte.

Unser großer Abend kam. Mutter hatte einen großen Tisch für ihre Freunde reserviert, und Bailey musste zufällig weder unterwegs noch im Krankenhaus sein. Der Nachtclub, groß und mit glitzernden Leuchtkörpern, die sich drehten, herausgeputzt, war voll.

Vor Aufregung hatte ich rote Backen, und die Beleuchtung hinter den Kulissen überdeckte R. L.s Pockennarben. Wir sahen uns in dem großen Spiegel an. R. L. war in seinem hellblauen Smoking absolut umwerfend, und ich war in meinem Badeanzug so glamourös wie Esther Williams. Und außerdem konnte ich besser tanzen.

Der Zeremonienmeister kündigte unsere Namen an, und das Orchester stimmte die ersten Takte an.

R. L. sagte in seinem schleppenden Ton: »Okay, Rita, Hals- und Beinbruch.« Showbusiness-Sprache. Ich grinste. »Dir auch.«

Und wir gingen auf die Bühne.

Die Unwirklichkeit des ersten Augenblicks bewirkte das Scheinwerferlicht. Ich konnte das Publikum nicht sehen und musste an meinen ersten Auftritt denken, als ich in Panik geriet und erstarrte. Vielleicht würde das jetzt wieder passieren. Vielleicht war ich erstarrt, denn ich wusste nicht, ob ich mich überhaupt bewegte. Doch plötzlich hörte ich das Klacken von Steppschritten, das durch die Musik hindurch ausbrach, explodierte, und ich merkte, dass ich mich am anderen Ende der Bühne befand und es Zeit war, loszulegen. Ich tanzte, und meine Füße und mein Körper machten alles richtig. In dieser Gewissheit legte ich los, ließ mich einfach vom Rhythmus des Orchesters anstecken. Ich verbannte alle Erinnerungen aus meinem Gedächtnis und überließ mich dem Tanzen. Jedes Mal, wenn ich neben R. L. tanzte, musste ich laut lachen, weil alles so herrlich war. Die Musik war mein Freund, mein Geliebter, meine Familie. Sie war ein schöner Tag auf einem Hügel von San Francisco, gerade hoch genug, dass man Einzelheiten beobachten konnte. Sie war mein Sohn, der lachte, wenn ich in sein Zimmer kam. Große Dichtkunst, die ich auswendig gelernt hatte und in der warmen Badewanne rezitierte.

Das Orchester spielte die letzten Takte, und R. L. nahm

mich an der Hand. Wir tanzten an den Rand der Bühne und verbeugten uns. Das Publikum applaudierte nicht besonders stürmisch bis auf Mutters Tisch und Bravorufe von Bailey, der neben der Tür saß. Ich habe nie herausgefunden, ob meine große Enttäuschung davon herrührte, dass ich zu tanzen aufhören musste, oder davon, dass das Publikum nicht aufsprang und kreischend zur Bühne lief, um an meinem Sieg teilzuhaben. Weder die Blumen, die Bailey geschickt hatte, noch das Lächeln meiner Mutter konnten mich trösten. Zwei weitere Auftritte an diesem Abend, und beim letzten fragte ich mich, ob ich für das Showgeschäft geeignet war ... ob es vielleicht nicht doch zu grobschlächtig für meine reine und zarte Seele war, zu kommerziell für meine künstlerische Natur.

Alle Betrunkenen und Sportsfreunde der Gegend kamen zur letzten Show, und ich war wieder wie berauscht. Sie riefen: »Schwing das Bein, Baby!«, »Tanz, Baby, tanz«, lärmten, stolperten von Tisch zu Tisch, und der Eindruck fröhlicher Umtriebe halfen Poole und Rita und dem Orchester, die Magie des ersten Auftritts zu wiederholen.

Den Gästen war die große tanzende Närrin mit der großen Nase vielleicht nicht weiter aufgefallen, aber die Lebhaftigkeit der Leute umhüllte mich mit einer Liebe zum Auftreten, die mir viele Jahre lang erhalten blieb.

Bis auf wenige Gelegenheitsauftritte in Versammlungsräumen blieb das Talent von Poole und Rita weitgehend unbeachtet. Wir lehnten die diversen Einladungen ab, in Herrenclubs aufzutreten. Ich sagte, ich würde nie vor einem Haufen weißer Männer nackt tanzen und mich anstarren lassen, und R. L. stimmte zu und gab sich als Beschützer, aber die Wahrheit war vielleicht, dass wir eine Nummer wie

»Beauty and the Beast« nicht einstudieren konnten. Weder hatte ich die Eigenschaften, als Beauty aufzutreten, noch er den Körper, um als Beast zu tanzen. Wir wären nur lächerlich gewesen.

Die Auftritte bei den Elks waren helle Flecken in der eintönigen Landschaft. In schwarzen Gemeinschaften gibt es ein Gegengewicht zu der weißen Geheimgesellschaft B.P.O.E. (Benevolent and Protective Order of Elks). Unsere Gesellschaft nannten wir The Improved Benevolent and Protective Order of Elks of the World. Ich war als Teenager in die geheimnisvolle Gesellschaft aufgenommen worden und hatte Preise bei Redewettbewerben gewonnen, und nun wurden wir für die fröhlichen und spaßigen Tanztees engagiert.

Die etwas älteren Damen, meistens stämmig und besser gekleidet als die Frauen, deren Häuser sie putzten, klopften mir nach der Show auf die Schultern und bewunderten meine schlanke Figur.

»Schätzchen, du weißt wirklich, wie du es machen musst.« Lautes Gelächter. »Ich konnte mich auch so bewegen, aber die Tage sind für immer vorbei.«

Dann tasteten sie mit ihren Handflächen meine Seiten ab.

»Wette, dass deine Momma stolz auf dich ist. Das wette ich.«

Und das war sie. Und ich war stolz auf mich selbst.

»Blue Flame« und »Caravan« waren meine liebsten Tanzvorlagen, denn R. L. legte meistens das Geld aus und ich tanzte barfuß mit kleinen Pompons aus blauen Straußenfedern und Glöckchen an den Knöcheln. Ich versuchte Frances Nealy zu imitieren, eine wunderschöne Schwarze, die in einem Technicolorfilm aus den Vierzigern eine ägyptische

Tänzerin gespielt hatte. Ein paar Handbewegungen à la Dorothy Lamour und Ann Millers abgewinkelte Beine machten es pikant.

Dann kam Cotton Candy Adams in die Stadt.

*Let me be your little dog*
*till your big dog come*
*Let me be your little dog*
*till your big dog come*
*And when your big dog come,*
*tell him what your little dog done.*

R. L. begann zu stottern, als er mir von seiner ehemaligen Geliebten und früheren Tänzerin erzählte. »Oh, Rita ... sie – Candy und ich – ich will sagen, sie war meine alte Lady ... und sie, äh, hat mich verlassen. Das heißt, wir haben zusammen getanzt. Sie ist hergekommen – ich will sagen, sie hat gesagt, wenn ... Als sie mich verlassen hat ... äh, wenn ich ... wenn sie ... es sich jemals anders überlegen würde, dann könnte sie, äh, zurückkommen.«

»Okay R. L. Sie ist gekommen. Geht ihr beide zusammen weg?« Ich war so schnippisch, wie ich mir einbildete, dass eine Ensembletänzerin es sein würde.

»Weißt du, Rita, sie ist, äh, eine Tänzerin. Ich will sagen, sie ist großartig. Sie hat mit Parker und Johnson getanzt. Und sie hat für Orpheum Circuit gearbeitet.« Er stotterte nicht mehr. »Sie hat ihre Kostüme mitgebracht. Wirklich tolle Sachen. Federfächer mit Strass. Weißt du, das Meiste, was ich dir beigebracht habe – ich will sagen ...« Schüchternheit brachte ihn dazu, wieder zu stottern. »Warte, bis du sie kennenlernst. Sie ist ... Du wirst ... Ich denke, ihr werdet euch mögen.«

»Sicher, Bozo.« Ich hatte nie zuvor ein Lebewesen Bozo genannt. »Es wird mich freuen, sie kennenzulernen.«

Cotton Candy war der Inbegriff von »Daddys kleinem Mädchen«. Ihre Haare hingen in schwarzen Wellen hinunter, und Grübchen malten sich auf ihren hellbraunen Wangen. Sie hatte einen bezaubernden Gang, eine Mischung aus verworfen und kleinmädchenhaft. Und dann öffnete sie den Mund. »Hi, Rita. R. L. hat mir von dir erzählt. Du bist Tänzerin.«

Der Schock war schwer zu ertragen. Ihre Zähne waren verfault, und ihr Mund konnte ihre Worte kaum formulieren. Ich sah ihre Augen und verstand. Sie strahlten fiebrig und waren gleichzeitig leblos. Cotton Candy war süchtig.

Das wusste R. L. sicherlich. Schließlich kam er aus Chicago. Ich konnte nicht fassen, dass er sich mit ihr versöhnen wollte, und aus der verzückten Art, mit der er sie ansah, begriff ich, dass es genau das war, was er wollte.

»Ja, ich bin Tänzerin. Wollt ihr in San Francisco tanzen?« Lieber gleich die Karten auf den Tisch.

»O ja.« Obwohl R. L. nicht neben ihr stand, warf sie ihm schmachtende Blicke zu. »R. L. und ich werden unsere alte Vorstellung auffrischen und wieder anfangen.« Sie schloss den Mund und lächelte schelmisch. »Das hast du doch gesagt, Boogie?«

»Ja. Äh. Ja. Wir machen alles, was wir früher gemacht haben.«

Ich musste diesen Schauplatz auf der Stelle verlassen. »Ja, dann alles Gute für euch beide. Hals- und Beinbruch.« Ich verließ das Liebespaar, bevor sie sehen konnten, wie aller Lebensmut mich verließ.

Zu Hause wanderte ich hin und her. Mutter war mit meinem Sohn unterwegs, und Papa Ford schnarchte in dem kleinen hinteren Schlafzimmer. Ich verfluchte Candy dafür, dass sie nach San Francisco gekommen war, und merkte R. L. für die Hölle vor, weil er blöd genug war, sich wieder mit ihr einzulassen. Meine Karriere war vorbei, bevor sie begonnen hatte. Ich weinte heiße Zornestränen. Ich hatte so vieles gewagt und nichts erreicht. Es gab nichts, was ich tun konnte. Curly hatte ich meine junge Liebe gegeben; er war fortgegangen, um eine andere Frau zu heiraten. Die Selbstschutzvorkehrungen mit den Lesben hatten mir ein Bordell eingebracht, das zu behalten ich weder das Geschick noch den Mut hatte. Ich war in das Zuhause meiner Kindheit geflohen und war weggeschickt worden. Die Armee und jetzt meine Tanzkarriere, das Einzige, was ich mehr als alles andere haben wollte (tatsächlich brauchte), für meinen Sohn und vor allem für mich selbst, waren mir regelrecht aus den Fingern gerissen worden. Alle Türen waren zugeschlagen, und ich war eingesperrt in einen zu großen Körper, mit unhübschem Gesicht und einem Geist, der wie ein Pingpongball herumhüpfte. Ich überließ mich der Traurigkeit, weil ich keine andere Wahl hatte.

Ein paar Tage vergingen, ohne dass R. L. sich blicken ließ. Ich rief ihn an. Er war verstört, versprach aber, vorbeizukommen und mit mir zu sprechen. Ich wartete noch lange nach dem Zeitpunkt am Nachmittag, den er genannt hatte, und bis tief in die Nacht. Er kam nicht vorbei; er rief nicht an.

Hätten wir Gelegenheit gehabt, über alles zu sprechen, mühsam und schmerzlich, wäre ich womöglich für immer in die Romanze einer verlorenen Romanze verfallen. Aber mit keinem anderen Resonanzboden als meinen eigenen Ohren und ehrlichen Gedanken musste ich zu weinen aufhören (es wurde zu anstrengend) und mir eingestehen, dass Cotton Candy ein Recht auf ihn hatte und dass R. L. sich ihr möglicherweise umso mehr verpflichtet fühlte, weil sie süchtig war und ihn brauchte.

Nichts an mir würde irgendwelche Sympathie wecken. Keine Schwäche, keine Geistesverfassung, kein Schielen, keine gespielte Hilflosigkeit. Ich beschloss, mein Leben zu ordnen. Ich versuchte, das Selbstmitleid zu unterdrücken, und sagte mir, dass es Zeit sei, meine Kostüme zusammenzurollen, die für alle Zeiten den Geruch von Bühnenschminke in ihrem Saum haben würden, und die Steppschuhe zu entsorgen, die ohnehin unbequem waren. Denn letzten Endes interessiert es nur Dichter, was mit dem Schnee des Vorjahrs geschehen ist. Und ich hatte keine Zeit, Dichter zu sein, ich musste einen Job finden, die Zähne zusammenbeißen und mich um meinen Sohn kümmern. Showgeschäft ade, ich würde in der Wirklichkeit leben.

# 25

Eine Freundin Mutters, die in Stockton ein Restaurant hatte, brauchte einen Rôtisseur oder Bratenkoch. Ich packte so viel Kleidung ein, wie wir vermutlich benötigen würden, und machte mich auf den Weg von achtzig Meilen. Ich war mir nicht sicher, in der kleinen Stadt Pot zu finden, und verstaute deshalb eine gut gefüllte Tabakdose und Paper am Boden meines Koffers. Und ich weigerte mich, die ganze Fahrt über auf dem Sitz hinten im Greyhound-Bus zu weinen.

In Stockton herrschte eine ungewöhnliche Atmosphäre. Im ländlichen San-Joaquin-Tal gelegen, war es lange ein Zentrum für Wanderarbeiter gewesen, Südstaatler, die sich von ihrer Farm nicht mehr ernähren konnten, Mexikaner und Filipinos aus ihren von Armut geplagten Ländern, die seit Anfang des zwanzigsten Jahrhunderts große Familien mit geringem Einkommen ernährten. Der Zweite Weltkrieg hatte das Blut der Stadt um Schwarze aus dem Süden bereichert, die im örtlichen Trockendock, auf den Werften und den Rüstungsfabriken im benachbarten Pittsburg arbeiteten.

Als ich ankam, herrschte auf den Straßen Wildweststimmung. Da einige Fabriken noch in Betrieb waren und die Polizei noch nicht drastisch gegen Kriminalität vorging, überschwemmten am Wochenende Prostituierte und Spieler aus San Francisco und Los Angeles die Stadt, um die bereitwilligen örtlichen Bauerntölpel zu rupfen.

Das Restaurant war groß, mit fünfundsiebzig Sitzplätzen, und hatte treue Gäste. Weil es zwei Blocks von der Hauptstraße entfernt war, gab es wenig Laufkundschaft. Meine Schicht begann um vier Uhr nachmittags, und ich briet bis Mitternacht Hamburger, Schweinekoteletts und Eier mit Schinken. Und um meinem eintönigen Leben etwas Abwechslung zu verschaffen, wechselte ich nach dem Abspülen aus der verschwitzten Uniform in ein enges Kleid mit einer Schulter und hochhackige Schuhe, die meine geschwollenen Füße malträtierten. Wenn ich zur Hauptstraße bummelte und in der vollen Bar einen Sitz am Tresen fand, hatte ich Gelegenheit, die faszinierenden Leute aus der Großstadt zu beobachten und zugleich jedem Mann, der dreist genug war, sich an mich heranzumachen, hochmütig zu erklären, dass ich mein Brot ehrlich verdiente. Ich war keine Hure. Ich dachte mir, dass man mich für eine gehalten haben könnte wegen meines auffälligen Kleidungsstils und weil ich um ein Uhr morgens in einer Kleinstadt allein an der Bar saß, was nur bewies, dass Männer auf den Inhalt eines Buchs aus dem Schutzumschlag schlossen.

Big Mary war eine grobknochige barsche Frau aus Oklahoma, deren Ehemann auf den Tomatenfeldern um Stockton herum gestorben war. Sie war die Ersatzmutter der Nachbarschaft. Sie hütete Kinder auf Tagesbasis, aber als ich ihr sagte, ich bräuchte ein wöchentliches Arrangement wegen meiner Arbeitszeiten, war sie bereit, meinen Sohn bei ihr wohnen zu lassen; ich konnte ihn an meinem freien Tag abholen. Das Blut indianischer Vorfahren hatte ihr so hohe Wangenknochen verliehen, dass ihre Augen fast geschlossen wirkten, und ihre Haut hatte das Schwarzbraun alten polierten Holzes. Mary trank einmal im Monat, und an diesem Tag mussten alle Kinder anderswo untergebracht werden. Sie zog dann ein sauberes weites Baumwollkleid und die ausgeschnittenen Schuhe ihres toten Mannes an, damit ihr die Füße nicht wehtaten. Wenn sie an der Bar saß, holte sie eine Kaffeetasse aus ihrer Handtasche und befahl dem Barkeeper: »Füllen!« Nachdem sie ausgetrunken hatte, bat sie ihn, die Tasse zu waschen und wieder zu füllen. Sie saß da, trank in kleinen Schlucken und sah geradeaus, bis sie drei Tassen Bourbon getrunken hatte. Dann zahlte sie, und ohne sich mit jemandem unterhalten zu haben, verließ sie die Bar so kerzengerade, wie sie sie betreten hatte.

Als Kinderfrau gab sie den Kindern gut zu essen und hätschelte sie. Wenn von Kindern die Rede war, verfiel sie in Babysprache, auch wenn keine anwesend waren.

Ihr Oklahoma-Akzent war schwerfällig, und ihre Zunge ragte zwischen den gutgeformten vollen schwarzen Lippen hervor. Ich dachte mir, dass so viel Zuneigung meinem Sohn nicht schaden konnte, arbeitete unbeschwert und widmete mich dem wichtigen Vorhaben, eine Garderobe zusammenzustellen.

Jungen denken offenbar, Mädchen hätten den Schlüssel zum Glück, weil dem weiblichen Geschlecht unterstellt wird, es habe das Recht zuzustimmen und/oder abzulehnen. Ich habe ältere Männer laut über ihre Jugend nachdenken hören, und eine Spur feindseligen Neids liegt in ihrer Stimme, wenn sie die Mädchen heraufbeschwören, die ihren sexuellen Appetit reizten, aber nicht befriedigten. Es ist interessant, dass ihnen in jenen vergangenen Tagen der Sehnsucht und selbst in den gegenwärtigen Tagen des Verstehens nicht klar war, dass die Frau zwar das Recht hatte, sich zu entscheiden, aber unter ihrem Unvermögen litt, den ersten Schritt zu tun. Was heißt, dass sie ja oder nein sagen konnte, wenn ihr ein Antrag gemacht wurde.

Sie verbringt die Hälfte ihrer Zeit damit, sich für Männer anziehend zu machen, und die andere Hälfte damit, zu erraten, welche der Angelockten es ernst genug meinen, sie zu heiraten, und welche sie nur gegen die nächste Wand schieben und rücksichtslos in sie hineinstoßen wollen, und sie dann mit zitternden Beinen und dem kalten nassen Beweis, der innen ihren Oberschenkel hinunterrinnt, dort stehenlassen. Welcher der beiden wird zu ihr zurückkehren, stolz darauf, sie seinen Freunden vorzustellen, und welcher wird nur Freunde haben, die von ihr nur wissen, dass sie leicht zu haben und gut (oder sogar schlecht) zu ficken ist?

Die erdrückende Unsicherheit der Jugend und das immanente Misstrauen zwischen den Geschlechtern verbünden sich gegen das Überleben der Spezies, und dennoch legalisieren Männer ihre Triebabfuhr und Frauen rächen sich ihr Leben lang für die Tage verzweifelter Unsicherheit und bekommen Kinder, sodass der ganze Vorgang sich immer wiederholt.

Leider.

Die Partnerschaft Poole-Rita samt einer kleinen Romanze daneben hatte in mir mehr Sehnsucht nach der Bühne und Musik und den Bravorufen des Publikums hinterlassen als die nach den Armen eines Liebhabers.

Doch meine Wunschträume als Bratenköchin in einem kleinen Restaurant im ländlichen Umfeld unterschieden sich nur wenig von denen jedes beliebigen Mädchens meines Alters. Er würde kommen. Das würde er. Einfach in mein Leben treten, mich sehen und sich für immer in mich verlieben. Ich hatte die Krankheit, an der die meisten jungen Frauen laborieren. Die sexuelle Erregung der Teenagerjahre hatte sich gelegt, und ich wartete auf einen Ehemann, der mich geistig, spirituell und bei seltenen (aber herrlichen) Gelegenheiten körperlich lieben würde.

Er wäre etwas jünger als mein Vater und auf die gleiche saloppe Weise gutaussehend. Seine konservative Kleidung würde ihm gut stehen, und er würde sanft mit mir sprechen und mich durchdringend ansehen. Er würde mich oft streicheln und mir sagen, wie stolz er auf mich sei, und ich würde mir Mühe geben, ihn noch stolzer zu machen. Wir würden friedlich in einem hübschen kleinen Haus leben, und ich würde ein zweites Kind bekommen (ein Mädchen), die zwei Kinder (die er unparteiisch liebte) würden auf seinen Knien herumklettern, und ich würde in meiner elektrifizierten Küche dreischichtigen Karamellkuchen backen, bis sie aufs College kamen.

L. D. Tolbrook hatte das Alter meines Vaters, die Hautfarbe meines Vaters und war so konservativ wie ein schwarzer Episkopalprediger. Er trug maßgeschneiderte Kleidung, und sein seltenes Lächeln enthüllte Zähne, die sich vor Eile übereinandergeschoben hatten. Seine Hände waren gepflegt, und seine langen braunen Finger endeten in farblos lackierten manikürten Nägeln.

Eines Nachts kam er mit einer Gruppe Leute, die im Restaurant ein Mitternachtsfrühstück essen wollten. Ich hatte mich bereits umgezogen, aber die Ablösung war noch nicht gekommen. Als die Kellnerin L. D. die Situation erklärte, kam er zur Küchentür und sagte: »Entschuldigen Sie, ich würde gerne mit dem Koch sprechen.« Seine Stimme klang sanft.

»Ich bin die Spätschichtköchin, aber jetzt hab ich frei.« Ich gab mir nicht die Mühe, ihn anzusehen.

»Ja, das kann ich verstehen.« Sein Lächeln kam aus einem tiefen Brunnen des Verständnisses. »Aber meine Leute sind entsetzlich hungrig. Und wir würden alles essen, was Sie uns geben können.« Er sah mein Kleid an. »Sie würden nicht bereuen, zu spät zu Ihrer Party zu kommen.«

»Ich gehe nicht zu einer –«, bevor ich den Mund halten konnte.

Er blätterte eine Zehn-Dollar-Note von seinen zusammengerollten Geldscheinen. »Geben Sie uns Speck und Eier oder Schinken und Eier. Was auch immer, egal, wie Sie es zubereiten. Wir wären sehr froh.«

Ich brauchte das Geld, nahm es und wollte zum Ankleideraum gehen, um mich umzuziehen.

»Wie heißen Sie?«

»Rita.«

»In Ordnung, Miss Rita. Vielen Dank. Wir danken Ihnen alle.« Er ging aus der Küche.

Obwohl ich mir viel auf meine Feinfühligkeit einbildete, habe ich nie gemerkt, wann eine große Liebesgeschichte ihren Anfang nahm. Irgendwelche Barrikaden verstopfen meinen Verstand, und für gewöhnlich liege ich auf dem Rücken und betrachte die Zimmerdecke, bevor mir dämmert, dass dies der Mann ist, von dem ich bei meinem spätnächtlichen Fummeln geträumt hatte.

L. D. (Louis David) kam nächste Nacht eine halbe Stunde vor Mitternacht, frühstückte und fragte nach mir. Die Kellnerin brachte mir die Botschaft, und ich ging in Uniform und schweißgebadet zu ihm.

Er stand auf. »Miss Rita.« Er zog einen Stuhl her. »Können Sie sich zu mir setzen?«

Ich sagte, dass ich noch arbeiten musste.

»Wenn Sie danach frei haben, würde ich Sie gerne zu einer Autofahrt einladen ... Na ja, ich nehme an, Sie wollen kein Frühstück.«

»Nein, danke, kein Frühstück.« Und, wie ich dachte, auch keine Autofahrt. Dieser nüchterne kleine Mann konnte mit der Bar an der Hauptstraße nicht mithalten.

»Ich sag Ihnen, warum ich hier bin.«

Er stand noch immer. Mein Blick war auf seine Stirn gerichtet, wo lockiges schwarzes Haar auf dem Rückzug von der Kopfhaut war.

»Nachdem ich meine Leute abgesetzt hatte, bin ich zum Spielen gegangen. Irgendwas war mit mir passiert. Ich konnte mich nicht auf das Spiel konzentrieren. Vergaß alles um mich herum. Ich dachte nur daran, wie reizend es von Ihnen war, Ihr hübsches Kleid auszuziehen und uns was zu essen zu machen.«

Er senkte den Kopf und hob schüchtern den Blick. »Ich weiß, dass es Ihnen nicht um den Zehner ging. Irgendwas an Ihnen hat mir das gesagt.« Jetzt war es an mir, den Blick zu senken.

»Und so saß ich eine Zeitlang dort und bin dann nach Hause gegangen. Heute Nachmittag bin ich aufgestanden und hab dort ordentlich abgeräumt. Sechshundert gewonnen. Und da hab ich mir gedacht, ich könnte das nette Fräulein abholen und etwas von diesem Geld für sie ausgeben.«

An dieser Stelle holte er zusammengerollte Geldscheine aus der Tasche, die genauso aussahen wie die Rolle, die er in der vorherigen Nacht benutzt hatte, doch dieses Mal fielen mir sein Diamantring und seine manikürten Nägel auf. Ich blickte hinunter und war mir sicher, dass die blankpolierten spitzen Schuhe kostspielige Florsheims waren und der Hut auf dem nächsten Stuhl ein exklusiver Dobbs. Das war das Wahre. Kein lärmender türschlagender Trottel aus der Bar an der Hauptstraße, sondern ein professioneller Spieler mit Südstaatenmanieren und großstädtischem Gehabe.

»Ich dachte, wir könnten bei ein paar Leuten in Sacramento vorbeischauen.«

Das glorreiche Gefühl, den Richtigen erwischt zu haben, massierte mich sanft und verteilte sich in meinem Geist und meinem Körper. Ich war bezaubernd, wenn ich mich in etwas Liebliches und Ansprechendes verwandelte, und ich verabschiedete mich von der Kellnerin und dem Nachtbratenkoch.

Die silberblaue Limousine beeindruckte mich als genau das Richtige für L. D. Sie war nicht besonders groß oder nagelneu, aber sie war pieksauber und glänzte vor Politur. Als wir uns von den Lichtern der Stadt entfernten, schaltete er

das Radio ein und stellte die Musik zu einem rührenden leisen Schnurren herunter.

*I want a Sunday kind of love*
*A love to last past Saturday night*
*I want to know it's more than*
*Love at first sight ...*

Er fragte mich, ob ich verheiratet sei. Trauung oder form-
loser Vertrag? Ich sagte, nein, weder noch. (Das Wort »nei-
ther« sprach ich aus wie »n' eye ther«.) Er sagte fast wie im
Selbstgespräch: »Das ist mein Glückstag. Endlich.«

Ich lehnte mich auf dem Ledersitz zurück und grinste zufrieden in mich hinein.

»Ich muss mich um etwas Geschäftliches kümmern. Und
ich wollte, dass du mitkommst. Ich muss eine befreundete
Dame namens Clara aufsuchen.«

Seine Worte waren nie hastig, sondern immer gewählt,
erwogen und so ausgesprochen, als hätte er die bestmögliche
Wahl getroffen.

Endlich war es von Vorteil, jung zu sein. Jeder kannte
die Geschichten von jungen Mädchen und älteren Männern.
Wie gut und großzügig ältere Männer zu jungen Mädchen
seien und wie verrückt nach ihnen. Ich dachte mir, dass ich
lieber der Schatz eines alten Mannes wäre als die Sklavin eines jungen.

»Clara ist eine grundehrliche Haut. Immer ehrlich, wie
sicher auch du. Ja, Sir, ehrlich rund um die Uhr.«

Selbst seine Wortwahl war altertümlich.

Als wir vor dem Haus im Schatten der Bäume anhielten,
öffnete er seine Wagentür, um auszusteigen. »Komm mit.

Ich würde dich gerne mit Clara bekanntmachen. Sie wird dich sicher mögen ...«

Ich folgte ihm.

Der durchdringende Geruch von Desinfektionsmitteln im Haus war so eindeutig wie ein rotes Licht über der Tür. Obwohl Erinnerungen an mein Erlebnis in San Diego auf mich einstürmten, ließ ich mir nicht anmerken, dass ich wusste, wo wir uns befanden.

Clara war eine kleine gutproportionierte Frau in den Dreißigern. Ihre Maske aus dickem Make-up durchzogen Furchen, als sie uns anstrahlte.

»Lou!« Sie trat von der Tür zurück und führte uns in ein schäbig möbliertes Wohnzimmer.

L. D. sagte, er müsse mit Clara etwas besprechen, und zog sich mit ihr zurück. Er bot mir einen Drink an, aber ich erklärte, dass ich nie trank, und erhielt dafür ein zustimmendes Lächeln.

Aus dem Hintergrund war nichts zu hören. Ich begann mich zu wundern: Angenommen, L. D. hatte hier ein Zimmer gemietet und schickte Clara her, statt selbst zu kommen. Würde sie sagen: »Rita, Lou möchte dich gerne sehen«, wüsste ich nicht, was ich antworten sollte. Ich war nicht dumm genug, zu sagen: »Sagen Sie ihm bitte, dass ich nie bei der ersten Verabredung mit einem Mann ins Bett gehe.« Sie würde so sehr lachen, dass ich gehen musste. Ich musste mich der Situation fügen. Aber so, dass er es bedauern würde und ich nichts empfinden würde. Das war mein Plan.

Sie kamen lachend in das Zimmer zurück.

»Clara, du bist immer noch die Nummer eins in meinem Buch«, sagte L. D. »Aber wir müssen vorankommen.«

»Ach, Lou, wollen wir uns nicht kurz setzen? Damit Rita

und ich uns kennenlernen.« Ihr Lächeln überzog ihr ganzes Gesicht mit Runzeln, und sie sah aus wie eine Gummipuppe, die man auf der Kirmes gewonnen hatte.

»Diese Dame hat den ganzen Abend schwer gearbeitet, und ich weiß, dass sie nach Hause gehen und sich ausruhen möchte.« Er sah mich an. »Tut mir leid. Vielleicht lass ich dich nächstes Mal hier, damit ihr euch unter Frauen unterhalten könnt. Komm, Rita, wir fahren jetzt besser zurück nach Stockton.«

Ich gab Clara die Hand und sagte: »Vielen Dank, ja ... Bis zum nächsten Mal ... War schön bei Ihnen ... Wiedersehen.«

Im Auto verwarf ich schnell meine unnötigen Verteidigungspläne und versuchte zu erraten, was als Nächstes zu erwarten war. Vermutlich wollte er mich mit zu ihm nach Hause nehmen. Doch sobald wir das Umland von Stockton erreichten, würde ich ihn bitten, mich nach Hause zu bringen, weil ich fürchterliches Kopfweh hatte. Wenn er ein Gentleman war, würde er es tun.

Auf der Rückfahrt waren wir so ruhig wie die schwarzen Bäume hinter den Fenstern. Die Lichter der Stadt flackerten schwach, und ich bereitete meine Rede vor.

»Rita, ich bin dir wirklich dankbar, dass du mich begleitet hast. Ich muss zweimal in der Woche nach Sacramento fahren, und nachts ist es einsam, wenn man allein unterwegs ist. Ich weiß, dass du müde warst, als ich dich gefragt habe, ob du mitkommst, und wie neulich hast du bewiesen, was für ein großes Herz du hast. Dafür bin ich dir wirklich dankbar.«

Er fuhr in das schwarze Viertel.

»Wo wohnst du?«

Wieder hatte ich mich grundlos gewappnet. »Bei Kathryn.«

»Darfst du da kochen?« Er kannte die Adresse.

»Ja.«

»Na, vielleicht kochst du mir mal ein Essen. Wenn du nicht zu müde bist.«

Wir standen vor der Haustür, und er versuchte nicht einmal, mir einen Gutenachtkuss zu geben.

»Gute Nacht, L. D.«

»Gute Nacht, Rita. Wir sehen uns bald.«

Der blaue Wagen glitt die Straße entlang, und ich fragte mich, ob ich in meiner Ahnungslosigkeit die Chance auf eine zärtliche Liebe und Fürsorge verspielt hatte.

Am nächsten Abend, als ich aus der Arbeit kam, parkte er draußen. Er ließ die Scheinwerfer aufblitzen.

»Rita. Guten Abend. Ich hoffe, es stört dich nicht, aber ich wollte dich wiedersehen.«

Großartiger Tag.

Ich lehnte mich auf dem bereits vertrauten Sitz zurück und atmete sein Parfüm ein.

»Du bist so jung und frisch. Und mir gefällt, wie du redest. So jung.« Er lachte leise. Ich wusste nicht mehr, was ich letzte Nacht gesagt hatte, und spürte die schreckliche Bürde, mir etwas Sinnvolles einfallen zu lassen, um ihn zu unterhalten.

Das Gerede junger Leute war für mich albernes leeres Geschwätz. Ich konnte mir nicht vorstellen, dass das Gesabber junger Mädchen aus meinem Kopf und meinem Mund kam, aber ich wollte L. D. amüsieren und beschloss, ihm eine Geschichte aus meinem Leben zu erzählen.

»Weißt du, ich tanze gerne und habe geprobt, seit ich vierzehn war, und war im Showgeschäft. Ich gehörte zum Poole-und-Rita-Tanzteam.«

Wir hatten die Straßenbeleuchtung von Stockton hinter uns gelassen und waren auf dem Highway, bevor ich es merkte.

»Wir fahren nach Tulare; es ist nicht weit. Komm, erzähl mir von deinem Tanzen. Ich wusste, dass du nicht aus Zufall so anmutig bist.«

Ich spulte Fantasiegeschichten ab über die Nachtclubs, in denen ich aufgetreten war, über die Tanzschritte, die ich gelernt hatte, und über meine glamourösen Kostüme. Während ich sprach, funkelte meine Karriere vor Erfolg, und ich war ein Star erster Ordnung, der sich vor einem großen Publikum, das nie genug bekam, lächelnd verbeugte.

In Tulare besuchten wir Minnie, deren Haus Claras Haus bis aufs I-Tüpfelchen glich, samt Desinfektionsgeruch und künstlichen Blumen. Minnie hatte nichts von Claras Elfencharme und betrachtete mich mit dem schonungslosen Blick eines Käufers auf einer Pferdeauktion.

L. D. und Minnie gingen in ein Schlafzimmer, wo sie nur ein paar Minuten blieben. »Okay, Minnie, bis bald. Rita, lass uns gehen.« Er lächelte sie nicht an und war kurz angebunden. Ich war froh. Es stand außer Frage, dass sie keine besonders nette Person war. (Unter nett verstand ich Leute, die sich um mich bemühten und meine abweisende Miene und meine störrische Haltung bezaubernd fanden.)

Entweder betrieb er eine Lotterie, oder er verkaufte den Huren Drogen, und dass er nie erwähnte, worin seine »Geschäfte« bestanden, bedeutete für mich, dass er mich für »anständig« hielt, und ich beschloss, ihm zum richtigen Zeitpunkt zu erzählen, dass ich früher in San Diego ein Bordell mit zwei Huren geführt hatte.

An diesem Abend erzählte ich ihm von meinem Baby, dass es drei Jahre alt und so hübsch und clever war. L. D. sagte nichts, bis wir vor unserem Haus parkten.

Er fummelte im Dunkeln herum und zog aus einer Jackentasche sein zusammengerolltes Geld.

»Rita, bitte versteh mich nicht falsch. Ich will mir deine Zuneigung nicht erkaufen. Aber du bist allein und musst ein Baby aufziehen. Ich wäre eine Memme, wenn ich nicht versuchen würde, dir unter die Arme zu greifen.« Er faltete einen Geldschein und drückte ihn mir in die Hand. »Sag jetzt nichts. Nimm es nur für dich und das Baby. Gut, jetzt steig aus. Ich werde dich ein paar Tage nicht sehen können. In der Stadt gibt es ein wichtiges Spiel. Ich komme zum Restaurant, sobald ich wieder da bin.«

Ich hätte mich gerne zu ihm gebeugt, um ihm einen Kuss zu geben, aber seine Unnahbarkeit ermutigte mich nicht.

»Gute Nacht, L. D., und viel Glück.«

»Danke, Rita.«

Ich schaltete in meinem Zimmer das Licht an und sah auf den Fünfzig-Dollar-Schein, der zerknittert in meiner Hand lag.

Es war das erste Mal, dass ein anderer Mann als Bailey mir Geld geschenkt hatte.

Ich kaufte Kleider wie für eine Hollywood-Sirene und Spielzeug für meinen Sohn.

# 26

**D**ie nächsten drei Wochen fuhr ich mit L. D. über alle kalifornischen Highways. Ich begegnete Dimples in Fresno und Helen in Merced und Jackie und Lil in Mendota und Firebaugh und einigen Frauen in Baracken an der Straße, wo sie Wanderarbeiter empfingen. L. D. machte mir weiterhin großzügige Geschenke und sagte, seine Geschäfte liefen gut. Ich fragte ihn nie, worin sie bestanden, und er gab nie etwas von sich aus preis. Avancen musste ich nicht abwehren, weil er keine machte.

Mein Verlangen nach ihm wuchs in direktem Zusammenhang mit seiner Indifferenz. Ich versuchte es mit allem, was ich mir ausdenken konnte. Er hatte mir zu verstehen gegeben, dass er keine Bücher las, also versuchte ich ihn mit meinem Bildungshunger zu beeindrucken. Er mochte ehrliche und aufrichtige Menschen, und deshalb erklärte ich ihm eines Abends, wie viele Sorgen ich mir machte. Als unverheiratete Mutter tat ich ihm leid. Ich weinte meine schmerzvolle Einsamkeit hinaus. Nichts bewegte ihn dazu, mich in die Arme zu nehmen.

Das Restaurant war öder geworden als Lebenslang in der Wüste Gobi, und ich fand keine Freude an meinen Büchern oder daran, mit meinem Sohn zu spielen. Das ganze Leben beschränkte sich darauf, ein Lächeln zu sehen oder die sanfte Stimme eines Mannes zu hören, der ruhig sagte: »Guten Abend, Rita. Wie geht es dir heute?«

»Hier sind hundert Dollar.« Seine Finger fächerten die Geldscheine auf.

»Oh, so viel kann ich nicht nehmen.«

»Du sollst einkaufen gehen und dir andere Kleider kaufen. Du ziehst dich zu alt an. Du solltest dich für dein Alter anziehen. Du bist jung. Kauf dir flache Schuhe und Söckchen. Blusen und hübsche Röcke. Und ein hübsches Haarband.«

Ich hatte seit Jahren keine Söckchen getragen und konnte sie nicht ausstehen. Meine langen Beine sahen damit noch länger aus. Aber L. D. verlangte es.

Als er mich in dieser Schulmädchenkleidung sah, sagte er, ich sei sein »Bobby Sock Baby« und er wolle mir ein besonderes Geschenk machen. An meinem nächsten freien Tag fuhr er mit mir in die Stadt.

»Diesmal geht es nicht um Geschäfte. Es geht nur um dich. Du sollst bekommen, was dir gefehlt hat.«

Er lächelte und tätschelte meine Wangen, und ich hätte es für ein Privileg gehalten, für ihn zu sterben.

San Franciscos South-of-Market-Bereich war ein geheimnisvolles Land, wo betrunkene Obdachlose vor den schmutzigen Fenstern von Schnapsläden herumlungerten. Die grellen Schilder der Pfandhäuser versprachen Unmengen Geld für Eingeliefertes. Leute aus meiner Bekanntschaft gingen nur in die Gegend, um den S.P.-Bahnhof zu erreichen oder um Rechnungen bei einem Geldverleiher zu begleichen.

L. D. fuhr die dunklen Straßen entlang, und neben ihm an den Sitz geschmiegt wünschte ich, die Fahrt würde nie enden. Auf dem Highway hatte er gesagt, ich sei das süßeste kleine Ding, das ihm je begegnet sei, und lobte mich, weil ich die Schulmädchenkleidung trug, die ihm am liebsten war. Ich war sein Bobby Sock Baby, und er würde mich so glücklich machen, dass ich weinen musste.

Ich hielt mit Mühe die Dankestränen zurück, die sich hinter meinen Lidern sammelten.

Als er anhielt und mich küsste, sanft, lang und liebevoll, hätte mein Körper sich am liebsten von dem Käfig aus Haut befreit.

Skid Rows Glasscherben hätten Rosenblätter sein können, und der schale Geruch billigen Alkohols war Indiens hypnotisierender Weihrauch.

L. D. klingelte an einer vergitterten Tür und rief seinen

Namen. Die Tür öffnete sich automatisch, und ich folgte ihm düstere läuferbezogene Treppen hinauf. Wenn er mir zunickte, verbarg ich mich im Schatten. Er ging den Flur entlang zu einem Zimmer, wo über der halbgeöffneten Tür Licht schimmerte. Ich hörte Flüstern, dann kam er zu mir zurück und rasselte mit einem Schlüssel. Die Kraft der Leidenschaft brachte mich über die Schwelle des Zimmers und warf mich auf das Bett.

L. D. saß geduldig neben mir und sprach ruhig.

»Du weißt, dass ich viel älter bin als du. Ich bin ein alter Mann, also erwarte nicht von mir das, was du von deinen jungen Verehrern bekommst.«

Verehrer? R. L.? Ich konnte meinem Reiz nicht Abbruch tun, indem ich ihm sagte, es gebe keine Verehrer, oder ihn anschrie, er solle sich ausziehen, sonst würde ich seine Kleider zerreißen. Ich zwang mich, die Augen geschlossen zu halten und abzuwarten.

Er küsste mich, und die Tränen, die ich im Auto zurückgehalten hatte, flossen nun ungehindert.

L. D. hielt mich, als wäre ich ein Federbündel.

»Daddys Baby hat Angst, wie? Aber Daddy wird seinem Baby nicht wehtun. Zieh dich aus und wasch dich, dann können wir uns hinlegen.«

»Ich habe gebadet, bevor wir aus Stockton wegfuhren.«

Er flüsterte: »Wasch dich da drüben in der Waschschüssel. Daddy wird sein Baby lieben.«


Den nächsten Monat verbrachte ich damit, mich von Miss Unsicher in Bobby Sock Baby zu verwandeln. Von einem älteren Mann geliebt zu werden, verlieh mir eine Jugendlichkeit, die ich nie zuvor gekannt hatte. Ich kicherte in mein Papiertaschentuch, klimperte mit den Wimpern und vollführte Freudensprünge über den Rasen. Wenn ich gegen Mitternacht die Kochschürze ablegte und mir Gesicht und Hände wusch, flog ich mit weiß blitzenden Söckchen in die Arme meines Liebhabers in Gabardine. Wir aßen Brathuhn in San Francisco, wo ich hoffte und fürchtete, die stoppelbärtigen Spieler im Hinterzimmer könnten mich als Vivians Tochter erkennen, die es gut getroffen hatte.

Das Gras, das ich aus San Francisco mitgebracht hatte, hielt vor. Ich wurde diszipliniert. Ein Joint am Sonntag und einer am Morgen meines freien Tages. Das Gras hatte immer einen intensiven und unmittelbaren Effekt. Bevor die Zigarette aufgeraucht war, musste ich mein Kichern unterdrücken. Allein der Anblick der Falten in den Vorhängen oder das Wackeln eines Stuhls genügte, um mich zu lautem Lachen zu reizen. Nach einer Stunde dämpfte sich die Hysterie meines Zustands, und ich konnte mich wieder in die Öffentlichkeit wagen.

Eines Tages, als ich frei hatte, nahm L. D. mich und meinen Sohn zu einem Picknick auf dem Land mit. Er war schon früh vorgefahren, aber ich machte mich schnell bereit, und wir fuhren den Kleinen abholen.

Aus den Autofenstern betrachtete ich die Reihen der Baumwollfelder. Sie erstreckten sich der Straße entgegen, als wollten sie mir den Weg abschneiden. Es amüsierte mich, dass die ordentlichen Reihen aufmarschierten und zurückfielen und von anderen ersetzt wurden, die wieder ersetzt wurden. Sie hatten die Präzision eines gedrillten Teams auf Parade im Showgeschäft. Der Gedanke an Baumwollfelder, die nachts aufmarschierten, wenn alle schliefen, war zu spaßig. Gelächter sammelte sich in meiner Kehle und rollte mir über die Zunge. Ich wollte es L. D. erklären, aber dafür war es zu spät. Das Kichern war draußen. Mein Gelächter steckte den Kleinen an, und er lachte mit. Es wurde immer lustiger. Ich versuchte mich zu beherrschen, aber jedes Mal, wenn ich L. D.s tadelnde Miene sah, musste ich noch mehr lachen. Als der Wagen anhielt, nahm der Lachzwang langsam ab.

Wir packten unsere Sachen schweigend aus und legten eine Decke auf das Gras, die ich von meinem Bett mitgenommen hatte.

Als wir saßen, sagte er: »Du hast Hasch geraucht, stimmt's?«

»Ja.« Ich schämte mich nicht, es zuzugeben.

»Wie lange schon?«

»Etwa ein Jahr.«

Er ergriff meine Hand und hielt sie fest. »Weißt du, dass dieser Dreck deinen Charakter töten kann?«

Davon hatte ich noch nie gehört. »Nein.«

»Dann lass mich dir etwas erzählen. Hasch hat meine Ehe ruiniert.« Er streichelte meine Hand. »Meine dumme, dumme Frau hat mich von dem Zeug abgehalten und geht jetzt die ganze Zeit kichernd und lachend durch die Gegend. Ich habe ihr gesagt, dass ich das nicht länger aushalten kann. Ich kann es auch nicht aushalten, dich zu verlieren, Rita. Nachdem ich dich endlich gefunden habe.« Ich dachte, das wäre aufrichtig, und es tat mir leid, dass ich ihm Sorgen bereitet hatte.

Ich musste nicht lange überlegen. Das Gras war wichtig gewesen, als ich einsam und allein gewesen war, als meine Gegenwart trübselig und meine Zukunft ungewiss war. Jetzt hatte ich jemanden, der mir süße Dinge sagte, mich hingebungsvoll liebte, etwas für meinen Sohn übrighatte und mich heiraten würde.

»L. D., wenn du mich nach Hause fährst, werfe ich den Rest in die Toilette.«

Er grinste und berührte mein Gesicht. »Du bist mein Bobby Sock Baby. Jetzt wollen wir mal sehen, was wir zu essen haben.«

Als wir unser Picknick aßen, redete er weiter über seine Frau (ich hatte nicht damit gerechnet, meinen Märchenprinzen ohne Hindernisse zu finden). »Sie ist ein Mühlstein an meinem Hals. Manchmal bleibe ich die ganze Nacht am Spieltisch, um ihren hässlichen Geist und ihre böse Zunge nicht ertragen zu müssen.«

»Warum bleibst du mit ihr zusammen, L. D.?«

»Sie ist älter als ich und war früher einmal gut zu mir. Und ich vergesse es nie, wenn mir jemand einen Gefallen getan hat. Das kann ich nicht. Jetzt kränkelt sie. Sobald ich kann, will ich sie zu ihren Leuten zurückschicken.« Er wartete eine Minute, dann nahm er mein Gesicht zwischen die Hände. »Du bist so ein süßes Baby, Rita. Lass uns nicht länger darüber sprechen.« Ich bewunderte ihn für seine Zurückhaltung.


Der von Natur aus einsame Mensch sucht nicht nach Trost in der Liebe, sondern nimmt die Unbeständigkeit als unvermeidlich hin.

Ich dachte, ich machte ihn glücklich. Auf jeden Fall hätte ich alles getan, um ein Lächeln zu erhalten oder ihn lachen und meine Wange tätscheln zu sehen. Mein Job war so entsetzlich ermüdend geworden. Müsste ich nicht arbeiten, könnten wir mehr Zeit miteinander verbringen. Ich liebte das Kino, und wir waren nie hingegangen; außerdem wollte ich Tanzunterricht nehmen, um nicht aus der Übung zu kommen. Ich wusste, dass es nur eine Frage der Zeit war, bis er meine Andeutungen über meine Arbeit verstehen und mich auffordern würde, zu kündigen. Ich würde eine Wohnung mieten und sie mit den rasend beliebten Möbeln aus hellem Holz ausstaffieren. In meinem Schlafzimmer sollte es von rosa Volants und gekräuselten Spitzen wimmeln. Das Zimmer meines Sohns sollte gelb und weiß gestrichen sein, mit Abziehbildern von glücklichen Tieren, die an den Wänden hochkletterten, teuren Spielsachen, die ordentlich in einer Ecke aufgereiht waren, und er würde an einem niedlichen Kindertisch sitzen und aus klugen Schulbüchern lernen. Selbstgebackenes Brot würde der Küche ein herzhaftes ländliches Aroma verleihen, und nachdem wir alle gegessen hatten und der Kleine schlief, würde ich auf meinem duftenden Bett liegen, während L. D. in der Dunkelheit sein Baby liebkoste.

Drei Tage vergingen, ohne dass L. D. sich blicken ließ. Ich war zittrig vor Sorgen. Er hatte mir erzählt, wo er wohnte, als er mir erzählte, wie hasserfüllt und verständnislos seine Ehefrau war, aber ich wusste seine Telefonnummer nicht. Spieler schützen sich mit unregistrierten Telefonnummern vor Leuten, die sich Geld leihen wollen. Vor und nach der Arbeit ging ich an allen Spielkaschemmen vorbei in der Hoffnung, sein Auto zu sehen, und dann an seinem zweigeschossigen Haus hinter einem Vorgarten mit gepflegten Rosensträuchern. Ideen aller Art und alle Stufen des Wahnsinns plagten mich. Er konnte einen tödlichen Unfall gehabt haben. Oder einen Herzinfarkt. Tödlich. Er konnte mich leidgeworden sein und eine andere gefunden haben. Diese Möglichkeit schloss ich schnell aus. Besser war es, sich ihn in einem schönen Sarg vorzustellen, »sein schmales Gesicht vom Tod gezeichnet und seine dünnen Lippen im Frieden«.

»Baby, Daddy wollte dir keine Sorgen machen.« Obwohl sein Gesicht von Müdigkeit gezeichnet war und er sich nicht rasiert hatte, sah er wunderschön aus. Er war vorgefahren, als ich aus dem Café kam, und sagte, ich solle in den Wagen steigen.

»Ich hatte Pech. Großes Pech.«

Ich wusste nicht, wie eine jugendliche Braut ihren Zukünftigen trösten konnte. Sollte ich ihn kitzeln und kichern oder ihn nur wie eine Schwester streicheln?

»Ich habe drei Tage lang gespielt und alles verloren.«

Jetzt konnte ich es sagen. »Du hast *mich*, L. D.«

Er hörte mich nicht.

»Ich habe mehr als fünftausend Dollar verloren.«

Ich hätte fast aufgeschrien. So viel Geld gab es nur in der Bank. Mit fünftausend Dollar hätte er mir ein Haus kaufen können.

»Und ich stecke bis zum Hals in Schwierigkeiten. Ich wollte genug Geld machen« – er wandte sich ab – »um mich von der alten Hexe scheiden zu lassen und sie nach Louisiana zurückzuschicken. Damit wir beide für immer zusammenbleiben können.«

Ich wusste es. Er wollte mich heiraten. Ich führte meine Hand an seine Wange und zog ihn zu mir her, damit er mich ansehen konnte.

»Das Warten macht mir nichts aus, mein Liebling.« Ich musste ihn beruhigen, seine Sorgen beschwichtigen. »Solange ich weiß, dass ich dir etwas bedeute.«

»Aber vielleicht muss ich untertauchen. Ich schulde den

Gangsterbossen mehr als zweitausend Dollar. Und mit denen ist nicht zu spaßen.«

Großer Gott. Die Gangster. Ich las die Zeitung und hatte genug Filme gesehen, um zu wissen, dass sie ihn im Auto mitnehmen und ihm das Gehirn wegpusten würden.

»Wo kannst du hingehen?« Alles lieber, als ihn ermordet zu wissen.

»Ich habe früher für Weiße in Shreveport gearbeitet. Reiche Leute. Ich habe sie angerufen und gefragt, ob sie mir Geld leihen. Sie sagten, das sei kein Problem, aber die Ehefrau hat verlangt, dass ich wiederkomme und für sie arbeite. Die geile alte Schlampe. Ich weiß, was sie will.«

»Was will sie?« Ich wusste es und hasste sie sofort.

»Sie hätte mich fast lynchen lassen. Sagt, sie wäre in mich verliebt und ihr wäre egal, wer es weiß. Du weißt, wie die Frauen in den Südstaaten sind.«

Das wusste ich nicht, aber ich wusste, dass L. D. der großartigste Liebhaber der Welt war, und wenn die weißen Männer so lustlos waren, wie ich gehört hatte, dann konnte ich mir vorstellen, dass die alte Schlampe in ihn verliebt war.

»Wie alt ist sie?«

»Inzwischen um die fünfundzwanzig, nehme ich an. Ich habe sie seit drei Jahren nicht mehr gesehen.«

Alt? Ich dachte, er spräche von einer faltigen Alten mit gelben Fingernägeln. Ha, diese Schlampe hatte wahrscheinlich alles versucht, damit ihm der Sex gefiel. Sie zuckte und stöhnte wahrscheinlich unter ihm, wie ich es tat.

»Du kannst nicht dahin zurückgehen, L. D. Man könnte dich umbringen.«

»Ich muss etwas unternehmen. Ich brauche eine Frau.« Er hatte sich an die Wagentür gelehnt.

»Aber ich bin eine Frau, L. D.«

»Du bist ein kleines Mädchen. So süß wie Zucker, aber ein kleines Mädchen. Ich brauche jemanden, der Geld machen kann, und das schnell.«

Mein Gehalt betrug sechzig Dollar wöchentlich, und davon bezahlte ich zwanzig für die Kinderbetreuung und fünfzehn für mein Zimmer sowie fünf Dollar für die Milch und Wäsche des Kleinen. Ich durfte im Restaurant umsonst essen, sodass ich zwanzig Dollar sparen konnte. Aber was nützten zwanzig Dollar, wenn es um fünftausend ging?

»Als Head Up letzten Monat Ärger hatte, ging seine Frau in ein Haus in Santa Barbara und machte in der ersten Woche fünfhundert Dollar. Nach einem Monat war er aus der Sache raus.«

»Was hat sie gearbeitet?«

Er hielt mich immer noch für ein anständiges Mädchen. »Aber ich weiß nicht, ob ich jemanden, den ich liebe, dieses Geschäft betreiben lassen kann. Ich glaube nicht, dass mein Leben es wert wäre, dass eine anständige Frau, meine Kleine, sich zu so etwas hergibt.«

»L. D., wenn eine Frau einen Mann liebt, ist ihr kein Opfer zu groß, und er kann alles von ihr verlangen.« Ich musste ihm klarmachen, dass ich genauso fähig war, ihm einen Gefallen zu tun, wie seine ältliche Ehefrau. Er schwieg.

»Die Liebe ist blind und verbirgt viele Schwächen. Ich weiß, wovon du sprichst, und mit der Prostitution ist es wie mit der Schönheit. Es liegt im Auge des Betrachters. Es gibt Ehefrauen, die schlimmere Huren sind als eine Nutte vom Straßenstrich, weil sie ihren Körper für die Ehe verkauft haben, und es gibt Frauen, die mit Männern schlafen und sich dafür bezahlen lassen, weil sie es für einen bestimmten Zweck tun, Frauen von noblem Charakter.«

»Denkst du das wirklich, Baby?« Seine Miene sah schon weniger düster aus.

»Ja, und ich würde es tun, um dir zu helfen.«

Er beugte sich vor und nahm mich in die Arme.

»Du süßes Kind. Nein, das ist falsch. Süße Frau.« Er ließ mich los und sah die Tränen mein Gesicht hinunterrinnen. »Was soll das heißen? Ich habe doch nichts von dir verlangt.«

»Nein, ich weine vor Freude. Dass ich dir helfen darf.«

»Ich habe von Frauen wie dir gehört, aber ich hätte nie gedacht, dass so eine Frau zu mir gehören würde. Meine eigene Frau.« Er streichelte mich und küsste meine Tränen weg.

»Clara. Erinnerst du dich an Clara? Ich glaube, sie hat dich gern. Ihr würde ich dich anvertrauen. Sie führt ein ordentliches Haus. Keine flotten Dreier und keine Perversen.« Seine Stimme befahl zornig: »Bei sowas darfst du nicht mitmachen, verstanden?«

»Ja, Lou, das habe ich verstanden.«

»Wenn das alles vorbei ist, will ich, dass wir heiraten, und du sollst dich an nichts erinnern, was ich nicht mit dir tun würde. Ich will dich immer glücklich machen können, ich will, dass du mein kleines Bobby Sock Baby bleibst.«

## 27

**D**u kommst zum richtigen Zeitpunkt. Im Radio wurde für heute Regen angekündigt.«

Ich saß auf einem unbequemen Stuhl und betrachtete die zwei Frauen.

Clara sah zu mir hoch und sagte als Erklärung: »Bei Regen kommen die Freier.« Sie lachte. »Warum, das weiß ich auch nicht. An ihrer Stelle würde ich lieber in meinem eigenen Bett bleiben.« Sie lachte wieder. »Bei mir zu Hause.« Kichern.

Beas Stimme unterbrach Claras Frohsinn. »Verdammt. Sag sowas nicht, sonst wird der Tag eine Katastrophe. Ich will bis Mittag mit zehn Freiern im Bett gewesen sein. Es ist schon fast neun Uhr, und ich hatte noch kein Glück.«

Sorgfältig aufgetragenes Make-up konnte ihre schroffen Züge nicht verdecken. Als ich ihr am Vorabend begegnet war, hatte ich mir gedacht, sie sei nicht annähernd so nett wie Clara, und wir würden uns nie anfreunden, obwohl ich mit ihr arbeiten musste.

»Neue Mädchen bringen immer Glück.« Clara gab sich etwas Autorität. »Das weißt du doch.«

Die Sprache war mir neu, aber ich verstand, was sie bedeutete, und ich wollte auf keinen Fall dumm erscheinen oder meine lähmende Nervosität zu erkennen geben. Ich versuchte mich auf das zu konzentrieren, was die zwei Frauen taten. Ihre Finger machten Knoten in schweres weißes Garn.

Bea sah zu mir auf, Verachtung wie Nebel auf ihrem Gesicht. »Noch Anfängerin, wie?«

»Ja.« Lügen wäre zwecklos.

»Na ja, die Sache dauert dreißig Sekunden. Nach dem ersten Fick bist du ne Hure. Ne richtige Hure. Ich meine, lebenslang.« Ihr Grinsen war saurer als eine schimmelige Zitrone, aber ihr Make-up, ihr Schmuck und ihre Attitüde liederlicher Sexualität verliehen ihr ein gewisses Etwas.

Clara mischte sich besänftigend ein: »Das wäre doch nicht so schlimm, oder? Ich meine, Hure zu sein.«

»Zum Teufel, ja. Ich bin eine verdammt gute Straßenstrichnutte. Da draußen kann ich auf gut Glück mehr Geld machen als die meisten anderen mit Absicht.« Sie wackelte mit dem Kopf und mit dem ganzen Körper. »Und da ist auch mehr geboten. Ich meine die Straßenbeleuchtung und das Ficken, bis die Sonne aufgeht.«

Ich fragte, warum sie nicht mehr auf den Strich ging.

»Wurde zu riskant. Wurde dauernd verhaftet. Deshalb hat mein Daddy mich hier in Sicherheit gebracht. Wenn die Lage sich beruhigt, kann ich wieder nach Herzenslust rumtoben und die Sau rauslassen.«

Beide standen auf und schüttelten die Garnstränge in ihren Händen. Clara ging zur Zimmertür und hängte zwei Stränge an Nägel über dem Türsturz. Sie nahm Streichhölzer aus der Tasche ihres Morgenrocks und entzündete die Enden der Stränge, die hin und her pendelten.

»Zündet man am Morgen an, das bringt Glück, Rita. Wenn der erste Knoten brennt, kommen die Freier.«

Bea hatte das Zimmer verlassen, um Stränge über den anderen Türen anzubringen.

Clara ging zu ihrem unbequemen Stuhl zurück.

»Rita, jetzt unterhalten wir uns ein bisschen. Als L. D. dich letzte Nacht hergebracht hat, warst du so müde, dass ich bis heute Morgen warten wollte, um dir zu sagen, wie ich hier alles organisiere.« Ich wandte meine Aufmerksamkeit von den kleinen roten Mündern an dem Garnstrang ab.

»L. D. hat gesagt, du heißt hier Sugar. Ich denke, das passt ganz gut. Du bist so jung und ruhig. Jetzt pass gut auf. In deinem Zimmer hast du was zum Schreiben, und wenn du einen Freier hast, zahlt er bei mir, und danach schreib ich es für dich auf. Wenn du keinen eigenen Mann hättest, würde ich dich am Ende des Tages auszahlen, und du könntest nach Hause gehen. Am Ende der Woche kommt Lou, und ich geb ihm das Geld. Er bezahlt für dich, Miete, Verpflegung und Alkohol.« Sie korrigierte sich. »Aber du trinkst nicht, und alkoholfrei kostet nichts. Dann hast du frei und kannst die ganze Nacht bei deinem Mann sein.

Alle Freier bei uns sind Mexikaner. Sie sind schnell, aber nicht besonders sauber. Jedes Mädchen hier hat seine eigene Waschschüssel und Handtücher. Du wäschst sie vorher und hinterher. Dann holst du frisches Wasser und wäschst dich selbst gründlich. Weil du keine Erfahrung hast, muss ich dir erklären, dass Mexikaner nicht besonders groß sind, aber mach die Beine nicht zu breit. Es sind Freier, nicht dein eigener Mann, also versuch nicht, ihnen Liebe vorzuspielen. Es sind bloß Freier.«

Claras Aberglaube an die brennenden Stränge hatte mich bereits ernüchtert, und ihre Auslassungen über die Kunden raubten mir jede Achtung für sie. Meine einzige Möglichkeit in diesem Gewerbe bestand darin, für das Geld gute Arbeit zu leisten. Ich beschloss insgeheim, jeden Freier (jeden Mann) glücklich zu machen, damit er die unerträgliche Einsamkeit vergaß, die ihn auf der Suche nach Liebe in den Regen hinausschickte.

»Sie kommen rein«, fuhr Clara fort, »und suchen dich oder Bea aus. L. D. hat gesagt, du sollst kein Make-up benutzen und deine Kleinmädchensachen anziehen. Ich hab nichts dagegen. Wenn du Stammkunden hast, darf Bea sie dir nicht wegnehmen, außer du hast zu tun und sie können nicht warten. Mit ihren Kunden gilt das auch. Und wenn du was wissen willst, frag mich.«

Es klingelte.

»Siehst du, Rita? Schau nach der Schnur.« Der rote Punkt hatte einen Knoten des Strangs erreicht. »Es ist so weit.«

Bea kam ins Zimmer gelaufen, und das Geräusch ihrer Schritte war nur ein wenig hörbarer als mein Herzklopfen. Der Augenblick der Wahrheit steckte mir in der Kehle und war mit Speichel nicht zu entfernen.

Clara ging die Tür öffnen.

»Hallo, Papa, kommen Sie rein. Heute hab ich etwas Besonderes für Sie.« Sie flüsterte wie eine Schauspielerin: »Ein Schulmädchen.«

Du lieber Himmel, sie log. Ich war doch im Begriff, eine Hure zu werden. Das schwer verdiente Geld dieses Mannes zu nehmen und lieblos mit ihm ins Bett zu gehen. Warum auch noch lügen?

Sie kamen in Sichtweite. Clara hatte den Arm um die Schultern eines kleinen dicken Mannes gelegt, der graue Khakihosen und ein entsprechendes T-Shirt trug. Er sah indianisch aus.

»Sugar, komm her und sag Papa Pedro Hallo.«

Ich ging hin, als würde ich im Wohnzimmer meiner Mutter jemandem vorgestellt.

»*Buenos días, Señor Pedro.*«

Sein Blick wandte sich von meiner flachen Brust und meinen schmalen Hüften ab. »*Oh. Hablas español?*«

Dass er mich duzte, verstörte mich. Meine Lehrerin an der Highschool hatte mir beigebracht, dass das nur zwischen Familienmitgliedern, engen Freunden und Liebespaaren üblich war.

»*Sí. Yo lo puedo hablar.*«

»Okay. Sugar, nehm ihn mit nach hinten und mach ihm eine gute Zeit.«

Beas Stimme drang aus der Ecke her. »Yea, Pedro. Wenn sie dir nicht genügt, kannst du hinterher zu mir kommen. Du weißt doch, letztes Mal?«

Sein Blick verharrte nicht zwei Sekunden in ihrer Richtung.

Clara nahm uns beide bei der Hand. »Kommt schon, ihr zwei. Ihr verschwendet Zeit.« Und führte uns zur Tür meines Zimmers. »Geht rein und habt Spaß.«

Ich fand meine Stimme wieder. *»Viene conmigo, señor.«*

Er stand mitten im Zimmer und sah aus wie ein betäubter Akim Tamiroff. Ich musste etwas sagen, wusste aber nicht, wie man auf Spanisch sagte »Ziehen Sie sich aus«, und deshalb fragte ich, wie es ihm gehe. Er sagte, gut. Ich zog mich in der langen Pause aus, und er öffnete seine Hose. Nackte Würde war auf seinem Gesicht zu sehen.

Ich wusch ihn, und alles, was ich von meinem ersten Abgleiten in die glitschige Welt der Todsünden weiß, ist die Erinnerung an das Kratzen seines Reißverschlusses an der Haut meiner Oberschenkel.

Gegen Sonnenuntergang wusch Bea sich das Gesicht und verbrachte ein paar Minuten in Claras Schlafzimmer. Sie kam heraus und schloss ihre Handtasche mit einem Klacken.

»Ich schäme mich fast, meinem Daddy so wenig Geld zu zeigen. Hab den Mann zu sehr verwöhnt.« Sie sah mich an; ohne die Schminke sah sie zehn Jahre jünger aus. »Wie geht es dir?«

Ich wusste nicht, wie es mir ging. Ich sagte: »Ganz gut, danke.«

»Clara, du solltest die Neuigkeiten ins Lager bringen. Sag ihnen, dass du eine Jungfrau hast. Vielleicht bringt das einige von ihnen auf die Beine.« Sie ging zur Tür und wackelte mit den Hüften. »Eine Jungfrau wirst du nicht lange bleiben, Kleine. Besser absahnen, so lange es geht. Wir sehen uns alle am Morgen.« Sie schlug die Tür hinter sich zu.

Clara ging hinterher und sperrte die Tür zweimal ab und verriegelte sie.

»Sugar, du nimmst besser ein langes Bad. Tu etwas Bittersalz ins Badewasser. Ist gut für die wunden Stellen.«

Ich sagte nichts, weil ich nichts dachte.

»Mach dir keine Sorgen, das war heute kein Erfolg, aber du hast gerade erst angefangen. Ich geb dir ein paar Tipps. Zieh dich nicht ganz aus. Dauert zu lange. Und vergiss nicht, die Männer kommen zum Ficken her, nicht zum Heiraten. Rede mit ihnen schweinisch, aber freundlich. Und spiel mit ihnen.

Hm, hm. Für dich war es leicht. Weiße Männer fand ich zum Kotzen. Sie wollen die ganze Zeit reden. Sie erzählen dir, wie schön du bist und wie wahnsinnig sie dich lieben. Und wundern sich, warum du eine Hure bist, während sie in dir rummachen und dafür bezahlen. Und wenn sie fertig sind, trauen sie sich, dich zu fragen, wie es dir gefallen hat. Und erst die Perversen! Weiße Männer können sich wirklich eklige Sachen ausdenken.«

Sie wollte in ihr Zimmer gehen und drehte sich noch einmal um. »Was ich von meinem Daddy sagen kann« – sie lächelte geziert und verzog die Nase – »er lässt nicht zu, dass ich etwas Perverses tu. Egal, wie viel Geld mir geboten wird. Das gefällt mir.« Sie rieb ihre Hände an ihrem Oberkörper, um sich zu gratulieren. »Du nimmst jetzt besser dein Bad. Das Abendessen ist bald fertig.«

Ich saß da und dachte über den vergangenen Tag nach.

Die Gesichter, Körper und Gerüche der Freier bildeten in meinem Geist ein endloses Muster. Bis auf Tamiroff, den ersten Kunden, hatten sie keine individuellen Merkmale. Das starke Lysolwaschwasser brannte in meinen Augen und klebte in meinen Nebenhöhlen.

Ich hatte die lauten Schreie orgasmischer Befreiung erwartet und fühlte mich schrecklich unzulänglich, wenn die Männer grunzend zu Ende kamen und ihre Hose hochzogen, ohne sich zu bedanken. Ich dachte mir, dass ich als Schwarze einen anderen Rhythmus hatte als die Latinos und dass ich einfach lernen musste, mich ihrem Tempo anzupassen.

Clara gab mir Badesalz und Badeöl, und ich ging den Tag in winzigen Portionen weiter durch. Ich war intelligent und ich war jung. Ich konnte mir das Gewerbe beibringen und jede Menge Geld machen. L. D. konnte in der Lage sein, vor Monatsende seine Schulden zu begleichen.

Die Frau, die jeden Tag um fünf Uhr zum Kochen kam, erinnerte mich an meine Großmutter, und ich musste den Blick abwenden, wenn sie das Essen auf den Tisch stellte.

Ich beruhigte mich in Gedanken. Ich half meinem Mann. Und schließlich war Sex nichts Schlimmes. Ich musste mich nicht schämen. Die Gesellschaft diktierte, dass Sex nur mit Heiratsdokumenten erlaubt war. Nun, das war nicht meine Ansicht. Die Gesellschaft ist ein Gemisch aus Menschen, und das war ich. Ein Mensch.


Die nächste Woche über wetteiferte ich mit Bea um die Gunst der Pedros, Josés, Pablos und Ramóns. Ich frischte mein Spanisch auf und versuchte mit wenig Erfolg, das Wort *tú* in meine Lockungen einzuflechten. Die Gespräche der Frauen interessierten mich mehr als die Besuche der

Freier. Männer kamen immer einzeln zu Claras Haus, und statt einen freudigen Eindruck zu machen, schienen sie sich alle für ihre Anwesenheit zu schämen und sich gleichzeitig damit abzufinden. Ich erlebte nie jemanden, der in Betracht gezogen hätte, ob ich den dreiminütigen Aufenthalt in dem zellengleichen Zimmer genossen oder nicht genossen hatte. Ich wiederum akzeptierte Claras Unterschrift auf meiner Schreibtafel als Symbol für volle Bezahlung.

Bea bemühte sich eines Morgens um Freundlichkeit. Sie kam früh ins Haus und setzte sich mir gegenüber auf einen Stuhl mit steifer Rückenlehne.

»Sugar, wie gefällt es dir?«

Ihre Stimme war freundlicher als sonst, was mich überraschte, und weil ich nicht wusste, was ich antworten sollte, murmelte ich: »Nun ja, es ist ... äh, neu –«

»Neu? Ficken ist doch nichts Neues, oder?« Sie konnte schnell sarkastisch werden.

»Nein, das wollte ich nicht sagen.«

»Ach, mach dir keine Gedanken. Du wirst dich dran gewöhnen.«

»Ich werde es nicht lange tun.« Von ihrer Unterstellung musste ich mich distanzieren.

»Und wie. Warte nur, bis du ordentlich Geld machst. Dann wird dein Daddy dir eine kleine weiße Fee geben.«

»Eine was? Was soll ich mit einer weißen Fee anfangen?«

Sie lachte verhalten. »Keine echte weiße Fee. Weißt du nicht, was das heißt?«

»Nein, das weiß ich nicht.« Ich versuchte mich bedeckt zu halten.

»Kokain. Manche nennen auch Heroin so, aber mit Heroin geb ich mich nicht ab. Davon wird mir übel. Aber warte nur, bis dein Daddy dir etwas Koks gibt. Und das war's dann!« Sie schlang sich die Arme um den Körper und verlor sich für eine Sekunde in ihren Gedanken.

Ich wollte ihr nicht sagen, dass L. D. mir nicht einmal erlaubte, Pot zu rauchen, aber sie schien zu erraten, was ich gerade dachte.

»Kiff lassen sie dich nicht rauchen. Sie sagen, es würde eine Nutte zu unberechenbar machen. Die Nutten werden unkonzentriert und denken nicht mehr ans Geschäft.«

Clara kam mit Kaffee herein, und Bea begann sich mit ihr zu unterhalten.

»Weißt du, was wir gestern Abend gemacht haben? Daddy hat mich zu einem Kartenabend in Firebaugh mitgenommen ... Und weißt du, wen ich gesehen habe? ... Diese Trulla hatte ich ewig nicht gesehen ...«

Ich kannte die Leute nicht, über die sie sprach, und mich interessierte auch nicht, was sie gestern Abend getan hatte, aber sie hatte mir Material zum Nachdenken gegeben. Da sie aus Erfahrung sprach, hatte sie vermutlich recht. Aber sie sprach von Zuhältern, und L. D. war kein Zuhälter. Er war ein Spieler. Ich konnte mir keine schädlichen Gedanken erlauben. Alles, was ich zu tun hatte, war, ihm nach besten Kräften zu helfen und meine Gedanken klar und unbeschmutzt zu halten. Ich beschloss, dieses Gespräch L. D. gegenüber nicht zu erwähnen.

Bei den langen Wartezeiten zwischen den Kunden sprachen Bea und Clara über Geld, ihre alten Männer, andere Hurenhäuser und ihre alten Männer und Ausflüge in benachbarte Städte und ihre alten Männer. Beide nannten ihre Männer »Daddy«, und selbst wenn sie die Prügel erwähnten, die sie von »Daddy« erhalten hatten, verfiel ihre Sprache in lüsterne Imitationen von Babysprache. Ihre Mienen wurden weich, und ihre Lippen schmollten (und Clara verzog die Nase und bewegte sie wie ein Häschen).

Ich fragte mich, ob Prostituierte vielleicht einen Elektrakomplex hatten, der sie dazu anhielt, einen Daddy zu benötigen, einem Daddy zu gefallen und schließlich mit einem Daddy zu schlafen.

»Mein Daddy hat gesagt, er will mich in der ›Saison‹ nach Hot Springs mitnehmen.« Bea saß auf ihrem Stuhl und schüttelte sich vor Lachen.

»Daddy war mit mir letztes Jahr beim Kentucky Derby. Wir waren tanzen.« Clara begann die Nase zu verziehen. »Unmengen Leute waren da. Wir sind alten Freunden aus New York City und Detroit und Chicago begegnet.«

»Mein Daddy sagt, die Zuhälter im Osten wären kaltherziger als das Herz einer Nutte in Nome. Und das glaub ich ihm. Sieh sie dir nur an. Eiskalt. Wenn sie ihre Huren nicht umbringen, dann sorgen sie dafür, dass die am liebsten tot wären.«

»Na ja, mein Daddy hat mich nur geschlagen, wenn es nötig war. Oh, dann hat er mir den Hintern versohlt. Das kannst du glauben. Aber keine Narben. Nie eine einzige Narbe.«

Bea grinste, als hätte sie die Männer übertölpelt. »Die sind doch nicht verrückt. Ihren kleinen Geldmaschinen würden sie nie was antun.«

Ihre Gespräche waren dicht choreographiert, und da ich die einzelnen Schritte nicht kannte, saß ich daneben und sah zu. Sie würden sich kaum für meine Tanzkarriere oder meinen Sohn oder die Bücher, die ich las, interessieren. Und ich weigerte mich rundheraus aus Prinzip, L. D. »Daddy« zu nennen. Ich wollte das nicht. Bailey Johnson Senior, mein Vater, war in San Diego, wo er posierte und sich mit seinem Angebergehabe um Kopf und Kragen schwadronierte. Daddy Clidell war mein kurzzeitiger Stiefvater gewesen, doch er und Mutter hatten sich scheiden lassen. Mutters Männer, die ich Daddy Jack, Onkel Bob oder Hanover Daddy genannt hatte, kamen und gingen so regelmäßig, dass jeder Name, den ich ihnen nach dem väterlichen Titel verpasste, nach wenigen Monaten vergessen war. Ich beschloss, das Gespräch überhaupt nicht auf L. D. zu bringen. Die beiden waren zu zynisch, um zu begreifen, dass er und ich uns liebten und dass wir, nachdem ich ihm aus dem Schlamassel geholfen hatte und er sich hatte scheiden lassen, heiraten würden und in einem traumhaften Haus leben würden, mit meinem Sohn und vielen Blumen. Diese Pläne wollte ich nicht mit herzlosen Huren teilen.

Trotz meiner Jugend, meiner Mädchenkleidung und meines gestelzten Spanischs war ich in Claras Haus nicht beliebt. Die Männer fanden Bea anziehender. Sie hatte einen Hüftschwung und ein wissendes Lächeln, was ich nicht nachahmen konnte. Und offenbar hatten mexikanische Landarbeiter keine erotischen Wunschträume, in denen schwarze Teenagermädchen vorkamen; sie kamen für eine Hure her, und Bea entsprach ihren Bedürfnissen.

»Lasst es euch gutgehen.« Clara winkte L. D. und mir von den Treppenstufen aus zu. Er beachtete sie nicht, aber ich drehte mich um und winkte.

Im Wagen hatte er die gleiche grämliche Miene wie vorher, als er aus Claras Schlafzimmer gekommen war, nachdem er mit ihr gesprochen hatte. Die Furcht, er könne mich nicht mehr lieben, vereiste meine nackten Arme. Als ich zu Clara gezogen war, hatte er mir versichert: »Mach dir keine Gedanken darüber, mit anderen Männern ins Bett zu gehen. Dafür werde ich dich nur umso mehr lieben. Du tust es, um Daddy zu helfen.« Und er hatte mich in die Arme genommen. Ich erinnerte mich daran und nahm an, dass er damals so gedacht hatte. Doch mit der Realität konfrontiert, fand er mich abstoßend. Zum ersten Mal, seit ich bei Clara war, fühlte ich mich unrein. Ich war Lady Macbeth. Alles Wasser der Welt konnte die Fingerabdrücke der Männer, die mich entstellt hatten, nicht wegwaschen. Es war dämlich von mir gewesen, mich von ihm zu etwas überreden zu lassen, was ihn sich abwenden ließ. Er brauchte Liebe. Er brauchte eine gute Frau, die ihn liebte, besonders nun, da er Ärger mit den Gangsterbossen hatte. Aber statt das Gehirn zu benutzen, auf das ich so unmäßig stolz war, hatte ich ihn enttäuscht. Sein Leben war so unsicher (der große Diamantring und das teure Auto waren Symbole der Unsicherheit), und als ich die Möglichkeit hatte, etwas Ordnung in seiner Welt zu schaffen, hatte ich alles verpatzt. Es war klar, dass ich ihn nie wiedersehen würde, denn Wellen des Hasses strahlten von ihm aus, so rhythmisch, wie die Hitze vom Highway emporwaberte. Wir fuhren schweigend, bis wir Stockton erreichten.

»Wo willst du hin?« Seine Frage knallte wie ein Peitschenhieb.

»Den Kleinen abholen.«

Das Lenkrad rutschte ihm fast aus der Hand.

Als er den Wagen parkte, traf er keine Anstalten auszusteigen; ich öffnete meine Wagentür und fragte: »Fährst du mit uns spazieren?«

»Mach die Tür zu, Rita. Ich muss mit dir sprechen.«

Jetzt war es so weit. Die Schimpfworte, die Vorwürfe, und alles zu Recht. Ich schloss die Wagentür.

»Ich habe mit Clara gesprochen. Es war fast kein Geld da. Ich glaube, du hast dir keine Mühe gegeben.«

»L. D., das habe ich. Ich habe mir wirklich Mühe gegeben.«

»Clara sagt, du sitzt da wie ein Richter und sprichst nie mit ihnen. Und dass du wie eine blöde Lehrerin mit den Freiern Spanisch sprichst.«

»L. D., das tut mir leid. Ich kenne mich einfach noch nicht aus. Aber ich verspreche dir, dass ich mir mehr Mühe geben will. Sei mir nicht böse, Lou.«

»Und noch etwas. Du hast mich nicht Daddy genannt. Alle anderen – ich meine, ich bin dein Daddy.« Jetzt war er wütend. »Vergiss das nicht.«

Ich sagte: »Ja, Daddy«, und verabscheute die Worte. Später würde ich ihm die Elektra-Geschichte erzählen und ihm erklären, warum ich meinen Vater hasste, und ihm meine Theorie über Prostituierte und ihre Männer darlegen. Ich wusste, dass er nicht damit einverstanden wäre, für einen Zuhälter gehalten zu werden, und dass wir später auf das Wort »Daddy« verzichten können würden, außer er erlaubte meinem Sohn, ihn so zu nennen.

»Ich kann euch heute nicht mitnehmen, aber bezahl die Frau, und hier hast du noch zehn Dollar. Ihr geht jetzt ins Kino, aber bleib nicht die ganze Nacht bei ihm. Bring ihn zu ihr zurück, und ich komme am Abend wieder.«

»Ja, Lou.« Er war nicht mehr wütend.

»Daddy?«, sagte er.

»Daddy.« Ich lächelte und wartete ab.

## 28

**D**ie Freude meines Babys bei meinem Anblick verscheuchte sofort den Geruch des Desinfektionsmittels, der sich in meiner Nase festgesetzt hatte. Claras Haus und seine Bewohner und Besucher waren ein Rauchwölkchen, das sich hinter den fernsten Hügel verzog. Ich bezahlte Big Mary und antwortete nicht auf ihre unverblümten Fragen nach meinem neuen Job.

Ich nahm meinen Sohn in die Arme und sagte Big Mary, ich würde ihn am frühen Abend zurückbringen.

»Haben Sie nicht genug Zeit, dass er eine Nacht bei Ihnen schlafen kann? Wie kommt es, dass Sie auf einmal so viel zu tun haben?«

Ich konnte die Zärtlichkeit einer großen Liebe nicht erklären. Und auf keinen Fall konnte ich sie in den Monat einweihen, den ich bei Clara verbringen wollte. Sie würde nur das übliche moralische Urteil fällen, das keine Rücksicht auf Besonderheiten nahm wie Opferbereitschaft und Ziele.

Der Kleine, so hübsch wie eine Porzellanpuppe, schwatzte den ganzen Weg zum Kino, im Kino und auf dem Weg zurück in mein Zimmer. Er hatte Big Marys Ausgelatschte-Schuhe-Akzent aufgeschnappt. Ich wiederholte die richtige Betonung, als er Zeit- und Pluralformen verwechselte. L. D. hatte recht. Ich musste mir mehr Mühe geben. Mein Sohn brauchte mich. Ich würde ihm jeden Tag vorlesen und ihm die Langspielplatten für Kinder vom *Kleinen Prinzen* und vom *Hässlichen Entlein* kaufen.

Ich ging den Weg zu meinem Haus entlang, die Arme schwer vom Gewicht meines Sohns.

»Nach Hause, James.«

»Heiß nix James.«

»Ich heiße nicht James.«

»Nö, du Mutter.«

»Du heißt Mutter.«

»Nö, ich nix Mutter.«

Als ich ihn abzusetzen versuchte, zog er die Beine hoch und hielt sich an meinem Hals fest.

»Ich geh doch nicht weg.« Sein Herz klopfte an meiner Schulter, und ich trug ihn ins Haus.

»Rita.« Der Vermieter kam mir im Flur entgegen. »Jede Menge Anrufe aus San Francisco. Rufen Sie lieber zu Hause an.«

Ich entzog mich den Armen und Beinen des Kleinen und setzte ihn auf den Boden. Er schrie sofort wie am Spieß, und ich stand am Münzfernsprecher und wartete darauf, dass jemand abnahm.

Papa Ford nahm meinen Anruf entgegen. »Mädchen, hab versucht, dich zu erreichen.«

Vielleicht hatte Mutter ihre Maßnahmen übertrieben, und die Magie des Kautionsvermittlers hatte nicht gewirkt. Ich wäre keine große Hilfe mit meinem eigenen Mann, der in Schwierigkeiten steckte. Aber es gab keine Wahl. Mutter kam an erster Stelle.

»Deine Mutter ist im Krankenhaus.«

Du lieber Himmel. Ausnahmsweise war sie nicht schnell genug gewesen. »Warum? Und wie geht es ihr?« Meine ruhige Stimme war eine Lüge.

»Operation. Ganz schön ernst. Sie fragt dauernd nach dir. Du solltest besser nach Hause kommen.«

Ich brachte meinen Sohn zu Big Mary zurück und sagte

ihr, ich müsste die Stadt für ein paar Tage verlassen. Baxters erzählen anderen nie von ihren Familienproblemen, und deshalb verließ ich sie ohne Erklärung und mit meinem Sohn, der seine Mutterlosigkeit hinausschrie, in ein Hinterzimmer eingeschlossen.

Ich dachte an L. D., aber ich hatte keine Telefonnummer von ihm, und ich bat den Vermieter, ihm zu sagen, dass ich nach San Francisco fahren musste ... Familienprobleme.

Meine Gedanken eilten wie der Greyhound nach San Francisco.

Der Kopf meiner Mutter war in das Kissen versunken wie eine gelbe Rose in eine Schüssel voll Eis. Ihr Zeigefinger hielt Wache über ihren roten Lippen.

»Psst. Bailey ist da drüben.« Eine kleine Gestalt, erkennbar auf einem Ruhesofa in einer Ecke des Krankenzimmers.

»Eunice ist heute gestorben. Er ist völlig fertig. Heute war ihr erster Hochzeitstag. Ich habe ihm ein Sedativ geben lassen, damit er eine Stunde lang schlafen kann.«

Ihrem Gesicht und ihrer Stimme konnte man die Anstrengung der Sorgen und ihrer Krankheit anmerken.

»Wie geht es dir?«

Sie nahm ihre Krankheit auf die leichte Schulter. »Nur eine Frauengeschichte. Was rauskam, musste raus, und ich würde es nicht mehr brauchen.« Sie flüsterte noch. »Ich bin aber froh, dass du gekommen bist. Bailey braucht uns. Ich glaube nicht, dass er es ohne uns schaffen kann. Und ich muss mindestens noch eine Woche lang im Krankenhaus bleiben. Kannst du dir von deiner Arbeit freinehmen?«

»Ja.« Natürlich konnte ich das.

»Versuch Bailey zu wecken und ihn nach Hause zu bringen. Kümmert sich jemand um den Kleinen?«

»Ja, Mutter.«

»Und mach ihm was Warmes zu essen. Er hat den ganzen Tag nichts gegessen. Vergiss nicht, dass er dein einziger Bruder ist.«

Ich saß neben meinem einzigen Bruder und schüttelte ihn vorsichtig. Er wachte zögernd auf. Ich rief ihn beim Namen, und er öffnete die Augen, setzte sich auf und sah sich um. Er sah Mutter, betrachtete das Zimmer, sah wieder zu mir, ratlos. Er konnte nicht erkennen, wer er war oder wo er war.

»My?« Sein Name für mich aus Kindertagen war fast ein Schrei. Seine Augen wussten, dass etwas überhaupt nicht in Ordnung war, aber die ersten Sekunden konnte er sich an nichts erinnern. Dann zersplitterte die Erinnerung sein Gesicht, und Tränen liefen ihm die Wangen entlang.

»Oh, Gott. My. My. Eunice ... Sie haben sie ... oh, My.«

Ich nahm ihn in die Arme und wiegte ihn. Das Geräusch von Mutters Stöhnen mischte sich mit seinem unterdrückten Weinen.

»Komm, wir gehen nach Hause, Bail. Wir gehen einfach nach Hause und können dort reden. Lass uns nach Hause gehen, Bail.«

Er war wieder acht Jahre alt und zutraulich. Seine großen feuchten schwarzen Augen sahen mich an, als wollte er glauben, ich könnte etwas für seinen Kummer tun. Ich wusste, dass ich nichts Übersinnliches tun konnte, jetzt, wo er mich am meisten brauchte.

»Lass uns nach Hause gehen, Bail.« Die Scham über mein Unvermögen könnte ich in einer Bratpfanne verstecken und sein Schluchzen im Klappern von Töpfen ertränken.

Wir umarmten Mutter, und beide weinten zusammen,

aber er machte sich frei, ohne dass ich mich einmischen musste, und kam mit mir so geduldig wie ein reumütiges Kind zu dem alten Haus mit den hohen Zimmerdecken zurück.

Der Kummer wirkt sich auf die Menschen unterschiedlich aus. Manche schmollen oder werden verdrießlich oder weinen und schreien, dass sie sich an den Göttern rächen wollen. Bailey weinte zwei Stunden lang; unverständliche Geräusche rasselten und gurgelten in seiner Kehle. Danach war sein Gesicht trocken. Alle Tränen versiegt. Und er begann zu reden.

Er aß das Essen, das ich ihm hinstellte, automatisch, gierig, ohne den Redefluss zu unterbrechen, der aus seinem Mund quoll.

Er erzählte mir von Eunice' Krankheit, Lungenentzündung und Tuberkulose, und schilderte die Einzelheiten ihrer Behandlung. Den Smalltalk im Krankenzimmer. Seine Stimme wurde nicht leiser oder dramatisch, als er erzählte, wie ihre Kräfte schwanden. Er sprach von der Krankenschwester, die neu auf der Station war und ihm den Weg zu Eunice' Zimmer versperrte. »Mrs Johnson? Mrs Johnson? Oh, sie ist heute Morgen gestorben. Sie wurde schon weggebracht.«

Er plapperte von seinen neuen Tennisschlägern und den besseren Tennisplätzen in San Francisco. Von den Speisewagen der Southern Pacific und von der Hitze in Arizona.

Ich ließ ihn reden und versuchte nicht zu antworten. Gegen Morgen wurde er müde und merkte zuletzt, dass er sich wiederholte. »O My, das hatte ich dir schon erzählt, nicht wahr?« Er sammelte Wörter um sich herum als Schutz gegen seine Neuigkeiten. Ich gab ihm eine Schlaftablette.

»My, du gehst doch nicht weg, oder?«

»Nein.«

Er rollte sich in Mutters Bett zusammen und schlief sofort ein.

Ich erwachte bei dem Geräusch plätschernden Wassers und von Bailey, der im Badezimmer sang.

»*Jelly, Jelly, Jelly, Jelly stays on my mind.*« Er konnte den Bassbariton von Billy Eckstine nachahmen.

»*Jelly Roll killed my pappy, and ran my mammy stone blind.*«

Seine Stimme schlug fröhliche Kapriolen. Meine Erleichterung währte nur wenige Sekunden. So schnell konnte er sich nicht gefangen haben. Ich ging zu Papa am Küchentisch und wartete.

»He, Maya. Frischen Kaffee? Guten Morgen, Papa Ford.« Sein Gesicht war nicht breiter als meine ausgestreckte Hand, und seine samtbraune Haut war plötzlich so staubig wie eine alte Schokoladentafel im Tageslicht. Ein Lächeln brach sich Bahn und stolperte über seine Lippen.

»Mann, war ich gestern Abend außer mir. Ich hoffe, ich habe euch nicht zu viele Sorgen gemacht. Und Mom. Das war verdammt rücksichtslos von mir, in ihrem Krankenzimmer rumzuschreien und zu weinen.«

»Das war nicht rücksichtslos, Bail, du warst außer dir. Du bist zu deiner Mutter gegangen. Zu wem hättest du sonst gehen sollen?«

»Ja, aber sie ist selber krank. Und schließlich bin ich ein Mann. Ein Mann. Und der lässt sich nicht unterkriegen. Er rennt nicht heulend zu seiner Mutter.«

Er schenkte sich Kaffee ein und trank ihn im Stehen, ohne den Stuhl zu beachten, den ich für ihn hergezogen hatte.

»Soll ich Frühstück für euch machen?« Sein Grinsen war

etwas verstörend, mehr als koboldhaft, aber noch nicht satanisch. »Ich kann nämlich Eggs Benedict machen.« Er wandte sich an Papa.

»Papa, kannst du Eggs Benedict machen? Sowas essen reiche Weiße.«

Papa brummte: »Hab nie für Weiße gekocht, reich oder nicht.«

Bailey kramte im Kühlschrank und holte Eier und Speck heraus. Dann lief er zur Küchenkammer und war im Handumdrehen mit Töpfen, Pfannen und Kasserollen zurück.

»Ich koch für dich, Bailey.« Ich wusste nicht, wie ich ihn trösten konnte. »Ich glaube, für Eggs Benedict braucht man Truthahn und Schinken.«

Voller Zorn wandte er sich an mich. »Kannst du mich bitte in Ruhe lassen? Ich bin kein verschissener Invalide. Gestorben bin nämlich nicht ich, wie du vielleicht weißt.«

Mir war es lieber, wenn er weinte. Dann konnte ich ihn hätscheln und leise zu ihm sprechen und mir einbilden, ich käme mit seinem Kummer zurecht.

»Ich bin Cuban Pete.« Er begann mit schlechtem südamerikanischem Akzent zu singen. »Oh, ich bin Cuban Pete.« Er fuhrwerkte als Cesar Romero um den Tisch herum, zum Spülbecken, dann zum Herd, mit einem grauenhaften Grinsen. Ein paar Minuten später stellte er verbrannten Speck, Rühreier und schiefe Häufchen heißer Pfannkuchen auf den Tisch.

»Nehmt euch euer Besteck selber. Ich bin der Chefkoch und nicht der Kellner.« Er richtete die Pfannkuchen mit den Händen auf und brach die zerzausten Ränder ab in dem verzweifelten Versuch, sie ebenmäßig zu machen.

»Setz dich, Bailey, ich geb dir auf.«

»Ich kann jetzt nichts essen. Aber lasst es euch schme-cken. *Bon appétit*.« Er ging aus der Küche. »Ich will etwas Musik hören.«

Nach wenigen Augenblicken war in der Küche die Mischung aus plätscherndem Wasser und Lester Youngs weichem Saxofon zu hören.

Papa Ford runzelte die Augenbrauen. »Er hat heute doch schon gebadet, oder? Er ist doch nicht dreckig genug für zwei Bäder.«

»Das ist schon in Ordnung. Er ist nur nervös.« Ich spuckte die Worte aus als Barriere gegen weitere Gespräche.

Innerhalb von zwei Tagen wurde der spindeldürre Bailey noch dünner und wurde immer schlauer darin, uns etwas vorzumachen.

Nur ein einziges Mal sprachen wir über Eunice.

»Wenn ich es mir hätte leisten können, hätte ich sie vom Friedhof San Francisco General geholt und nach St. Joseph's gebracht. Die Leute lügen, wenn sie sagen, der Todeszeitpunkt wäre richtig gewesen.« Er zitierte Robert Benton, seinen Lieblingsdichter. »Auch Hass kann berechtigt sein.«

Er bemühte sich, mich anzusehen. »My, du musst mir einen Gefallen tun.«

»Was du willst.«

»Morgen wird Eunice beerdigt. Danach will ich nie wieder ihren Namen hören.« Er wartete.

»In Ordnung, Bailey.«

»Danke, My.« Er verschloss sich wieder und grinste mit seiner neuen Grimasse. Einen Teil meines Bruders verlor ich für immer.

Ich habe Mutter nicht berichtet, dass er am nächsten Morgen saubere weiße Tenniskleidung anzog, dicke weiße

Socken und Tennisschuhe, und mit seinem neuen Tennis-
schläger in die Kirche ging.

Papa Ford war ungehalten. »Dein Bruder klingt für mich
wie ein Verrückter. Er sagt, er will seinen Job kündigen. Das
ist nicht der richtige Zeitpunkt. Er kriegt umsonst zu essen.
Trinkgeld. Kann Butter und andere Sachen mit nach Hause
nehmen, stimmt's? Für Nigger gibt's jetzt nur die Wahl zwischen zwei Sachen, so seh ich das. Entweder mit der alten
Dame Southern Pacific schlafen oder gleich auf der Straße
schlafen.« Er verzog das Gesicht. »Und er ist verrückt, aber
nicht verrückt genug für die Straße. Scheiße. Erinnert mich
an die Judenjungen. So schlau wie die ist er auch. Aber die
Judenjungen haben was in der Hinterhand, um ein kleines
Geschäft zu betreiben. Alles, was er anfangen wollte, könnte
gegen das Gesetz sein, und er müsste cleverer sein als Moski-
toscheiße. Sollte sich vor dem Knast hüten. Und besser weiter Eisenbahner bleiben.«

Bailey fing an, die ganze Nacht wegzubleiben, und wenn
er nach Hause kam, waren seine Augenlider geschwollen
und er bewegte sich wie in Trance, umgeben vom Geruch
ungewaschener Kleidung. Seine Augen waren über seinen
Geheimnissen halb geschlossen. Nachmittags kam Bobby
Wentworth zu uns, ein früherer Mitschüler und nun kaum
wiederzuerkennen, so dünn und farblos. Er ging in Baileys
Zimmer mit dem Gang eines verbrauchten alten Mannes
und schloss die Tür hinter sich.

Eines Morgens stand ich in Baileys leerem Zimmer an seinem ungemachten Bett und fragte mich, wie ich ihn retten
konnte. Wenn L. D. und ich bald heiraten könnten, würde er
uns ein Haus besorgen, in dem Bailey ein eigenes Zimmer
haben konnte. Ich würde ihn pflegen, bis er wieder gesund

wäre, und ihm Bücher und Schallplatten kaufen. Vielleicht würde er wieder die Schule besuchen und Jura studieren. Mit seiner Auffassungsgabe und Redegewandtheit wäre er ein Rechtsanwalt der Sonderklasse.

Ich dachte an Großmutter Henderson, die jede Heimsuchung mit Gebeten auf ein erträgliches Maß zurechtstutzte. Ich betete.

Gegen Mittag kam Bailey nach Hause; die schlaflose Nacht ließ seine Schultern hängen.

Ich trat ihm im Flur entgegen. »Bailey, was ist los mit Little Bobby?«

Sein müdes Gesicht versuchte mich abzuwehren. »Nichts ist mit ihm los. Warum?«

»Er ist so gelb wie Senf und so dünn geworden.«

»Er kommt nur auf sein Kampfgewicht. Und wann fährst du nach Stockton zurück? Wie lange kannst du dir von deiner Arbeit freinehmen?«

Ich war mir nicht sicher, wie viel ich ihm erzählen konnte. »Ich bleibe hier, bis Mutter aus dem Krankenhaus kommt.«

»Warum?«

»Nun ja ... ich will bei dir bleiben.«

»Ich brauche nichts. Ich hab dir doch gesagt, dass ich kein Invalide bin. Du solltest besser nach Stockton zurückgehen und dich um dein eigenes Leben kümmern.« Das war ein Befehl.

Ich wollte mich über seine Zukunft vergewissern, bevor ich abreiste. »Papa Ford sagt, du wolltest deinen Job kündigen.«

»Ist schon passiert.«

»Aber was willst du tun? Wovon leben?«

»Ich werde leben.« Er prahlte nicht, sondern sagte es einfach nur.

»Aber Bailey, die Bezahlung ist gut, oder? Wirklich gut.«

»Du bist nicht die Richtige, mir was darüber zu erzählen, mit Hackfleisch rumzumanschen. Du kannst gerne bis zum Ende deiner Tage Bratenköchin bleiben, wenn du so blöd bist, aber ich tu das nicht.«

Das war mehr, als ich ertragen konnte. »Das tu ich nicht mehr, wenn du es wissen willst. Ich arbeite in einem Haus in der Nähe von Sacramento.«

»In einem was?« Er setzte sich auf und lehnte sich zu mir her. »Und als was?«

Ich wusste, dass ich zu weit gegangen war. Ich war ein Felsbrocken, der einen steilen Hügel hinabrollte, und konnte nicht innehalten.

»Was tun Frauen in solchen Häusern?« Dreistigkeit war die beste Verteidigung.

»Du verdammtes dämliches Ding. Du blödes kleines ... Gehst auf den Strich, wie? Meine verdammte kleine Schwester.«

Sein neuer Charakter war kalt und gehässig. Früher waren seine Zornesausbrüche feurig und explosiv gewesen, doch nun sprach er schroff, mit steifem Hals, und sah von oben zu mir herab. »Wer ist dieser Nigger?«

»Bailey, es ist nicht so, wie du denkst.«

»Wer ist der neunmalkluge Nigger, der dich auf den Strich gebracht hat?«

»Bailey, er hat Probleme, und ich helfe ihm nur für einen Monat aus.«

»Wie heißt der Kerl?« Obwohl er mich immer noch verächtlich ansah, wurde er etwas weicher. »Sag mir seinen Namen.«

»L. D. Tolbrook. Und er ist alt.«

»Wie alt?«

»Mitte vierzig.«

»Was für Drogen hat er dir gegeben?«

»Das verstehst du nicht. Er hat mir sogar verboten, Pot zu rauchen. Er ist anständig und –«

»Kein Pot? Dann ist es nur eine Frage der Zeit, bis er dich mit Kokain zuknallt.«

»Bailey.« Ich konnte es nicht ertragen, dass Bailey von L. D. schlecht dachte. »Er ist ... er ist ein Spieler und hat Ärger mit den Gangsterbossen. Deshalb habe ich ihm angeboten, ihm für einen Monat auszuhelfen, und dann werden wir heiraten.«

Er beugte sich zu mir und sagte mit eisiger Stimme: »Du wirst nicht heiraten.«

»Doch, werde ich. Doch ...«

»Ich sag dir, was du tun wirst. Du wirst nach Stockton fahren und dein Baby holen. Und dann gehst du zu L. D. Du wirst ihm sagen, dass er sich keine Sorgen mehr um die Gangsterbosse machen muss. Sondern lieber um einen kleinen Gangster. Nur einen. Und sag ihm, wie klein ich bin. Und sag ihm, dass du meine blöde kleine Schwester bist. Und dann kommst du mit dem Bus nach Hause zurück. Hast du das verstanden, Marguerite?«

Ich wusste, dass der alte Bailey so gewalttätig sein konnte wie Mutter, und der neue Bailey machte einen noch schrecklicheren Eindruck.

»Verstanden?«

»Ja.« Mehr konnte ich nicht sagen. Wenn ich nach Stockton kam, könnte ich L. D. erklären, dass Bailey alles falsch verstanden hatte, und ich würde für eine Zeitlang nach San Francisco zurückgehen. Und wenn Bailey sich beruhigt haben würde, konnte ich zu ihm zurückgehen. Vielleicht würde meine Abwesenheit in ihm Sehnsucht nach mir wecken und ich hätte bessere Aussichten, meinem Bruder zu helfen, zur Besinnung zu kommen.

Bailey gab mir Geld für Hin- und Rückfahrt und für die Babysitterin. Ich nahm den Bus am Nachmittag nach Stockton.

# 29

**B**ig Marys Haus lag an der Ecke eines typischen Kleinstadthäuserblocks, und in der Sonne des späten Nachmittags sahen die Häuser aus, als würden sie träumen. Ich nahm an, dass ich mich verlaufen hatte, als ich die nächste Kreuzung erreichte. Ich war mit anderen Gedanken beschäftigt, und als ich kehrtmachte und das Haus nicht erkannte, dachte ich, ich hätte mich in der Straße geirrt. Ein Blick auf die Straßennamen an einem Pfosten versicherte mir, dass es sich um die richtige handelte. Und wo war dann das Haus? Ich schrak zurück. Hier war das kleine weiße Eisenbahnerhaus. Hier war das Haus mit dem eingezäunten Vorgarten. Hier war ... aber das konnte doch nicht Marys Haus sein. Die Fenster waren zugenagelt, und breite Bretter versperrten quer die Tür.

Die zwei Nachbarhäuser waren leer. Ich hätte fast keine Luft bekommen, als ich die knarrenden Treppenstufen auf und ab wanderte und in Fenster zu spähen versuchte. Die Welt hatte sich auf einmal von ihrer gewohnten Umlaufbahn entfernt und der Lebensrhythmus hatte sich verlangsamt.

Die Straßen und Häuser, zerbrochenes Spielzeug, das im wuchernden Unkraut lag, waren von so eintöniger Farbe wie Gegenstände auf einem alten bräunlichen Foto.

»Wen suchen Sie?«

Ich drehte mich um und sah eine Frau in einem Hauseingang auf der anderen Straßenseite. Die Zeit verging so merkwürdig, dass ich Gelegenheit hatte, die Frau in aller Genauigkeit wahrzunehmen. Sie war dick und weiß und trug eine lockere geblümte Kittelschürze. Aus der Entfernung konnte ich ihre freundliche Miene sehen und den Schweiß, der unter ihren Achseln bereits Halbkreise bildete.

»Mein Baby.« Aber die Worte blieben mir in der Kehle stecken. Ich versuchte es wieder, aber sie wollten nicht herauskommen. Ich war wie gelähmt, als wäre ich verstummt. Ich starrte die Frau voller Entsetzen an.

»Kommen Sie her, junge Frau.«

Das war ein Befehl, und ich konnte keinen Widerstand leisten.

»Ich weiß, dass Sie Big Mary suchen, nicht wahr?«

Ich nickte.

»Sie ist vor drei Tagen ausgezogen. Ein großer Lastwagen kam und hat alles mitgenommen.«

Offenbar wartete sie darauf, dass ich sie ausfragte. Nach einigen Sekunden sprach sie weiter. »Sie sind die Mutter, nicht wahr?«

Ich nickte.

»Es war ein großes Kommen und Gehen der anderen Eltern, aber mir ist aufgefallen, dass Sie Ihren Kleinen nicht abgeholt haben. Mary und ich haben kein Wort mehr gewechselt, seit sie mich vor drei Jahren eine aufdringliche Pute genannt hat – und andere unschöne Sachen. Aber ich hab sie angesprochen und gefragt, wohin sie den Jungen mitnimmt. Sie hat gesagt, Sie hätten ihn ihr gegeben. Hat gesagt, Sie hätten zu viel zu tun. Ich hab sie gefragt, wohin sie geht, und sie hat gesagt, dass mich das nichts angeht. Aber ich weiß, dass sie einen Bruder in Bakersfield hat.«

Es war ein ratterndes Geplapper aus dem Radio, und ich konnte es nicht mit meinem Leben zusammenbringen.

»Wenn Sie die Polizei rufen wollen, kommen Sie rein. Ich geb Ihnen Limonade ... während Sie auf die warten.«

Das Wort »Polizei« weckte mich schlagartig. Mein Gehirn arbeitete langsam. Big Mary war mit meinem Baby weggefahren und hatte gelogen. Sie hatte den Kleinen gekidnappt. Wenn die Polizei käme, würden man mich nach meinem Beruf frage. Eine Hure (ja, das musste ich zugeben) war nicht zur Mutter geeignet, und sie würden ihn mir wegnehmen und mich ins Gefängnis stecken.

»Ich ruf sie für Sie an.« Die Frau drehte sich um, und eine lange Schweißspur tropfte von ihrem Rücken.

Bevor sie die Tür erreichte, konnte ich meine Stimme wieder beherrschen. »Nein, danke. Ich weiß jetzt, wo sie ist, dann ist alles in Ordnung.«

»Wo ist sie?« Das Misstrauen der Frau war hässlich.

»Ich fahre jetzt dahin. Ich weiß, wo es ist. Bei den Sümpfen.« Ich winkte ihr zu. »Aber vielen Dank«, sagte ich und wanderte die Straße entlang.

L. D.s Auto stand vor seinem Haus. Ich hatte die Absicht, zu klingeln, und wenn seine Frau an die Tür kam, zu sagen, ich sei eine Freundin aus alten Tagen und hätte etwas von einem Freund auszurichten. Ich würde ihm schnell von Big Mary und meinem Kind erzählen, und er würde entscheiden, was zu tun wäre. Ich war stolz darauf, nicht geweint zu haben und keine Angst vor seiner nörglerischen Ehefrau zu haben.

Eine hübsche Frau um die dreißig mit hellbrauner Haut öffnete die Tür. Ihre langen schwarzen Haare schlängelten sich um ihre Schultern, und sie sah aus wie eine hellbraune Hedy Lamarr.

»Sie wollen L. D. sehen? Wie heißen Sie?«

Sie hatte die gleiche sanfte Stimme, die ich bei L. D. so gerne gehört hatte.

»Ich heiße Rita.«

»Ah, so.« Ihre Lippen versteiften sich. »Sie sind also Rita. Warten Sie einen Augenblick. Ich werde Lou holen.«

Sie schloss die Tür, und ich wartete draußen und fragte mich, wie wir mein Baby holen würden.

»Rita.« L. D. hatte die Tür geöffnet und hielt sie so, dass ich ihn nur zur Hälfte sehen konnte. »Wie bist du auf die Idee gekommen, dich hierher zu wagen?«

Ich flüsterte: »Ich habe ihr gesagt, ich wäre eine Freundin, L. D. Mein Baby ist –«

»Hast du nicht genug Verstand, um zu wissen, dass du hier nichts zu suchen hast?«

»Ich brauche Hilfe, L. D. Ich muss mit dir sprechen.«

Er trat aus dem Haus und schloss die Tür hinter sich. Sein Gesicht war eine Armlänge von mir entfernt, und er sprach durch seine unebenmäßigen Zähne.

»Ich sage dir jetzt was, du dumme kleine Person. Das ist mein Haus. Keine Hure geht in das Haus eines Mannes. Du hast mit meiner Frau gesprochen. Keine Hure hat das Recht, den Mund aufzureißen und mit der Frau eines Mannes zu sprechen.« Er verzog den Mund und sagte giftig: »Clara hat meine Frau nie kennengelernt und war drei Jahre lang mei-

ne Kleine. Du warst eine Woche lang weg und traust dich ...
Geh dahin, wo du hingehörst. Ich komme, wenn ich Zeit
habe.«

Er ging ins Haus zurück und schlug die Tür zu.

Ich hätte am liebsten geweint.

Wie dumm ich wieder gewesen war. Und die Dummheit
hatte mich in eine Falle gelockt, in der ich mein Baby verloren hatte. Ich versuchte, L. D. Tolbrook aus meinen Gedanken zu verbannen. Offenbar war er nicht der Klügste. Er
hatte eine gute Frau gehabt, die alles getan hätte, um ihm
zu helfen. Und er war nicht einmal klug genug, so höflich zu
sein, sich meine Sorgen anzuhören. Und er hatte mich an-
gelogen, als er mir nicht sagte, dass er mit Clara zusammen
war.

Wie bedauerlich. Dass er dachte, eine junge Frau reinzu-
legen und von dem Geld, das Frauen verdienten, zu leben, sei
ehrenhaft. Das hatte er offenbar seit Jahren so gemacht. Vermutlich hatte er im Süden mit weißen Frauen angefangen
und gedacht, ihre Körper und ihr Geld zu benutzen, wäre
eine Art Rache an den weißen Männern, die sich erlauben
konnten, ihn zu beschimpfen, ihn zu ignorieren und ihn unten zu halten.

Clara musste sich über meine Dummheit mit ihrem Daddy totgelacht haben. Und L. D.s Frau hatte sich wahrscheinlich das weiße Piqué-Kleid, das sie trug, mit dem Geld gekauft, das ich verdient hatte. Ich verabscheute ihn dafür,
dass er ein Lügner und ein Zuhälter war, aber das war nicht
alles, mehr hasste ich ihn dafür, dass er so ein Idiot war, meine großartigen Eigenschaften nicht genug zu schätzen, mich
für sich zu behalten.

Nicht im Traum fiel mir ein, dass ich gierig genug gewesen war, mit L. D. gemeinsame Sache zu machen in der Hoffnung, so zuletzt ein sorgenfreies und romantisches Leben zu erlangen. Wie die meisten jungen Frauen wünschte ich mir, dass ein Mann, irgendein Mann, mir ein Leben wie in einem June-Allison-Film verschaffen würde, mit tiefergelegtem Wohnzimmer und Kaschmirtwinsets, und ich jedenfalls hätte alles getan, um dieses Leben zu bekommen.

Ich konnte Bailey oder Mutter nicht anrufen. Selbst wenn sie in bester Form gewesen wären, hätte ich nicht eingestehen können, dass ich aus schierer Dummheit den Kleinen verloren hatte.

Unterwegs legte sich mein Zorn auf L. D. allmählich, und ich fand zu einer halbwegs gelasseneren Gemütsverfassung. Hätte ich mich auf das Trottoir sinken lassen, in Tränen der Frustration aufgelöst, hätte das nichts daran geändert, dass mein Baby nicht bei mir war. Oder daran, dass ich mit diesem neuesten Verlust niederschmetternd einsam war ohne mein Baby und seine Arme um meinen Hals. Das musste ich jetzt ertragen.

Ich beschloss, die Nacht in meinem alten Zimmer zu verbringen und am nächsten Morgen nach Bakersfield aufzubrechen. Die Vorstellung, Big Mary hätte ihn nach Oklahoma mitnehmen können, summte und brummte in meinem Gehirn wie eine Fliege.


Die kleine Stadt in Südkalifornien war mir auf den mitternächtlichen Fahrten mit L. D. fantastisch und unwirklich vorgekommen, doch nun sah sie aus dem Busfenster öde aus und schien mit gehässig dreinblickenden Weißen direkt aus meiner Vergangenheit in Arkansas bevölkert zu sein.

Ein Schwarzer nahm mich mit zur Cottonwood Road.

»Wenn ihr Bruder Farmer ist, muss er hier irgendwo wohnen. Und Sie wissen nicht, wie er heißt?«

»Nein, aber ich werde ihn finden.«

Er hielt seinen alten Wagen vor einem Café an, das mit »Futtern wie bei Muttern« warb.

»Na, viel Glück. Versuchen Sie es da drinnen. Aber seien Sie vorsichtig. Gibt dort ganz schön grobe Kunden.«

Ich dankte ihm, und er fuhr weiter.

Die junge Kellnerin rief über den Lärm der Jukebox und der Gespräche: »Kennt hier jemand Mary Dawson?«

Die Stimmen wurden leiser, aber niemand antwortete.

Sie sprach weiter: »Diese Frau sucht ihr Baby.«

Die Mienen wurden freundlicher, aber es gab keine Antwort.

»Die kennt niemand, Süße. Versuch es drüben bei Buckets.« Sie zeigte mir den Weg zu einer Kneipe mit Lehmboden ein paar Häuserblocks entfernt.

Uralter Blues wimmerte in der künstlichen Dunkelheit, und ein untersetzter Barkeeper ging hinter der Theke auf und ab und räumte leere Bierflaschen ab und brachte neue. Männer und Frauen saßen auf den Hockern und lachten und unterhielten sich mit der zwanglosen Vertrautheit von Stammkunden.

»Mary Dawson? Mary Dawson.« Der Barkeeper verdaute den Namen, während er mein Gesicht in seinem Gedächtnis speicherte. »Nee, Baby, ich kenn keine Mary Dawson.«

»Sie wird Big Mary genannt.«

»Big Mary. Nee, kenn ich auch keine.«

»Sie hat mein Baby mitgenommen. Aus Stockton.« Mir war, als pustete ich gegen einen Tornado.

Das Gesicht des Barkeepers entspannte sich, als das Misstrauen verflog. »Wie sieht sie aus?«

»Sie ist so groß wie ich, aber dicker, und sie hatte einen Bruder, der hier in der Gegend eine Farm hat. Sie kommen aus Oklahoma.«

Ein Licht zeigte sich in seinen Augen. »Trinkt sie?«

»Nicht oft, aber wenn, heißt es, eine Menge.«

»In einer Kaffeetasse?« Sein Lächeln verbreiterte sich.

»Ja.« Ich hätte ihn am liebsten umarmt.

»Das ist die Schwester vom alten John Peterson. Ja, Baby. Er wohnt etwa drei Meilen von hier.«

Wenn ich in der Vergangenheit den Heimsuchungen des Schicksals entwischt war, hatte ich immer gedankt. Dieses Mal gelobte ich Gott, regelmäßig in die Kirche zu gehen.

»Können Sie mir den Weg sagen?«

»Ach, so weit können Sie nicht gehen. Warten Sie kurz.«

Er rief zu einem Mann an der Jukebox: »Buddy.«

Der Mann drehte sich um und kam zur Bar.

»Junge Frau, Buddy arbeitet als Fahrer ... Buddy, weißt du, wo John Peterson wohnt?«

Buddy nickte.

»Kannst du sie hinfahren?«

Buddy nickte wieder.

»Er haut Sie nicht übers Ohr, junge Frau. Viel Glück.«

Ich dankte dem Barkeeper und folgte Buddy zu einem schrottreifen Auto. Unterwegs sagte er nichts, aber mein Herzklopfen hätte mich sowieso daran gehindert, ihm zu antworten.

Er hielt den Wagen auf einem einsamen Weg inmitten umgegrabener Felder an. Ein ergrautes Schindelhaus duckte sich auf einem schlammigen Grundstück.

Buddy machte eine Kopfbewegung in Richtung des Häuschens. »Da sind wir. Soll ich Sie später abholen?«

Ich sah zu dem Haus, das verlassen wirkte, und dachte, die Bewohner wären vielleicht nach Oklahoma gegangen. Dann sah ich in einiger Entfernung von dem Haus etwas, was sich bewegte. Ich konzentrierte mich darauf, um zu erkennen, ob dort ein Haustier oder ein Tier von der Farm im Schlamm wühlte.

Innerhalb einer Sekunde zog sich mir das Herz zusammen, und ich schrie: »Mein Baby! Das ist mein Baby!« Im Handumdrehen schossen meine Beine aus dem Wagen, und nach zwei Schritten stand ich knöcheltief im Schlamm, und ein neuer Gedanke schlich sich ein. Wo denkt er, dass seine Mutter ist?

Ich hob ihn auf und drückte ihn an mich. Ich spürte, wie sein Körper vor Erregung zuckte und bebte. Er streckte die Arme aus und schob sich von mir weg, um mein Gesicht zu sehen. Er küsste mich und begann dann zu weinen. Die Selbstbeherrschung, die die lange Nacht und die Busfahrt über vorgehalten hatte, begann zu zerfließen. Er ergriff eine Handvoll meiner Haare, verdrehte sie und zog daran und weinte die ganze Zeit. Ich konnte die Haare nicht lösen und meinen Kopf nicht wegziehen. Ich stand da und hielt ihn, während er tobte, weil ich ihn verlassen hatte. Mein Schluchzen kam mit den Wellen meiner ersten Schuld. Ich hatte ihn geliebt, aber nie bedacht, dass er eine eigenständige Person war. Jenseits meiner Grenzen. Ich hatte nicht gewusst, dass er ein eigenes Leben hatte und haben würde, unabhängig davon, dass er mein Sohn war, mein hübsches Baby, mein süßes Püppchen, mein Schützling. Auf dem umgepflügten Feld bei Bakersfield begann ich die Einzigartigkeit einer Person zu begreifen. Er war drei Jahre alt und ich neunzehn, und nie wieder würde ich ihn als hübschen Anhang meiner Person auffassen.

Big Mary lehnte an dem schwachbrüstigen Küchentisch. »Ich hab es nicht böse gemeint. Ich hab ihn einfach gern. Hab mich gut um ihn gekümmert. Das wissen Sie.«

Ihr breites Gesicht zerbröckelte wie Kuchenteig, und sie zitterte. »Warum lassen Sie ihn nicht noch für eine Weile bei mir bleiben?«

Sie sah Guy in meinen Armen an und verfiel in Babysprache. »Kleines, willst du nicht bei Big Mary bleiben? Sag deiner Mama, dass du bleiben willst.«

Seine Arme schlossen sich um meinen Hals.

»Ich nehme ihn mit, Mary.«

Sie konnte die Tränen nicht zurückhalten. »Könnt ihr beide nicht eine Nacht hierbleiben – nur eine Nacht?«

»Draußen wartet ein Taxi auf mich.« Ich ging zur Tür.

»Dann warten Sie, dass ich seine Sachen packe.«

»Nein, ist schon in Ordnung, wir müssen gehen.«

Sie machte eine Bewegung und hielt inne, bevor sie mich erreichte.

»Sie hassen mich doch nicht, Rita? Gott soll mir helfen, dass Sie mich nicht hassen.«

»Ich hasse Sie nicht, Mary.«

»Er war der Hübscheste von allen. Und Sie waren immer irgendwo anders.«

»Ich verstehe schon, Mary. Auf Wiedersehen. Sag auf Wiedersehen, Guy.«

»Wiedersehen.«

Buddy fuhr uns zur Bushaltestelle, und mein schmutziges Baby und ich waren wieder auf dem Weg nach San Francisco.

## 30

Zu Hause stolperte das Leben vor sich hin. Mutter war wieder da. Der Plattenspieler lief ununterbrochen, Küchengerüche drangen in jedes Zimmer, und Eis klirrte in Gläsern wie Schneeglöckchen.

Bailey hatte seine Wohnung gekündigt und seine Habseligkeiten in sein altes Zimmer zurückgebracht. Er sagte zu Mutter, er sei auf der Suche nach einem Job, und zahlte seine Miete für das Zimmer »aus Ersparnissen«. Er trug jetzt zweiteilige graubraune und anthrazitgraue Anzüge; die engen Hosen und bunten Jacken hatte er weggegeben. Und er lächelte weniger und anders als früher. Wenn Papa Ford etwas zu Anzügliches oder Altmodisches sagte, schien Bailey es nicht zur Kenntnis zu nehmen. Er blickte nicht mehr auf, um sich mit mir anzulegen, und spottete nicht mehr über meine Körpergröße und Arroganz.

Da ich auch auf der Suche nach einem Job war, fragte ich ihn, wo er sich bewarb und wofür.

»Auf der Straße. Ich besorg mir Geld, und danach geh ich nach New York City.«

Was konnte er denn, außer kellnern und zur Belustigung der Familie singen?

»Ich kann meinen Grips benutzen. Ich hab dir doch gesagt, dass ›alles Wissen eine Währung ist, deren Wert vom Markt abhängt‹. Geld ist da, und ich beabsichtige, welches zu haben.«

»Bailey, du willst doch nicht etwa Zuhälter werden?«

»Da kann ich dich beruhigen. Zuhälter sind Männer, die Frauen hassen oder sich vor ihnen fürchten. Ich respektiere

Frauen, und wie soll ich mich vor einer Frau fürchten, wenn die schlimmste, von der ich je gehört habe, meine Mutter ist?«

Er warf mir einen scharfen Blick zu. »Und noch etwas will ich dir sagen. Eine Hure ist das traurigste und dümmste Weibsbild auf zwei Beinen. Ihre einzige Hoffnung ist, jemandem etwas abzuknöpfen, indem sie sich zuerst hinlegt und zuletzt aufsteht.«

Zu dieser Gesellschaft wollte ich nicht zählen, obwohl ich bei Clara gewohnt hatte.

»Ich spreche nicht von dir. Es gibt etwas wie eine Hurenmentalität. Bei einer Ehefrau, die nur mit ihrem Mann ins Bett geht, wenn er ihr eine neue Waschmaschine kauft. Oder bei einer Sekretärin, die für eine Gehaltserhöhung mit ihrem Chef schläft. Verdammt, du bist zu schlau und nicht schlau genug für dieses Gewerbe. O nein. Aber ich will nicht, dass du es jemals wieder damit versuchst.«

Er war um einiges kleiner und ein Jahr älter als ich, doch wie immer hatte er das letzte und lauteste Wort. Danach, als ich über ihn nachdachte, wurde er in meinem Geist immer größer.

Er hatte den Tod seiner Liebsten ertragen und sich trotzdem nicht geschlagen gegeben. Ja, er hinkte und benutzte eine Krücke, die mir nicht gefiel, aber sein Bein war nicht verkümmert. Er hatte Zukunftspläne. Ich dachte mir, dass harte Drogen vielleicht nicht so schlecht sein konnten wie die Leute, die sie benutzten. Es war denkbar, dass die schmutzigen, abgerissenen und stinkenden Typen, die so erschreckend und abstoßend wirkten, immer ungepflegt und kein guter Umgang waren. Es gab vermutlich viele Leute, die Drogen nahmen, aber deshalb nie ihren Lebensstandard vernachlässigten. Ich wusste aus Erfahrung, dass Gras nicht gefährlich war, und folgerte daraus, dass Heroin und Kokain Opfer von Gerüchten waren, wie sie die Selbstgerechten ausstreuten. Und der Mensch hatte immer etwas gebraucht, das ihm durch dieses Tal der Tränen half. Fermentierte Beeren, Getreide, Reis und Kartoffeln. Scotch oder halluzinogene Pilze. Warum nicht Mohnsaft?

Die Zimmermädchen und Türsteher, die Fabrikarbeiter und Pförtner, die in der Lage waren, ihre Heime im Ghetto zu verlassen und sich mit der kalten Welt der Weißen abzugeben, sagten sich, dass nicht alles so schlecht war, wie es aussah. Sie zeigten lächelnd eine unehrliche Zufriedenheit mit ihrer schäbigen Dienstbarkeit und kauften sich am Samstagabend den teuersten Alkohol, um darin ihre Lügen zu ertränken. Andere, eingesperrt in das endlose Labyrinth, freudlos lachen und handeln zu müssen, ohne etwas zu empfinden, richteten all ihre Hoffnungen auf den Herrn. Sonntagmorgens riefen sie laut seine Güte an, und den Nachmittag verbrachten sie damit, ihre gestärkten Uniformen für die unnachgiebige Begutachtung durch den Arbeitgeber vorzubereiten. Die Ängstlichen und Eingeschüchterten hielten sich an ihre Beruhigungsmittel, so gut es ging. Und ich war weder ängstlich noch eingeschüchtert.

Ich erkundigte mich an der Fillmore Street überall nach Arbeit. Weder der örtliche Schönheitssalon noch der Schallplattenladen brauchte eine Geschäftsführerin. Der Grundstücksmakler sagte, ein Freund in Oakland suche einen kühlen Kopf, der sein Restaurant leiten könne. Ich strotzte vor großstädtischer Verachtung für kleine Städte; in San Francisco war man allgemein der Ansicht, Oakland liege auf der anderen Seite der Bay Bridge, um sich mit gehässigen Bemerkungen weltgewandter Großstädter abzufinden. Aber die Chance, zur Geschäftsführerin aufzusteigen, war zu verlockend, um ignoriert zu werden. Ich verschwendete keinen Gedanken daran, dass ich dem Job nicht gewachsen wäre. Obwohl das Leiten eines Restaurants nicht zu meinen Erfahrungen zählte, hatte ich schließlich so manches erfolgreich überlebt und hielt mich für reif und erwachsen genug, diese Verantwortung zu übernehmen.

Ich nahm den Zug nach Oakland.

James Cain war beeindruckt von dem, was er als meine gewählte Ausdrucksweise betrachtete, und mich bezauberten die halbkarätigen Diamanten, die in seinen Schneidezähnen blitzten. Er verlangte keine Referenzen und bot mir fünfundsiebzig Dollar Wochenlohn und freie Mahlzeiten an.

Er war ein fülliger, sanftmütiger Mann, der das Leben mit einem Lächeln meisterte und alle Einzelheiten seiner vielen Geschäfte im Kopf hatte. Er besaß eine Reinigung, einen Schusterladen und im Haus neben dem Restaurant einen Spielsalon. Seine maßgeschneiderte Kleidung trug er zwanglos. Hätte er die Lippen über den Diamanten geschlossen und in einer anderen Welt gelebt, wäre er als gebildeter Börsenmakler durchgegangen, der regelmäßig an der Wall Street Beute machte.

Bei Cain's gab es gute Südstaatengerichte in großzügigen Portionen, was die Stammgäste zu schätzen wussten. Cain hatte drei unbekannte Berufsboxer gekauft, die er groß herausbringen wollte. Und er wollte das Restaurant auf ein höheres Niveau bringen und die erfolgreichen weißen Manager des Boxens, die er vom Sport kannte, einladen.

In einer mit rotem Kunstleder gepolsterten Nische sprach er mit mir. »Suppe müssten wir haben. Und einen Salat. Und

ein richtiges Menü.« Als ich bei ihm anfing, waren die Tages-
gerichte auf einer Schiefertafel neben der Tür angeschrieben.

Nackensteak
Querrippe
Schweineschlund
Nördlicher Schnapper

So willig ich war, gute Arbeit zu leisten, so unsicher war ich,
welche Suppe oder welcher Salat zu diesen Gerichten passen
würden. In meiner Jugend im Süden waren Suppen für mich
ein eigenes Gericht gewesen und Salat entweder Kartoffelsa-
lat oder Krautsalat mit Mayonnaise. Ich schlug Bouillon vor.
Cain lächelte über das Wort und sagte dem Koch, das solle er
zubereiten.

»Gemischter Salat. Mit Roquefort-Sauce.«

Cain gab es an den Koch weiter.

Ich sagte ihm auch, dass ich in Cafés der Weißen nicht oft
Schweineschlund oder Nackensteak auf der Karte gesehen
hatte.

»Sie essen gerne Omelett und Leber mit Speck. Ich würde
vorschlagen, Hühnerfrikassee auf die Karte zu setzen.«

Seiner Cleverness verdankte Cain die Position eines Ma-
gnaten in Oakland, und er huldigte der Theorie der Arbeits-
teilung. Inhalt und Gestaltung der Speisekarte überließ er
mir.

Innerhalb eines Monats wurden den Gästen große Menüs
angeboten, die in altertümlicher Schrift verkündeten:

Hühnerfrikassee
Irish Stew

Kalbskotelett
T-Bone-Steak
Pfirsichauflauf mit Süßkartoffelkuchen
Eisbein mit Blattgemüse (ein Standardgericht, das immer
eine Stunde nach Öffnung des Lokals vergriffen war)

Als das Abendgeschäft nachließ, hatte ich Gelegenheit, die
Spieler zu beobachten. Sie schlenderten in den sonnigen
Morgen Kaliforniens in das Restaurant; gutgeschnittene
Hosen schlenkerten um ihre Knie, handbemalte Seidenkrawatten
baumelten unordentlich über ihren Hemden. Wenn
sie Kaffee auf das Tischtuch schütteten, brachten ihnen die
Kellner ohne Aufforderung neuen Kaffee.

Gewinner und Verlierer sahen gleichermaßen nachlässig
aus, aber sie unterschieden sich durch ihre Begleitung. Bettler,
Gauner und Habenichtse hingen an ihren Lippen, holten
sich Stühle her und beschwerten sich bei den Kellnern,
wenn sie sie nicht schnell genug bedienten.

Die Straßennutten, die ihren Männern am Esstisch begegneten
(Cain erlaubte keine Anmache in seinem Restaurant,
und Frauen hatten keinen Zugang zu seinem Spielsalon), waren
für mich besonders interessant. Sie kamen erschöpft herein,
die nächtliche Aufmachung war von ihren Gesichtern
gewichen und der Schwung von ihren Hüften.

Die Männer, die Whiskey tranken, um gelassen zu wirken,
nahmen ungeniert das Geld ihrer Frauen entgegen, zählten
es Geldschein für Geldschein nach und schickten dann einen
Laufburschen zum nächsten Schnapsladen, damit er »was
Feines« holte. Die Mienen der Frauen waren von Stolz und
Niederlage gezeichnet. Sie hatten bewiesen, dass sie erfolgreiche
und vertrauenswürdige Huren waren, aber sie wuss-

ten auch, dass die Männer an die Spieltische zurückgehen würden, um mit den nächtlichen Einnahmen ihr Glück zu versuchen, und dass sie selbst erschöpft nach Hause in leere Betten geschickt werden würden.

Ein Mann, der sich an schwerere Drogen hielt, behandelte seine Frau nie so nachlässig. Er wartete ungeduldig und trank Kaffee mit viel Zucker. Sobald seine Frau am Fenster erschien, stand er auf und bezahlte seine bescheidene Zeche. Die Frau wartete an der Tür, und beide gingen zusammen eilig weg. Ich wusste, dass sie zum Treffpunkt eilten. Ich wusste, dass die Frau sich mit dem Freier verabredet hatte, bevor sie herkam, um ihren Mann abzuholen. Das wusste ich und konnte daran nichts Schlimmes sehen. Wenigstens waren sie ein Paar und verließen sich aufeinander.

Cain hatte wenig Zeit, sich damit zu befassen, dass im Restaurant nicht alles zum Besten stand, da er hauptsächlich mit seinen Boxjüngern beschäftigt war. Bei den Leitern seiner Reinigung und seines Spielsalons ging alles seinen gewohnten Gang, und sie machten gute Geschäfte.

Ich musste ihn auf etwas ansprechen.

»Mr Cain, ich fürchte, dass wir diesen Monat einen kleinen Rückschlag hatten.«

Er dachte nach. »Haben Geld verloren, wie?«

»Ja. Offenbar gefällt die Speisekarte den Stammgästen nicht, und es kommen nicht genug neue Gäste, um das aufzuwiegen.«

»Verstehe.« Und das tat er. »Lassen wir es noch einen Monat so weiterlaufen. Geben wir diesen vorgestrigen Schwarzen die Chance, etwas Besseres kennenzulernen.«

Er schaufelte eine Gabel mit Grünzeug voll und krümelte Maisbrot in das Kochwasser. »Manche Leute wissen einfach nicht, was gut ist.«

Im zweiten Monat geriet das Restaurant noch tiefer in die roten Zahlen, und obwohl ich Guy jeden Tag in das Restaurant mitnahm und ihn mit T-Bone-Steak fütterte, während ich Kalbskotelett aß, beklagte sich der Koch, dass sein Kühlschrank von verdorbenem Essen überquoll.

Mr Cain sagte, ich solle mir keine Sorgen machen. »Sie trauen sich nicht in die Stadt, um zu essen, und wenn ich ihnen das gleiche Essen in ihr Viertel bringe, wollen sie es trotzdem nicht essen. Mir ist das egal. Ich habe getan, was ich konnte.« Mr Cain sagte dem Koch, er solle den Kühlschrank ausräumen und wieder so kochen wie früher.

»Können Sie fahren?«

»Ja.«

»Ich möchte, dass Sie den Wagen nehmen und morgens meine Boxer abholen. Sie fahren mit ihnen zum Lake Merrit. Da steigen sie aus und laufen, und Sie fahren hinterher. Wenn sie einmal um den See rum sind, lassen Sie sie einsteigen und fahren sie zum Sport. Dann holen Sie mich ab, und ich fahre Sie nach Hause und gehe wieder zum Sport.«

Hurra! Endlich! Chauffeurin.


Ich fuhr mit dem Cadillac langsam um die dunklen Kurven, und das schwere Atmen der drei Männer mischte sich mit dem leisen Klatschen der Wellen. Zwei der Boxer waren massige, muskulöse Schwergewichte, die übellaunig brummten, wenn ich sie vor dem heruntergekommenen Hotel abholte. Wie riesige schwarze Monolithen saßen sie auf dem Rücksitz, während Billy, ein niedliches kleines Fliegengewicht auf dem Beifahrersitz, mit mir scherzte.

»Baby, mit dem Uppercut ... setz ich sie schachmatt. Mit der linken Geraden ... bring ich sie zu Boden.«

Billy erinnerte mich an den Bailey von früher, und ich beschloss, ihn kämpfen zu sehen.

Cain kaufte mir ein braunes Kostüm aus weichem Leder und einen passenden Fedora-Hut für Damen. Meine Schuhe, Handschuhe und Handtasche waren aus dem gleichen Leder, und ich wusste, dass ich so umwerfend aussah, wie es überhaupt möglich war.

Ich saß vorn mit ihm und vier anderen dicken alten Männern, die Zigarren rauchten und im gleißenden Licht bündelweise Banknoten tauschten. Das Stimmengewirr im Publikum und die Hektik, mit der Leute aufstanden und sich setzten, herumgingen, herumliefen und ihre Gesichter wie Pappfiguren hin- und herdrehten, weckten in mir Bedauern, dass ich noch nie einen Boxkampf gesehen hatte.

Die Beleuchtung wurde gedämpft, und Billy lief in weißen Boxerhosen einen Gang entlang zum Ring. Ein anderer kleiner Boxer in schwarzer Hose bahnte sich seinen Weg einen anderen Gang entlang.

Ich drehte mich zu Cain um, der mit seinen Kumpeln Geldgeschäfte machte.

»Da ist Billy. Warum sehen Sie nicht zu?«

Er blickte zu dem beleuchteten Boxring hoch und wandte sich wieder dem Geldbündel in seinen Händen zu.

Er murmelte: »Ist nur das Vorspiel.«

Der Schiedsrichter hielt die Hände beider Männer hoch, und die erste Runde wurde eingeläutet. Die Boxer gingen in die Hocke, die Arme an die Seiten gedrückt. Sie begannen einen Kreis auf dem Boden zu beschreiben und lehnten sich hin und her, als wollten sie den Geruch verschiedener Rasierwassersorten identifizieren. Schwarzhose stieß mit brutaler Plötzlichkeit seine linke Faust in Billys Rippen.

*Bomm!*

Er trat einen Schritt zurück, und während Billy sich aufrappelte, knallte er seine rechte Faust gegen Billys Wange.

Mein lauter Schrei hinterließ keinen Eindruck im allgemeinen Lärm.

Billy taumelte für einen Augenblick, als suchte er nach einer Wand oder Schulter, an die er sich lehnen konnte.

»Schlag ihn, Billy.« Ich war aufgesprungen, bereit, in den Ring zu klettern.

Schwarzhose sprang zurück und kam wieder vorwärts. Wie auf Aufforderung aus einem Lautsprecher richteten die Boxfans nun ihre Aufmerksamkeit auf den Kampf. Ihr Gemurmel wurde leiser, und ich hörte, wie die Füße der Boxer über die Matte glitten. *Sch, sch, bomm.* Kein Geräusch der Welt klingt so wie das, mit dem ein Mann seine Faust in die Brust eines anderen gräbt. Löwen können brüllen und Kojoten heulen, aber die Inbrunst, mit der zwei menschliche Wesen um körperliche Überlegenheit kämpfen, löste in mir ein grauenhaftes und neues Entsetzen aus.

*Bomm! Bomm! Sch! Sch! Sch! Huu!*

Aus Billys kleinem Körper wurde der Atem herausgeprügelt, und ich wusste, dass es dort oben hätte Bailey sein können, der seinen Tanz unter den kalten Blicken der Spieler aufführte.

»Machen Sie Schluss, Cain.« Ich drehte mich um und beugte mich über meinen Chef und Billys Besitzer.

Er sah mich an, als wäre ich eine Fremde, die gerade vor seinen Augen wahnsinnig geworden war.

»Was? Was? Setzen Sie sich und beruhigen Sie sich.« Die Spitzen seiner Zähne waren sichtbar, und sein fettes Gesicht glitzerte im Dunkeln.

»Machen Sie Schluss«, sagte ich. »Der Mann schlägt Billy tot.«

»Ruhe jetzt.« Ich machte ihm vor seinen Freunden eine peinliche Szene. »Ruhe jetzt, und setzten Sie sich.«

»Sie Schwein. Sie sadistisches, perverses Schwein!« Die Worte wurden von den Geräuschen aus dem Ring unterstrichen. »Perversling!« Das schrie ich und wollte weglaufen.

Cain griff nach meinem Arm, aber ich war bereits außer Reichweite. Die anderen fragten: »Was ist los mit ihr?« »Verrückt geworden oder was?«

Cain befahl: »Hinsetzen, blödes Luder.«

Ich war schon fast auf dem Gang, drehte mich aber um und fiel auf einen Zuschauer, der sich inzwischen für unseren Krach mehr interessierte als für den Kampf.

»Marquis-de-Sade-Hurensohn.« Ich warf mit meiner Handtasche nach Cain, hob ein Bein über den Zuschauer, um mich zu befreien, und gelangte in den Gang. Ich lief den Flur zur Eingangstür entlang, in der Erwartung, jeden Augenblick eingefangen und zurückgeschleppt zu werden, um zuzusehen, wie der arme kleine Billy zu Tode geprügelt wurde.

Ich hielt inne, um zu Atem zu kommen und abzuschätzen, wie viele Verfolger mir auf der Fährte waren. Zwischen den Sitzreihen war niemand zu sehen, und die Gesichter, von denen ich gedacht hatte, sie hätten sich auf mich gerichtet, blickten immer noch zum Ring.

Ich hörte, dass das Stimmengewirr lauter wurde, und von dort, wo ich stand, sah ich, wie die Gestalt in der weißen Hose in die Knie ging. Die Füße von Schwarzhose hätten in Beton gegossen sein können, so fest stand er da.

Billys Kopf krachte nach vorn, und das Publikum bekundete laut seine Zustimmung. Ich hatte recht und unrecht zugleich. Cain war ein sadistischer Unmensch. Aber nicht er allein. Alle blutdürstigen Boxbegeisterten waren das. Und auch Billy.

Ich ging die Straßen entlang zu meinem Haus und tröstete mich mit dem Wissen, dass mein Bruder zwar klein und wendig genug war, um ein Boxer im Federgewicht zu sein, aber niemand dasitzen und Hotdogs essen würde, während er zu Tode geprügelt wurde. Er war Schattenboxer und tanzte schlimme Straßen entlang, aber seine Gegner ließen Schwarzhose weniger bedrohlich erscheinen als Papa Ford. Ich war stolz, dass mein Bruder ein gefährliches Leben lebte und vor niemandem das Knie beugte.

Ich wusste, dass ich meinen Job verloren hatte, und selbst wenn eine Entschuldigung alles mit Cain in Ordnung gebracht hätte, konnte ich mich nicht entschuldigen. Zum Teufel mit ihm, mit dem Job und mit den Boxern. Hurra auf meinen Bruder.

Cains Brief am nächsten Tag war so unverblümt wie eine linke Gerade. »Rita Johnson, Ihre Dienste werden nicht länger benötigt.«

Ich war wieder in einer Lage, die mir so vertraut war wie mein eigener Stammbaum. Ich war in der Klemme, hatte mich zu weit aus dem Fenster gelehnt, saß in der Patsche, wusste nicht ein noch aus, aber ich packte nicht meine Sachen (oder ließ sie liegen) und ging nicht zu Mutter zurück.

Überlebenswillen war ringsum, aber es nützte mir nichts. Frauen, fast so jung wie ich, die haufenweise Kinder hatten, schufen sich tagtäglich ein neues Leben. Ein paar von ihnen zockten andere Leute ab (für diese Tätigkeit war ich offenbar wenig geeignet), und manche arbeiteten als Dienstmädchen (das für eine fremde Familie von Weißen zu werden, war undenkbar. Ich hätte mein unfreundliches südliches Auftreten Weißen gegenüber wie einen Schutzschild vor mich gehalten), und andere mühten sich mit der Wohlfahrtsbehörde ab und kümmerten sich um alte Frauen (das hätte ich mir nicht angetan).

Das unverbrüchliche Vertrauen eines Kindes kann einen Menschen zu einem anderen machen, aber Guys freudiges Lächeln (Mutter sagte immer, für ein Kind seines Alters lache er viel) und sein fröhliches Gemüt verloren ihren Zauber, mich glücklich zu machen. Er glaubte an mich, aber er war ein Kind, und ich hatte den eigenen Glauben an mich verloren.

Den Kopf hielt ich aus Gewohnheit aufrecht, aber die letzte Hoffnung war erledigt. Jeder Ausweg aus dem Labyrinth hatte sich als trügerisch erwiesen. Meine früher so lebhafte Vorstellungskraft konnte nichts mehr aufbieten. Mein Mut sank. Leider war mir die Standhaftigkeit nicht wie die Hautfarbe von Natur aus gegeben, sondern musste jeden Morgen wiederbelebt und mühsam eingeübt werden. Und sie musste mit wenigstens einigen Triumphen genährt werden. Meine Kraft war mir abhandengekommen, wie die kecken Züge einer alternden Schönheit verwelken. Ich trank nicht und hatte kein Pot mehr. Zum ersten Mal in meinem Leben saß ich hilflos da und wartete auf die nächste Attacke des Lebens.

## 31

Troubadour Martin war mir bei Cain's oft aufgefallen. Er war ausnehmend groß und erschreckend mager. Wenn ich ihn sah, erinnerte er mich an den Ausspruch, mit dem ich oft beschrieben worden war, »dünn wie eine Bohnenstange«. Eine Woche, nachdem ich keinen Job mehr hatte, kam er mich besuchen. Ich hatte begriffen, dass ich keinen Job mehr hatte. Er bewegte sich langsam, und es dauerte lange, bis er etwas sagte. Wir saßen in meinem Wohnzimmer.

»Hallo, Rita.«

»Hi, Troub.«

Pause.

»Hab gehört, du arbeitest nicht mehr bei Cain.«

»Ja. Der Job ist erledigt.«

Warten.

»Na ja, schon was Neues gefunden?«

»Nein. Ich ruh mich aus.«

Zögern.

»Ja, natürlich.«

Neue Pause.

»Vielleicht kannst du mir aushelfen.«

Ich sagte nichts. Diesmal wollte ich nicht auf das erstbeste Angebot reinfallen. Er war schwarz und sah gut aus, und wenn das Licht auf sein Gesicht fiel, konnte man ihn für einen dünnen Paul Robeson halten. Ich wusste auch, dass er nicht zu denen gehörte, die sich Drinks holen ließen.

»Du weißt vielleicht, dass ich mit Kleidern handle?«

Ich wusste, dass er ein Spieler war.

»Nein.«

»Ich hab eine Quelle für Damenkleider und -kostüme. Neuware.« Er schüttelte den Kopf, bevor ich fragen konnte. »Keine heiße Ware. Ich hab eine Art Katalogversand. Ich sag dir, was ich brauche. Du musst nicht viel tun. Ich bring dir die Sachen, und die Damen kommen hierher, um sie anzuprobieren.«

Er lächelte verhalten und senkte den Blick. Ich sah seine Südstaatenschüchternheit und wusste, dass die Kleider Diebesgut waren.

»Du weißt, wie die Damen sind. Würden sich nicht gerne ausziehen, wenn keine andere Dame dabei ist.«

Das wusste ich nicht. Ich sagte nichts.

»Und verkaufen musst du die Sachen nicht, das mache ich. Ich geb dir einen Anteil an dem Geld. Wie wär das?«

Ich musste nicht lange überlegen und sagte zu.

Ich würde Geld verdienen und könnte über meine Zeit verfügen. Ich könnte den ganzen Tag lesen und mit Guy in den Park und ins Kino gehen. Ich hätte Zeit, ihm das Lesen beizubringen. Und ich wäre niemandem verpflichtet. Troubadour interessierte sich nicht für mich als potentielle Geliebte, und ich musste nicht befürchten, mich mit ihm einzulassen.

»In Ordnung, Troub. Wann fangen wir an?«

»Ich bring heute Abend ein paar Sachen vorbei.« Seine Worte zauderten in seinem Mund. »Äh, Rita, äh, ich freu mich, mit dir zu arbeiten. Jedes Mal, wenn ich dich gesehen hab, dachte ich mir: ›Das ist ein richtig nettes Mädchen.‹ Wirklich wahr.«

Er lächelte mich verhalten an.

Nach zwei Monaten waren meine Wandschränke mit teuren zwei- und dreiteiligen Kostümen gefüllt. Kleider, Pullover und Strümpfe häuften sich in meinen Schubladen, und ich verbrachte meine Zeit damit, Thomas Wolfe zu lesen und mit Guy ins Kino zu gehen. Ich fuhr nicht mehr oft nach San Francisco. Mutters Haus verdüsterten die Vorzeichen einer Tragödie, und Bailey hatte noch nicht genug Geld »aufgetrieben«. Er war dünner geworden, und die neuen Kleider passten ihm nicht. Die Hemdärmel fielen ihm über die halbe Hand, und der Gürtel rutschte ihm den Bauch hinunter. Seine Farbe wirkte verblasst, und er sprach nicht mehr schnell wie früher, sondern fast so langsam wie Troub. Mutter wiederum redete schneller und schnipste lauter mit den Fingern, aber ihr Lachen war hysterisch. Unwirklich.

Niemand im Haus war glücklich.

In Oakland richteten sich meine Wunschträume darauf, Mrs Troubadour Martin zu werden. Er war freundlich, großzügig und ruhig, und obwohl wir uns ein paarmal flüchtig geliebt hatten, hatte er nie mehr verlangt. Der ideale Ehemann.

Troub war eindeutig auf schweren Drogen. Selbst wenn ich Gras rauchte, zog er nur ein- oder zweimal an der Haschzigarette und überließ mir den Rest. Ich hatte darauf gewartet, wann er versuchen würde, mich mit Heroin bekannt zu machen, und war mir nicht sicher gewesen, wie ich reagieren würde. Ihn aus dem Haus werfen oder bedenken, dass er genug Geld verdiente, um uns beide lebenslang high zu machen? Ein Schuss Heroin würde mich nicht süchtig machen. Und wenn ich mir den einen Schuss verpasste, wüsste er vielleicht, dass ich nichts dagegen hatte, und unsere Beziehung wäre enger. Da er nie auf meine unverblümten Fragen zum Thema Heroin antwortete, schmiedete ich Pläne für eine Konfrontation.

»Troubadour, ich glaube, du musst dir jemand anderen suchen.«

»Warum, Rita?« Seiner Miene war nicht anzumerken, ob er erschrocken war.

»Ich glaube, dass du mir etwas vorenthältst. Oder eine alte Frau hast. Und ... ich fange an, mich in dich zu verlieben.« Es fiel mir nicht schwer, in Tränen auszubrechen. Ich musste mir nur vorstellen, mein weiches Nest zu verlieren, oder an meinen Bruder denken oder an meine Mutter oder an den alten L. D. oder an den seit Langem verlorenen Curly.

»Rita, ich hab dir doch gesagt, dass ich keine Frau hab.«

Die Tränen flossen. »Aber du nimmst mich nie mit. Ich bin kein kleines Mädchen. Ich will deine Frau sein. Und alles mit dir teilen. Ich bin dir gleichgültig.«

»Nein, Rita. Ich mag dich. Du bist in Ordnung.«

»Aber lieben kannst du mich nicht, ist das so?«

»Nein, das ist es nicht.« Endlich sprach er etwas schneller.

»Und wenn du mich lieben kannst, dann versteck nicht mehr vor mir, was du tust. Ich kann alles ertragen.«

Ich trocknete meine Tränen, um ihn anzusehen. Er hatte die Augen zugekniffen und die Kiefer zusammengepresst. Dann sah er mich an. »Kannst du den Kleinen eine Zeitlang allein lassen? Komm mit mir.«

Das war es. Ich musste Guy allein lassen. Wer nichts wagt ...

Troub fuhr in Richtung San Francisco.

»Wo fahren wir hin?« Ich hatte erwartet, er würde mich zu sich nach Hause in Oakland mitnehmen, in die Nähe meiner Wohnung. Er antwortete nicht. Die gelben Lichter der Bay Bridge bleichten seine erdigbraune Farbe aus, und er wurde ein kalter, fahler Fremder.

»Oh, in die Stadt? Das ist schön.« (»Hab ich schon gesagt, dass ich nicht mehr lange leben werde? Ich habe einen Hirntumor, und die Ärzte geben mir noch ein halbes Jahr.« Diese Ansprache hatte ich vor Jahren geprobt für den Fall, einem Vergewaltiger oder Mörder über den Weg zu laufen. »Operieren kann man das nicht. Zu nahe am Kleinhirn.«)

Troubadour starrte auf die Straßen und suchte eine aus. Ich erschrak, als ich sah, dass wir uns dem Hafen näherten. Du lieber Himmel, er war ein Perverser, und dies würden die letzten Minuten meines Lebens sein. Aber ich konnte immer noch nicht schreien.

Er hielt am Kai.

»Komm, Rita.«

»Wohin gehen wir denn?«

»Ich will dir etwas zeigen.«

Er sprach sehr entschieden und deutete mit einer Kopfbewegung zur anderen Straßenseite. Ein verblichenes Schild verkündete »Hotel«. Ich war froh, dass ich nicht geschrien hatte. Ein Hotel. Vielleicht war es bei ihm zu Hause zu gefährlich, und er brachte mich zu einem Hotel, um mich einzuweihen. Ich folgte ihm durch den Nebel über vier Bahngleise zu dem Hotel.

Er ging sofort zur Rezeption und sagte zu einem kalkweißen Portier: »Geben Sie mir den Schlüssel.«

Der Portier zögerte nicht, und ich folgte Troub, immer noch etwas verunsichert. Hatte er hier ein Zimmer gemietet, um sich extravaganten Spielchen zu widmen?

Er drehte den Schlüssel im Schloss, und ich folgte ihm wie ein Schaf hinein.

Mein erster Eindruck war der, dass ich mich sehr früh am Morgen in einem Busbahnhof befand. Leute saßen und lümmelten, wo es nur ging. Drei von ihnen lagen quer über einem Bett, Männer und Frauen saßen mit dem Rücken an der Wand auf dem Boden. Zwei Frauen saßen auf einem Stuhl, und alle, Schwarze wie Weiße, waren im Einschlafen oder Aufwachen begriffen oder schliefen. Niemand bemerkte uns.

Troubadour griff im schwachen Lampenlicht nach meiner Hand.

»Komm mit.« Mir war schwindelig, und ich versuchte, mein träges Gehirn in Gang zu setzen, aber es konnte die Situation nicht deuten.

Es schien eine ganze langsame Minute zu dauern, bis ich die Szenerie begriff. Das hier war ein Treffpunkt von Drogensüchtigen. Angst rötete mein Gesicht und meinen Hals und brachte das Zimmer zum Beben. Ich war darauf vorbereitet gewesen, Drogen auszuprobieren, aber mit diesem scheußlichen Anblick hatte ich nicht gerechnet. Als ich zusah, wie die armseligen Gestalten vor sich hinnickten und sich kratzten, spürte ich die eigene Harmlosigkeit so deutlich wie ein Sandkorn zwischen den Zähnen. Ich war so unbefleckt wie das Mondlicht und hatte gerade erst zu leben begonnen. Meine Eskapaden waren Jugendstreiche gewesen und als solche verzeihbar.

Ich drehte mich zur Tür hinter mir um und wollte meine Hand losreißen, aber Troub hielt sie fest.

»Komm mit. Ich will dir etwas zeigen.«

Ich traute mich nicht zu schreien und die Süchtigen aus ihren Träumen zu wecken. Und wenn ich mich losrisse und das Foyer erreichte, würde der Portier dann wissen, dass ich nicht zur Polizei gehen wollte, und mich gehen lassen?

Troub zog mich weiter, und wir stolperten über ausgestreckte Beine zu der offenen Badezimmertür.

Im Badezimmer zog Troub sein Jackett aus und gab es mir. Er rollte seinen Hemdärmel auf. Für Troub und mich verging die Zeit, als schwömmen wir unter Wasser. Aus dem Waschbecken nahm er einen Esslöffel und aus seiner Hemdtasche ein kleines Päckchen.

Gehörsinn, Sinn für Geschmack oder Berührungen hatten mich verlassen, aber noch nie hatte ich so deutlich gesehen oder gerochen.

Das Pulver aus dem Päckchen wurde in den Löffel geschüttet und mit ein paar Wassertropfen vermischt. Troub hielt drei Streichhölzer unter den Löffel und ließ den Inhalt schmurgeln. Der süßliche Geruch stieg mir in die Nase und löste meine Zunge. »Tu es nicht, Troub. Bitte nicht.«

»Halt den Mund und sieh mir zu.« Mit seiner Krawatte machte er eine Schlinge über dem Ellbogen, die er mit den Zähnen zusammenzog. Dann nahm er eine Spritze aus der schmutzigen Wasserschüssel und füllte sie mit der heißen klaren Flüssigkeit. Dicke Narben bedeckten die Innenseite seines Arms, und an manchen Stellen war die schwarze Haut dunkelrot und gelb verfärbt von frischen Wunden. Er drückte die Nadel in eine Narbe und rüttelte an ihr und versuchte es dann an einer anderen Stelle.

»Bitte, Troub.«

»Halt den Mund und sieh zu.«

Die Nadel drang durch eine weichere Stelle, und gelber Eiter spritzte heraus und floss seinen Arm bis zum Handgelenk hinunter.

Meine Tränen, die vor Entsetzen gefroren waren, tauten bei dem Anblick des Mannes, der so gut zu mir gewesen war und nun sein Fleisch misshandelte, ohne den Schmerz und die Abscheulichkeit des Ganzen wahrzunehmen.

Die Nadel war eingedrungen, und Blut, mit ein paar Tropfen Heroin vermischt, tröpfelte seinen erhobenen Arm entlang. Er löste die Schlinge mit den Zähnen, und wie auf einem Röntgenbild sah ich, wie die Droge sein Gehirn erreichte. Seine Gesichtsmuskeln erschlafften, und er lehnte sich schwerfällig an die Wand.

»Und willst du jetzt etwas davon?« Langsame Sprache, langsame Frage.

»Nein.«

»Ganz sicher? Ich kann es dir kochen.« Sein Kopf wackelte hin und her, aber er behielt mich im Blick.

»Ja, sicher. Ich will es nicht.«

»Dann musst du mir versprechen, niemals dieses Scheißzeug zu probieren. Sie nennen es Shit, weil es das ist. Du bist ein nettes Mädchen, Rita. Ich will nicht sehen, dass du dich veränderst. Versprich mir, dass du so bleibst, wie ich dich kennengelernt habe. Nett.«

»Ich verspreche es.«

»Lass mich ein bisschen im Auto ausruhen, und dann bringe ich dich nach Hause.«

Er sackte hinter dem Lenkrad eine halbe Stunde lang zusammen, und ich beobachtete ihn.

Ich dachte über seine Herzensgüte nach. Ich hatte ihn haben wollen wegen der Sicherheit, die ich von ihm erwartet hatte. Jetzt liebte ich ihn, als er zusammengesunken dasaß, mit dem Kopf nickte, mit offenem Mund, aus dem ihm Speichel das Kinn entlangrann, so langsam wie das Blut an seinem Arm. Niemand hatte mich so sehr ins Herz geschlossen. Er hatte sich vor mir entblößt, um mir eine Lektion zu erteilen, und das lernte ich, als ich in dem dunklen Auto saß und die Gerüche des Kais roch. Das Leben der Unterwelt war wahrhaftig ein Hamsterrad, und die meisten der Bewohner rannten wie Ratten in den Kloaken und Gossen der Welt umher. Ich war am Abgrund gewesen und hatte alles gesehen, und im kritischen Augenblick hatte die Großherzigkeit eines Mannes mich davor in Sicherheit gebracht.

Schließlich wachte er auf, und wir fuhren nach Oakland zurück. Vor meinem Haus sagte ich, er solle seine Kleider zurücknehmen. Ich sagte, ich wolle wieder nach San Francisco zurückgehen.

Er sagte: »Verkauf sie, du brauchst das Geld. Du hast ein kleines Kind. Es gibt genug Läden und genug Kleider.«

Am nächsten Tag fuhr ich mit den Kleidern, meinem Gepäck und Guy zurück zu Mutter. Ich hatte keine Ahnung, was ich mit meinem Leben anfangen sollte, aber ich hatte etwas versprochen und meine Unschuld entdeckt. Und ich nahm mir vor, sie nie wieder zu verlieren.

# Nachwort

# Ein Fels, ein Fluss, ein Baum
# Maya Angelou

*Von Verena Lueken*

Oprah Winfrey schluchzte. Michelle Obama stockte kurz. Cicely Tyson heulte, was das Zeug hielt. Bill Clinton schluckte hart. Und doch sollte der Gedenkgottesdienst für Maya Angelou im Frühsommer 2014 in Winston-Salem in North Carolina ein Fest der Freude sein. Der Freude über eine Frau und über ihr Leben, das so wundersam, so reich, so überraschend und vielfältig war, dass sie selbst meistens zu lachen schien, wenn sie sprach, wenn sie sang oder tanzte oder ihre Anweisungen verteilte, darunter jene, an die ihr Sohn Guy an diesem Tag erinnerte: Was du gelernt hast, unterrichte. Was du bekommen hast, gib weiter. Manche ihrer Sätze taugten zum Kalenderspruch. Warum auch nicht.

Maya Angelou hatte gewollt, dass die, die ihren Tod betrauerten, sich über sie und darüber, wie ihr Leben verlaufen war, freuten. So wollten es auch ihr Sohn, ihre Enkel, ihre Freunde. Dass die meisten dabei weinten, war nicht nur Ausdruck ihrer Trauer. Maya Angelou war sechsundachtzig Jahre alt geworden, hatte schon lange Atemprobleme wegen eines fortschreitenden Emphysems gehabt, sie saß im Rollstuhl. Es war keine schlechte Zeit für sie zu gehen. Dass die meisten Gäste weinten, lag auch daran, dass sie sich für einen Augenblick ins Gedächtnis zu rufen schienen, wer sie möglicherweise geworden (oder vielleicht auch: geblieben) wären, hätten sie Maya Angelou nicht gekannt. Nicht gelesen, was sie schrieb. Nicht gesehen, wie sie auftrat. Nicht gehört, wie sie sprach. Nicht mit ihr gelacht.

Es wäre zum Heulen gewesen, und deshalb heulten sie kurz. Bevor sie dann, jeder einzelne von ihnen, erzählten, was es für sie hieß, dieser erstaunlichen Frau begegnet zu sein, ihre Bücher gelesen, ihre Lektionen gelernt, ihr Vorbild bewundert zu haben. Ihre Persönlichkeit formte ihre Sprache, ihre machtvollen Worte trugen, so formulierte es Michelle Obama bei dieser Trauerfeier, »ein kleines schwarzes Mädchen von Chicagos Southside bis ins Weiße Haus«. »Niemand zuvor«, auch das sagte sie, »hat die Schönheit schwarzer Frauen so beschrieben wie sie.«

Wer war diese Frau mit einem solchen Einfluss, einer solchen Wirkmächtigkeit, deren Leben, deren Arbeit an jenem Tag noch einmal zelebriert wurden? Was war es, das sowohl eine amtierende First Lady wie auch einen ehemaligen Präsidenten der Vereinigten Staaten, die mächtige Frau im Zentrum eines selbsterbauten Medienimperiums wie auch eine berühmte Schauspielerin und Tausende andere, die ihnen zuhörten, zu derartiger Ergriffenheit hinriss? War es die Schriftstellerin? Ihre Lyrik, ihre Theaterstücke, ihre Reden, ihre Bücher, immerhin dreißig? Ihre Ausstrahlung, ihr Auftreten, ihr Witz, ihre Autorität? Ihr Leben als Aktivistin der Bürgerrechtsbewegung, als Freundin all der berühmten Männer, allen voran James Baldwin, aber auch Malcolm X., Dr. Martin Luther King, B. B. King, und einiger berühmter Frauen, etwa Billie Holiday und Toni Morrison, die sie sämtlich mit ihren 1,83 Metern Größe überragte? War es die Mentorin, der einige Männer und viele Frauen verdankten, dass sie ihre Sprache, ihre Stimme fanden? Dass sie, wie Oprah Winfrey bei einer weiteren Trauerfeier einige Monate später, diesmal in der Riverside Church in New York, sagte, jeder einzelnen von ihnen versicherte: »You are enough« / Du bist genug, was hieß: Du bist gut genug?

Wie es dazu kam, dass Maya Angelou das von sich selbst sagen und sich selbst in dieser Frage Glauben schenken konnte, erschließt sich in den sieben Bänden ihrer großen autobiographischen Erzählung. Sieben Bände! Nach heutigen Standards ein serielles Memoirenprojekt, der letzte Schrei autofiktionalen Schreibens. Damals aber etwas, das es noch nie gegeben hatte, und nach allem, was bekannt ist, war es auch nicht wirklich ein Plan.

Maya Angelou hatte immens viel gelesen, aber ein Vorbild hatte sie nicht. Es gab Frauen afrodiasporischer Herkunft, die vor ihr geschrieben und veröffentlicht hatten, auch über sich selbst. Es gab sogenannte Slave Narratives aus der Zeit der Sklaverei und unmittelbar danach, die mündlichen Erzähltraditionen folgten, und die drei Autobiographien von Frederick Douglass, einem ehemals versklavten Mann, der sich an die Spitze der Anti-Sklavereibewegung gesetzt und in der ersten Hälfte des neunzehnten Jahrhunderts tatsächlich unter dem Titel Autobiographie drei unterschiedliche Versionen seines Lebens aufgeschrieben hatte. Auch zur Harlem Renaissance der 1920er und 30er Jahre gehörten einige Frauen, Zora Neale Hurston und Nella Larsen etwa, aber selbst in ihren autobiographisch geprägten Romanen war ihr Blick anthropologischer, soziologischer als später der von Maya Angelou, der sich so radikal auf das eigene Leben richtete. Da Maya Angelou die Bücher von Langston Hughes, einer zentralen Figur der Harlem Renaissance, als Teil ihrer Lektüren erwähnt, liegt es nahe, dass sie auch die Bücher von Zora Neal Hurston – deren *Their Eyes Were Watching God* ein Klassiker der amerikanischen Literatur des zwanzigsten Jahrhunderts ist und auch auf Deutsch vorliegt (*Vor ihren Augen sahen sie Gott*) – und Nella Larsen (deren Roman *Pas-*

*sing* unter dem Titel *Seitenwechsel* ebenfalls ins Deutsche übersetzt wurde) kannte. Dann war da der gesprochene Ton der Geschichten, die Maya Angelous geliebte, kluge Großmutter und ihre verehrte, angehimmelte Mutter erzählten, an dem sie sich möglicherweise orientierte und der für die Unmittelbarkeit sorgt, die von ihrer Prosa ausgeht. Und es gab die Klassiker des literarischen Kanons, die sie seit ihrer Kindheit verschlungen hatte.

Aber was hieß das für sie, die 1928 geboren wurde, in den fünfziger Jahren in San Francisco mit Alvin Ailey tanzte, Teil des durch Europa tourenden Ensembles des Musicals *Porgy and Bess* war und mit James Baldwin durch Paris zog, in den Sechzigern in Ghana Malcolm X. kennenlernte und mit dem Schreiben ihrer autobiographischen Bücher erst begann, nachdem Malcolm X. und auch Dr. King ermordet worden waren?

Es hieß offenbar nicht, dass sie sich in einer Traditionslinie sah. Für das, was sie tat, gab es auch keine. Ihre radikale Selbsterfindung durchs Schreiben war einmalig, erstmalig.

Sich selbst als schwarze Frau als zentrale Figur des eigenen Lebens wahrzunehmen und in den Mittelpunkt des eigenen Schreibens zu stellen, das war im Jahr 1969, als Maya Angelou den ersten Band ihrer Autobiographie veröffentlichte, ein enormes Unterfangen. Sie blieb dabei fast bis zu ihrem Tod, obwohl sie eigentlich Gedichte und Theaterstücke schreiben wollte, was sie zusätzlich auch noch tat. Nachdem der sechste Band 2002 erschienen war und die Erzählerin das Alter von vierzig Jahren erreicht hatte (die Autorin war da bereits 74), schien das Projekt, das nie geplant war und in seiner seriellen Form zwischendurch durchaus lustvoll Züge einer Soap Opera annahm, abgeschlossen. Doch es kam 2013, im Jahr vor ihrem Tod, noch ein siebter Band hinzu (*Mom & Me & Mom*, ein weiterer Bestseller), der allerdings für die Gesamtausgabe ihrer autobiographischen Schriften in der Modern Library – ein Ehrenzeichen im amerikanischen Verlagswesen – zu spät kam.

Der erste Band heißt *I Know Why the Caged Bird Sings* und war vermutlich die erste Autobiographie einer schwarzen Frau, die ein weites und auch ein weißes Publikum erreichte. In Deutschland kam sie 1980 unter dem Titel *Ich weiß, daß der gefangene Vogel singt* in der Übersetzung von Harry Oberländer im Verlag Stroemfeld/Roter Stern heraus und wurde in einer unveränderten Neuausgabe 2018 als Suhrkamp Taschenbuch wiederaufgelegt. Das Buch ist das berühmteste von Maya Angelou, ihr erfolgreichstes in einer langen Reihe von sehr erfolgreichen Büchern ist es auch.

Nun folgt die erste deutsche Übersetzung des zweiten Bands. *Was für immer mir gehört* heißt im Original *Gather Together in My Name* und erschien 1974. Am Anfang dieser Fortsetzung des »gefangenen Vogels« ist die Erzählerin siebzehn Jahre alt und hat ein Baby, den Sohn Guy, den sie am Ende des ersten Bandes geboren hatte. Am Ende des zweiten ist sie neunzehn. In der Zwischenzeit war sie Köchin, Puffmutter, Chauffeuse, Kellnerin, Prostituierte. Zweimal verliebt, zweimal enttäuscht, aber schließlich gerettet für ein Leben, von dem Maya Angelou im nächsten Band weitererzählen wird.

Es ist vielleicht kein Wunder, dass es bisher keine Biographie dieser erstaunlichen Figur der amerikanischen Kulturgeschichte gibt, nur ein sie feierndes Buch, das diesen Titel trägt, mit sehr vielen Bildern von ihr und sehr vielen wichtigen Menschen ihrer Zeit an ihrer Seite. Denn am besten über die Frau schreiben, die sie sein wollte und schließlich wurde, konnte immer Maya Angelou selbst, und es ist unwahrscheinlich, dass sie von wesentlichen Ereignissen ihres Lebens nicht erzählt hat. Sie schrieb entlang dieser Ereignisse, nicht entlang einer Handlungsstruktur, die sie entworfen hätte, oder entlang von Motiven, denen sie folgen würde.

Schreibend konnte sie sich an Dinge erinnern, über die sie zuvor nicht gesprochen hatte. Das war ihre Methode – die Methode einer Amateurin, wie das mit Respekt ihr Lektor bei Random House nannte, der sie überhaupt zum Schreiben dieser autobiographischen Erzählungen animiert hatte. Robert Loomis lockte sie nach einigen erfolglosen Versuchen aus der Reserve, indem er andeutete, er traute ihr nicht zu, wofür sie dann berühmt wurde.

Sie hieß bei ihrer Geburt Marguerite Ann Johnson. Maya war der Kosename, den ihr Bruder Bailey ihr gab, und Angelou eine Variation auf den Namen eines ihrer Ehemänner, Tosh Angelos, eines griechischen Seemanns, mit dem sie für ein paar Jahre Anfang der Fünfziger verheiratet war. Sie wurde am 4. April 1928 in St. Louis im Bundesstaat Missouri geboren, nach der Trennung der Eltern aber zu ihrer Großmutter nach Stamps in Arkansas geschickt, einen Ort etwa dreißig Kilometer entfernt von Little Rock, dem Heimatstädtchen Bill Clintons. Tiefer amerikanischer Süden. Vollkommen segregiert. Hier, mit einer liebevoll strengen Großmutter, die einen kleinen Laden betrieb, der die Familie während der Depressionsjahre ernährte, blieb sie, bis der Vater sie abholte und zurück zur Mutter nach St. Louis brachte. Mit acht wurde sie dort vom Liebhaber der Mutter vergewaltigt. Er wollte ihr Schweigen erpressen. Aber sie sprach. Er kam vor Gericht und wurde verurteilt, doch bevor er die relativ kurze Strafe antreten konnte, wurde er erschlagen. Möglicherweise von den Onkeln Mayas. Jedenfalls dachte sie, sein Tod sei ihre Schuld. Weil sie gesprochen hatte, statt zu schweigen. So hörte sie für fünf Jahre mit dem Sprechen auf. Und las. Las alles, was ihr in die Hände kam, alles, was die Bibliothek der schwarzen und auch der weißen Schule für sie hergab. William Shakespeare. Edgar Allan Poe. Langston Hughes.

Die Geschichte ihres fünfjährigen Schweigens, aus dem sie herausfand und fortan mit der »Stimme Gottes« sprach, wie Bill Clinton das einmal nannte, ist weithin erzählt und weitererzählt und ausgeschmückt worden. Wenn sie selbst sie erzählte, legte sie den Schwerpunkt auf ihre Lektüren während ihrer selbstverordneten Stummheit: »Als ich wieder sprach, hatte ich eine Menge zu sagen.«

Maya Angelou hatte viele Talente. Sie konnte tanzen, singen, bezeichnete sich eine Weile als Entertainerin, trat im Fernsehen und in Filmen auf, schrieb Stücke, Gedichte, Songs, Drehbücher und eben autobiographische Prosa. Sie erzählte und produzierte die Fernsehserie *Blacks, Blues, Blacks*, bei der sie B. B. King kennenlernte, der ihr nicht guttat. Das war 1968. Nach der Veröffentlichung des *gefangenen Vogels* häuften sich die Einladungen, bei öffentlichen Veranstaltungen zu sprechen, sie machte Werbung, bekam viele Doktorhüte und engagierte sich weiterhin in der Bürgerrechtsbewegung. 1977 trat sie als Darstellerin in der Fernsehserie *Roots* auf. Viel später, 1993, inszenierte sie selbst einen Film: *Down in the Delta*.

Worum es ihr bei alldem ging, ist nicht auf den ersten Blick auszumachen. Billie Holiday, die sie singen hörte und nicht beeindruckt war, meinte, Maya Angelou wolle nicht so sehr Künstlerin werden als vor allem berühmt. So jedenfalls hat es Hilton Als im *New Yorker* in einem Artikel aus dem Jahr 2002 kolportiert, in dem er mit nicht geringer Über-heblichkeit über Maya Angelou und ihr vermeintlich man-gelndes künstlerisches Talent urteilt. Warum, wenn nicht aus mangelndem Talent, hätte sie auf all den Hochzeiten ge-tanzt und sich der Konvention gebeugt, die er auch in *Gather* in jenen Passagen zu entdecken meint, die von familiärer Idylle, Kleinmädchenträumen, Schwärmereien für väterlich fürsorgliche Männer und einer vermeintlich angestrebten Ankunft im Hafen der Ehe mit einem oder auch einem ande-ren von ihnen handeln?

Konventionalität ist ein erstaunlicher Vorwurf an diese Frau. Lassen sich wirklich die Ironie, der Sarkasmus in die-sen Abschnitten überhören, die als Selbstgespräche zu lesen sind, komisch auch, weil völlig an jeder Realität der jungen Frau mit ihrem Baby vorbei? Das konventionelle Leben mit Jägerzaun und Ehemann – das ist keine Träumerei, nach deren Verwirklichung sie sich sehnte, sondern ein Trugbild, das kurz vorbeihuscht und sich für einen Augenblick über den Alltag legt.

James Baldwin, ihr guter Freund und Mentor, wollte das Leben der Schwarzen, die Bürgerrechtsbewegung und die Ereignisse, die historisch wurden, bezeugen. Maya Angelou ging es weniger um Zeugenschaft als um die Beschreibung dessen, was sie selbst erlebt hatte und von dem sie nicht zu Unrecht vermutete, dass es anderen Frauen ähnlich ergan-gen war. Sie sagte »ich«, aber es war letztlich ein »wir«, in dessen Namen sie schrieb, was ihren immensen Erfolg und die Liebe erklärt, die ihr meistens entgegengebracht wurde. Schreiben war für Maya Angelou eine Art der Selbstversicherung; es war ihr Mittel, aus sich die Person zu machen, die sie sein wollte, und sich zu zeigen. Sie wollte sich selbst erschreiben sozusagen. Dazu gehört mitunter ein böser Blick auf andere, eine Selbstüberhöhung unter Umständen auch, und wer wollte da Einspruch erheben?

Maya Angelou liebte die große Geste. Und sie genoss die gesellschaftliche Position, die ihre Berühmtheit mit sich brachte. Die vielen Ehrungen. Das Interesse an ihrer Person. Den Respekt. Sie lebte auf einer Bühne, und sie genoss, dass man ihr zuhörte. Wenn man ihr in den Filmdokumenten ihrer Auftritte oder in einem Dokumentarfilm, der kurz vor ihrem Tod fertiggestellt wurde, zuschaut, sieht man eine Frau in großer Garderobe, immer sorgfältig geschminkt und mit Ketten, Ringen, Ohrringen geschmückt. Eine öffentliche Figur, die es genießt, eine öffentliche Figur zu sein. Auch das hat sie mit ihren Memoiren erreicht. Eine Nation hörte ihr zu. Präsidenten verehrten sie. Es gibt heute niemanden, der es ihr gleichtäte.

Inmitten der vielen Wunder des Lebens der Maya Angelou bleibt das Rätsel, warum von all ihren Aktivitäten, Erfolgen, Einflussnahmen, ihrem Bühnenleben, ihrem Autorenleben, ihrem Engagement lange nur ein kleiner Hauch nach Deutschland wehte, nämlich die deutsche Ausgabe von *I Know Why the Caged Bird Sings*. 1993 dann wurde sie für einen kurzen Augenblick wie überall auf der Welt auch in Deutschland gesehen, als sie bei der Amtseinführung von Bill Clinton das Gedicht vortrug, das er sie gebeten hatte zu diesem Anlass zu schreiben: »On the Pulse of Morning«. Man sollte es hören, nicht lesen. Hören, wie sie die ersten Worte spricht, »A Rock, a River, a Tree«, allein vor den mächtigen Männern dieser Welt und Zigtausenden auf der

Washingtoner Mall und Millionen vor den Fernsehgeräten rund um den Globus – als Entertainerin, als Mahnerin, als Frau, die Schönheit kennt und Sex und Gelächter, die Terror kennt und Schmerz und Gewalt.

In den Vereinigten Staaten war Maya Angelou spätestens seit diesem Tag, seit diesem Auftritt eine moralische Instanz. Der Rest der Welt, Deutschland zumal, vergaß sie schnell wieder. Jetzt ist die Zeit gekommen, sich auch hier an sie zu erinnern.

**Maya Angelou
Nur mit meiner Stimme**
Aus dem amerikanischen Englisch
von Gesine Schröder
Klappenbroschur. 335 Seiten
(978-3-518-47156-2)
Auch als eBook erhältlich

**»Sie hatte neunzehn Talente, gebrauchte zehn
und war einfach einzigartig.«**
*Toni Morrison*

Viel hat Maya ertragen: die Verwundungen aus Kindertagen,
die erste Liebe und ihre Enttäuschungen, dazu die allgegen-
wärtige Rassentrennung. Doch all das hat sie stark gemacht,
Maya ist erwachsen und eine selbstbewusste Mutter geworden. Jetzt ist sie bereit für ihre Leidenschaft. Im San Francisco
der 50er beginnt sie zu tanzen, zu singen, steigt auf vom schäbigen Stripclub zum angesagtesten Laden der Stadt. Kurze
Zeit später bereist sie mit der Oper »Porgy and Bess« die ganze
Welt. Doch ihre Herkunft bleibt auch in der Fremde eine un-
hintergehbare Wirklichkeit und Maya muss einen Weg finden,
die neue Freiheit mit dem Erbe ihrer Vorfahren zu versöhnen.
Maya Angelou beschwört die Kraft, die es bedeutet, den Un-
gerechtigkeiten des Lebens die eigenen Träume entgegenzu-
setzen.

## suhrkamp taschenbuch

Weitere Informationen erhalten Sie unter www.suhrkamp.de
oder in Ihrer Buchhandlung.

**Maya Angelou
Was die Wahrheit uns bedeutet**
Aus dem amerikanischen Englisch
von Christiane Buchner
Klappenbroschur. 382 Seiten
(978-3-518-47202-6)
Auch als eBook erhältlich

»Eine brillante Autorin, eine leidenschaftliche Freundin,
eine sagenhafte Frau.«
*Barack Obama*

Eine Veränderung muss her. Die Musik wird sie nicht retten.
Das weiß Maya spätestens nach der Begegnung mit Billie Hol-
liday, der zum Wrack gewordenen Jazz-Ikone. Mit ihrem Sohn
verlässt Maya Kalifornien und geht Anfang der Sechziger nach
New York. Und auf einen Schlag verwandelt sich ihre intime
Sehnsucht nach Veränderung in den Gerechtigkeitskampf einer
ganzen Generation. Seite an Seite mit Martin Luther King, mit
Malcolm X kämpft sie für eine bessere Zukunft aller Schwarzen.
Auf meisterhafte erzählerische Weise offenbart Maya Angelou,
welch weltverändernde Kraft der Wunsch nach Gerechtigkeit
bedeutet.

**suhrkamp taschenbuch**

Weitere Informationen erhalten Sie unter www.suhrkamp.de
oder in Ihrer Buchhandlung.

Maya Angelou
**Ich kenne einen Ort weit weg von hier**
Aus dem amerikanischen Englisch
von Christiane Buchner
Klappenbroschur. 280 Seiten
(978-3-518-47242-2)
Auch als eBook erhältlich

»Wie ein Song … voller Weisheit, voller Bitternis,
voller Humor.«
*The New York Times*

So viel Leben in so kurzer Zeit: das Aufwachsen im segregier-
ten Süden der USA, die erste turbulente Liebe, frühe Mutter-
schaft, eine Karriere als weltreisende Sängerin, der Kampf für
Bürgerrechte an der Seite von Martin Luther King Jr. … Und im
Jahr 1962 beginnt für die legendäre Schriftstellerin und Bürgerrechtlerin Maya Angelou ein neues Abenteuer: Sie geht nach
Accra, Ghana. Vertrieben von der Gewalt und Bigotterie ihrer
Heimat, magisch angezogen von der Erfüllung eines Traums:
gleiches, gerechtes Leben in einem jungen unabhängigen
Land Afrikas. *Ich kenne einen Ort weit weg von hier* ist das Tage-
buch eines Traums. Darin erzählt Maya Angelou vom Hoffen,
Handeln, Freuen und Bereuen nach der Rückkehr auf den afri-
kanischen Kontinent.

## suhrkamp taschenbuch